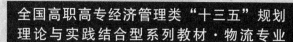

全国高职高专经济管理类"十三五"规划
理论与实践结合型系列教材·物流专业

供应链管理实务

GONGYINGLIAN GUANLI SHIWU

主　编　阮喜珍
副主编　陈勇　吴晶　李自立

http://www.hustp.com
中国·武汉

图书在版编目(CIP)数据

供应链管理实务/阮喜珍主编. —武汉：华中科技大学出版社,2019.1
全国高职高专经济管理类"十三五"规划理论与实践结合型系列教材
ISBN 978-7-5680-4975-7

Ⅰ.①供…　Ⅱ.①阮…　Ⅲ.①供应链管理-高等职业教育-教材　Ⅳ.①F252

中国版本图书馆 CIP 数据核字(2019)第 012435 号

供应链管理实务
Gongyinglian Guanli Shiwu

阮喜珍　主编

策划编辑：聂亚文
责任编辑：史永霞
封面设计：孢　子
责任监印：朱　玢
出版发行：华中科技大学出版社(中国·武汉)　　电话：(027)81321913
　　　　　武汉市东湖新技术开发区华工科技园　　邮编：430223
录　　排：华中科技大学惠友文印中心
印　　刷：武汉市籍缘印刷厂
开　　本：787mm×1092mm　1/16
印　　张：14.5
字　　数：374 千字
版　　次：2019 年 1 月第 1 版第 1 次印刷
定　　价：38.00 元

本书若有印装质量问题，请向出版社营销中心调换
全国免费服务热线：400-6679-118　竭诚为您服务
版权所有　侵权必究

前言
PREFACE

目前，企业基层和生产、服务第一线管理人员非常匮乏，而高职高专是培养适应生产、建设、管理、服务第一线需要的高等技术应用型人才的摇篮。目前，虽然供应链管理方面的教材较多，但理论性强而且难度大，不适合高职高专的教学模式的改革。特别是经济管理类专业，处于改革的关键时期。供应链管理是管理类专业的主要专业课程或专业基础课程，其教材和教学模式改革迫在眉睫，我们编写本书以解决当务之急，为培养满足社会需要的一线物流管理人才作贡献。

考虑到高职教育突出技能性和实用性的特点和要求，本书围绕现代供应链管理实务操作的相关知识、技能要求进行编写，突出以管理岗位和工作任务所需的知识、技能要求进行教材内容体系的架构，即按现行供应链相关管理岗位或管理项目所实施的实务操作技能和必备知识要求编写。本书采用通俗易懂的语言，既注重理论与方法的系统介绍，又穿插一些小案例、知识链接和小思考，增强趣味性。本书着重介绍怎么做、如何做，力求通俗易懂，注重案例和图表的运用，每个项目均以供应链管理案例引入，后面附有思考题、技能训练和案例分析。

本书主要内容包括供应链及供应链管理概述、供应链战略管理、供应链管理方法、供应链管理环境下的企业营运、供应链管理中信息技术的运用、供应链组织结构与业务流程重组、认识和理解供应链成本管理、评价供应链企业绩效与激励机制以及供应链管理全球化及发展等。

本书以全国高职高专类院校物流管理及其他相关专业的学生为教学对象，同时也可作为企业管理人员培训和普通高等教育的教材或教学参考书，在教学中可以根据实际情况进行取舍。

本书在编写过程中，参考和引用了许多学者的研究成果，在此谨向有关作者表示诚挚的感谢！

本书由阮喜珍教授主编。参与本书编写及组织工作的还有常州机电职业技术学院的陈勇、长江职业学院的吴晶、武汉交通职业学院的李自立。

由于编者水平有限，难免存在欠缺之处，恳请读者批评指正。

编　者
2018 年 11 月

目录
CONTENTS

项目一 供应链及供应链管理概述 1
    任务一 认识供应链 3
    任务二 供应链管理的概述 8

项目二 供应链战略管理 23
    任务一 供应链战略管理 25
    任务二 供应链管理的规划 29
    任务三 熟知供应链一体化 32
    任务四 掌握供应链战略联盟 36
    任务五 如何选择供应链合作关系 41

项目三 供应链管理方法 49
    任务一 快速反应方法(QR)的实施 51
    任务二 高效客户反应(ECR)的系统构建 54
    任务三 协同规划、预测和补给的方法(CPFR) 61
    任务四 企业资源计划(ERP) 64

项目四 供应链管理环境下的企业营运 75
    任务一 供应链管理环境下如何进行生产计划与生产控制 76
    任务二 基于供应链的采购管理是如何进行的? 80
    任务三 掌握基于供应链的库存管理方式 86
    任务四 供应链配送管理 92
    任务五 供应链环境下的营销管理 96

项目五 供应链管理中信息技术的运用 105
    任务一 供应链管理与信息系统 107
    任务二 供应链管理应用系统 111
    任务三 制造业供应链管理信息系统 120
    任务四 零售业供应链管理信息系统 126

项目六 供应链组织结构与业务流程重组 133
    任务一 了解传统企业的组织结构与业务流程 135
    任务二 基于BPR的企业组织结构 138
    任务三 供应链管理环境下的企业组织与业务流程 142
    任务四 设计供应链 147

项目七 认识和理解供应链成本管理 159

任务一　认识和理解供应链成本及供应链成本管理 …………………………… 161
　　任务二　掌握供应链成本管理的方法 …………………………………………… 165
项目八　评价供应链企业绩效与激励机制 …………………………………………… 181
　　任务一　理解供应链企业绩效评价 ……………………………………………… 183
　　任务二　构建供应链绩效评价指标体系 ………………………………………… 189
　　任务三　实施标杆管理、编制供应链绩效报告 ………………………………… 194
　　任务四　制订供应链激励机制 …………………………………………………… 198
项目九　供应链管理全球化及发展 …………………………………………………… 205
　　任务一　全球化供应链管理的概述 ……………………………………………… 207
　　任务二　全球化供应链管理的发展趋势 ………………………………………… 212
　　任务三　供应链及供应链管理的未来 …………………………………………… 215
参考文献 ………………………………………………………………………………… 225

项目一
供应链及供应链管理概述

GONGYINGLIAN
GUANLI
SHIWU

知识目标

◎ 理解供应链的概念及特征
◎ 认识供应链的类型及结构模型
◎ 掌握供应链管理的含义及内容
◎ 了解供应链管理的相关理论

技能目标

◎ 能用所学知识对供应链管理状况进行分析
◎ 能结合企业具体情况提出供应链管理的一些措施
◎ 运用供应链管理相关理论分析实际问题

宝钢塑身——供应链制胜

1. 掌控上游资源

与武钢、鞍钢等老牌国企相比,宝钢全资拥有的上海梅山矿业有限公司(简称梅山矿业)每年只能提供400万吨原矿。而宝钢年产钢铁产品2 000万吨,需要铁矿石3 000万吨左右,占中国整个进口量的1/5。这意味着,宝钢生产钢铁所需的原材料,绝大部分必须依靠进口。这一点使宝钢较早地考虑了原材料的供应问题,在采购上采取战略供应链方式并保持长期稳定的合作关系。宝钢相继与巴西淡水河谷公司(CVRD)、澳大利亚哈默斯利公司、河南永城煤矿、河南平顶山煤矿等合资办矿,确立了资源的长期稳定供给,并与多家矿山公司签订了长期供矿协议,与多家世界知名船东签订长期运输协议,确保了原料资源的稳定供应和运输能力保障。通过与上游的合作,宝钢获得了宝贵的资源,并把原材料成本波动限制在了一个可控的范围内。

2. 锁定下游市场

宝钢从2004年3月开始为福特汽车在欧洲的生产厂提供钢板。这是该公司拓展海外市场后获得的一笔重要合同。当时,福特汽车称,宝钢提供的试用品符合质量标准,其欧洲工厂将开始购买宝钢的产品。2003年6月,宝钢与一汽集团签订总体合作协议,双方约定在钢材供应、钢材使用技术开发、钢材加工、物流管理等方面实现进一步的全方位合作。宝钢在长春直接管理一汽钢板仓库,并再建一个钢材加工中心,在沈阳建立一个配送中心,对钢材进一步加工、切割后,为一汽的客户提供配送服务。7月,宝钢又与上汽集团签订总体合作协议,双方宣布共同打造有竞争力的供应链,应对经济全球化所带来的激烈竞争。在此之前,双方的合作已经有15年的历史。11月,宝钢又一次在中国汽车版图上落子,与东风汽车在武汉签署总体合作协议。宝钢闪电般地与三大汽车生产商结为战略同盟,令同行、竞争对手与合作伙伴都有些应接不暇。宝钢集团原董事长兼总经理谢企华对此的评价是:这只是从原来产业链上下游的销售关系,扩展成相互支持的战略合作伙伴关系。结盟使得宝钢供应链的末端得到大大延伸。

3. 供应链制胜

宝钢供应链管理侧重从内部资源的管理和协调转向外部资源的整合和利用,从企业内部业务集成转向企业间的业务协同,将整个生产系统作为供应链躯干,并通过互联网开展电子商务,达到集成、敏捷和互动的效果,这一系统的理念是"以客户需求为中心,构建高效、快速响应的供应链系统"。宝钢供应链中有六大系统:企业决策支持系统、应用模型技术、专家系统、客户关系管理系统、供应商关系管理系统、电子商务平台,其中宝钢股份的"宝钢在线"电子商务平台,构建了企业与外部业务单位之间高效便捷的信息沟通渠道。

资料来源:http://wenku.baidu.com/view/8c6c74dbad51f01dc281f108.html

这一案例表明:现代企业间的竞争,已不仅仅是技术、成本和管理等专业领域的单项角逐,而且是各企业内部供应链优劣的综合竞争。

任务一 认识供应链

一、供应链的概念及类型

(一)供应链的概念

供应链目前尚未形成统一的定义,许多学者从不同的角度出发给出了许多不同的定义。早期的观点认为供应链是制造企业中的一个内部过程,它是指把从企业外部采购的原材料和零部件,通过生产转换和销售等活动,再传递到零售商和用户的一个过程。传统的供应链概念局限于企业的内部操作层上,注重企业自身的资源利用。

而到了最近,供应链的概念更加注重围绕核心企业的网链关系,如核心企业与供应商、供应商的供应商乃至一切前向的关系,与用户、用户的用户及一切后向的关系。此时对供应链的认识形成了一个网链的概念,像丰田、耐克、尼桑、麦当劳和苹果等公司的供应链管理都从网链的角度来实施。哈理森(Harrison)进而将供应链定义为:供应链是执行采购原材料、将它们转换为中间产品和成品,并且将成品销售到用户的功能网。这个概念强调供应链的战略伙伴关系问题。

供应链是围绕核心企业,通过对信息流、物流、资金流的控制,从采购原材料开始,制成中间产品及最终产品,最后由销售网络把产品送到消费者手中,将供应商、制造商、分销商、零售商……直到最终用户连成一个整体的功能网链结构。它不仅是一条连接供应商到用户的物流链、信息链、资金链,而且是一条增值链,物料在供应链上因加工、包装、运输等过程而增加其价值,给相关企业带来收益。形象一点,我们可以把供应链描绘成一棵枝叶茂盛的大树:生产企业构成树根;独家代理商是主干;分销商是树枝和树梢;满树的绿叶红花是最终用户;在根与主干、枝与干的一个个结点,蕴藏着一次次的流通,遍体相通的脉络便是信息管理系统。

供应链上各企业之间的关系与生物学中的食物链类似。在"草—兔子—狼—狮子"这样一个简单的食物链(为便于论述,假设在这一自然环境中只生存这四种生物)中,如果我们把兔子全部杀掉,那么草就会疯长起来,狼会因兔子的灭绝而饿死,连最厉害的狮子也会因狼的死亡而慢慢饿死。可见,食物链中的生物是相互依存的,破坏食物链中的任何一种生物,势必导致这条食物链失去平衡,最终破坏人类赖以生存的生态环境。

同样道理,在供应链"企业A—企业B—企业C"中,企业A是企业B的原材料供应商,企业C是企业B的产品销售商。如果企业B忽视了供应链中各要素的相互依存关系,而过分注重自身的内部发展,生产产品的能力不断提高,但如果企业A不能及时向它提供生产原材料,或者企业C的销售能力跟不上企业B产品生产能力的发展,那么我们可以得出这样的结论:企业B生产力的发展不适应这条供应链的整体效率。

(二)供应链的类型

供应链从总体上可分为内部供应链和外部供应链。内部供应链是指企业内部产品生产和流通过程中所涉及的采购部门、生产部门、仓储部门、销售部门等组成的供需网络。外部供应链则是指企业外部的,与企业相关的产品生产和流通过程中涉及的原材料供应商、生产厂商、储运商、零售商以及最终消费者组成的供需网络。内部供应链和外部供应链二者共同组成了企业产品从原材料到成品到消费者的供应链。可以说,内部供应链是外部供应链的缩小化。如对于制造厂商,其采购部门就可看作外部供应链中的供应商。它们的区别只在于外部供应链范围大,涉及企业众多,企业间的协调更困难。

根据供应链驱动力的来源,供应链可以分为推动式供应链和拉动式供应链。

(1)推动式供应链。

推动式供应链的运作是以产品为中心,以生产制造商为驱动原点。这种传统的推动式供应链管理是以生产为中心,力求尽量提高生产率,降低单件产品成本来获得利润。通常,生产企业根据自己的制造资源计划(manufacturing resource planning,MRP Ⅱ)/企业资源计划(enterprise resource planning,ERP)来安排从供应商处购买原材料,生产出产品,并将产品逐级(如分销商、批发商、零售商)推向客户。在这种供应链上,生产商对整个供应链起主导作用,是供应链上的核心或关键成员,而其他环节如流通领域的企业则处于被动的地位。这种供应链方式的运作和实施相对来说较为容易。然而,由于生产商在供应链上远离客户,对客户的需求远不如流通领域的零售商和分销商了解得清楚。这种供应链上,企业之间的集成度较低,反应速度慢。在缺乏对客户需求了解的情况下,生产出的产品与驱动供应链运作的方向往往是无法匹配的,同时也不能满足客户的需求。

同时,由于无法掌控供应链下游,特别是最末端的客户需求,因此,一旦下游有微小的需求变化,反映到上游时这种变化就被逐级放大了,这种现象被称为牛鞭效应。为了对付这种牛鞭效应,上游针对相应下游,特别是最末端客户的变化,在供应链的每个节点上,都必须采取提高安全库存量的办法,需要储备较多的库存来应付需求变动,因此,整个供应链上的库存较高,响应客户需求变化较慢。传统的供应链管理几乎都属于推动式供应链管理。其结构原理如图1-1所示。

(2)拉动式供应链。

拉动式供应链管理的理念是以顾客为中心,通过市场和客户的实际需求以及对其需求的预测来拉动产品的生产和服务。因此,这种供应链的运作方式和管理被称为拉动式的供应链管理。这种运作和管理不仅需要整个供应链能够更快地跟踪,甚至超前于市场和客户的需求,来提高整个供应链上的产品和资金流通的效率,减少流通过程中不必要的浪费,降低成本,提高市

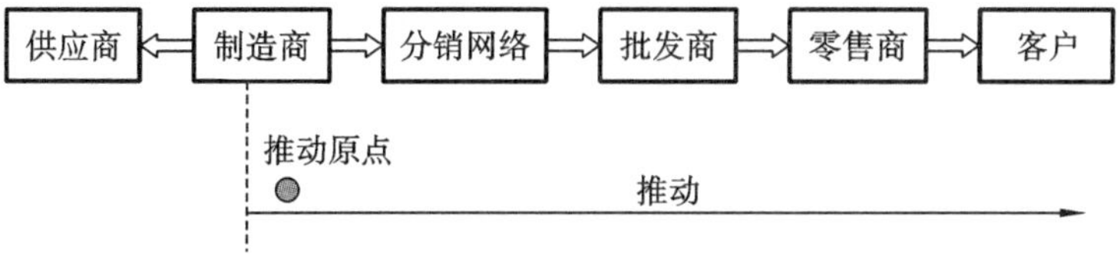

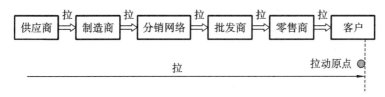

图 1-1　推动式供应链

场的适应力;特别是对下游的流通和零售行业,更是要求供应链上的成员间有更强的信息共享、协同、响应和适应能力。例如,目前发达国家采用协同计划、预测和补货(CPFR)策略和系统,来实现对供应链下游成员需求拉动的快速响应,使信息获取更及时,信息集成和共享度更高,数据交换更迅速,缓冲库存量及整个供应链上的库存总量更低,获利能力更强,等等。拉动式供应链虽然整体绩效表现出色,但对供应链上企业的管理和信息化程度的要求较高,以及对整个供应链的集成和协同运作的技术和基础设施的要求都较高。

以计算机公司为例,其对计算机市场的预测和计算机的订单是企业一切业务活动的拉动点,生产装配、采购等的计划安排和运作都是以它们为依据和基础而进行的,这种典型的面向订单的生产运作可以明显地减少库存积压与个性化和特殊配置需求,并加快资金周转。然而,这种供应链的运作和实施相对较难。其结构原理如图 1-2 所示。

图 1-2　拉动式供应链

但在一个企业内部,对于有些业务流程来说,有时推动式和拉动式方式共存。例如,戴尔公司的 PC(个人计算机)生产线,既有推动式运作又有拉动式运作,其 PC 装配的起点就是"推"和"拉"的分界线,在装配之前的所有流程都是推动式流程,而装配和其后的所有流程都是拉动式流程。这种推拉共存的运作对制订有关供应链设计的战略决策非常有用。例如,供应链管理中的延迟生产策略就很好地体现了这一点,通过对产品设计流程的改进,使推和拉的边界尽可能后延,便可有效地解决大规模生产与大规模个性化定制之间的矛盾,在充分利用规模经济的同时实现大批量客户化生产。

根据供应链存在的稳定性,可以将供应链分为稳定的和动态的供应链。基于相对稳定、单一的市场需求而组成的供应链稳定性较强,而基于相对频繁的变化、复杂的需求而组成的供应链动态性较高。在实际管理运作中,需要根据不断变化的需求,相应地改变供应链的组成。

根据供应链容量与用户需求的关系可以划分为平衡的供应链和倾斜的供应链。一个供应链具有一定的、相对稳定的设备容量和生产能力(所有节点企业能力的综合,包括供应商、制造商、运输商、分销商、零售商等),但用户需求处于不断变化的过程中,当供应链的容量能满足用户需求时,供应链处于平衡状态,而当市场变化加剧,造成供应链成本增加、库存增加、浪费增加等现象时,企业不是在最优状态下运作,供应链则处于倾斜状态。平衡的供应链可以实现各主要职能(采购/低采购成本、生产/规模效益、分销/低运输成本、市场/产品多样化和财务/资金运转快)之间的均衡。

根据供应链的功能模式(物理功能和市场中介功能)可以把供应链划分为两种:有效性供应链(efficient supply chain)和反应性供应链(responsive supply chain)。有效性供应链主要体现供应链的物理功能,即以最低的成本将原材料转化成零部件、半成品、产品,以及在供应链中的运输等;反应性供应链主要体现供应链的市场中介的功能,即把产品分配到满足用户需求的市场,对未预知的需求作出快速反应等。

【知识链接 1-1】

供应链中的鞭子效应

供应链有很多种,比如纺织供应链、制造供应链、IC 供应链、食品供应链、IT 供应链等。在这么多不同的供应链底下,不管是哪一类的供应链,有一个问题一定要去解决,即"Bullwhip",翻译成"鞭子效应"。一个鞭子你稍微一甩,尖的那个地方的波动就会比较大。市场是消费者的天下,当市场发生微小的变化时,你就可以看到,越往上游走,发生的变化越大,这是一个非常典型的鞭子效应。2000 年,某国际知名网络厂商曾经发表过一篇文章,称其因为这个效应一年就损失了 20 亿美金。至于上述现象产生的原因,简单例子就可以说明。假如一生产商需要 100 个产品,该生产商可能给三家外包商各下 100 个订单,看它们谁先做完。等到哪一家做完了,就把另外两家的订单取消掉,这是一般的做法,因为要保护自己,库存压力就可以转嫁给外包商。这样,外包商总共拿到 300 个订单,而实际需要的只有 100 个订单。外包商们拿到这 300 个订单之后,也是用同样的做法,又找它们上一层的供货商,各给它们 100 个订单。越往上游走,订单数目就越大,这是可怕的放大效应。

二、供应链的结构模型

按照供应链的定义,供应链的结构模型如图 1-3 所示。

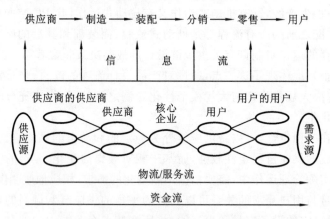

图 1-3　供应链的网链结构模型

供应链由所有加盟的节点企业组成,其中一般有一个核心企业(可以是产品制造企业,也可以是大型零售企业,如美国的沃尔玛百货有限公司),节点企业在需求信息的驱动下,通过供应链的职能分工与合作(生产、分销、零售等),以资金流、物流、服务流为媒介,实现整个供应链的不断增值。为了有效指导供应链的设计,了解和掌握供应链结构模型是十分必要的。下面着重从企业与企业之间关系的角度考查了几种供应链的拓扑结构模型。

（一）供应链的链状模型Ⅰ

结合供应链的定义和结构模型，不难得出这样一个简单的供应链模型（见图1-4），我们称其为模型Ⅰ。模型Ⅰ清楚地表明产品的最初来源是自然界，如矿山、油田、橡胶园等，最终去向是用户。产品因用户需求而生产，最终被用户所消费。产品从自然界到用户经历了供应商、制造商和分销商三级传递，并在传递过程中完成产品加工、产品装配形成等转换过程。被用户消费掉的最终产品仍回到自然界，完成物质循环。

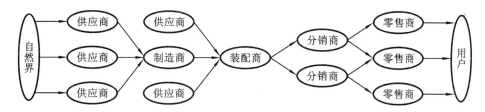

图1-4　供应链的链状模型Ⅰ

（二）供应链的链状模型Ⅱ

供应链的链状模型Ⅱ如图1-5所示，其中A代表自然界，B代表供应商，C代表制造商，D代表分销商，E代表用户。

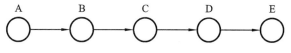

图1-5　供应链的链状模型Ⅱ

在供应链上除了流动着物流（产品流）和信息流外，还存在着资金流。物流的方向一般都是从供应商流向制造商，再流向分销商。在特殊情况下，如产品退货，产品在供应链上的流向与上述方向相反。但由于产品退货属非正常情况，退货的产品也非本书严格定义的产品，所以本书将不予考虑。我们依照物流的方向来定义供应链的方向，以确定供应商、制造商和分销商之间的顺序关系。模型Ⅱ中的箭头方向即表示供应链的物流方向。在模型Ⅱ中，定义C为制造商时，可以相应地认为B为一级供应商，A为二级供应商，而且还可递归地定义三级供应商、四级供应商；同样地，可以认为D为一级分销商，E为二级分销商，并递归地定义三级分销商、四级分销商。一般地讲，一个企业应尽可能考虑多级供应商或分销商，这样有利于从整体上了解供应链的运行状态。

（三）供应链的模型Ⅲ：网状模型

事实上，在模型Ⅱ中，C的供应商可能不止一家，而是有$B_1,B_2,\cdots,B_n$等n家，分销商也可能有$D_1,D_2,\cdots,D_m$等m家。动态地考虑，C也可能有$C_1,C_2,\cdots,C_k$等k家，这样模型Ⅱ就转变为一个网状模型，即供应链的模型Ⅲ（见图1-6）。网状模型更能说明现实世界中产品的复杂供应关系。在理论上，网状模型可以涵盖世界上的所有厂家，把每一个厂家都看成一个节点，并认为这些节点之间存在着联系。当然，这些联系有强有弱，而且在不断变化着。通常，一个厂家仅与有限个厂家相联系，但这不影响我们对供应链结构模型的理论设定。网状模型对供应关系的描述性很强，适合于对供应关系的宏观把握。

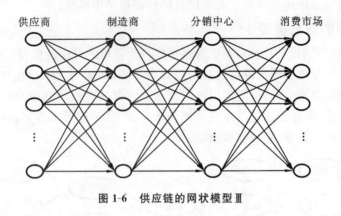

图 1-6 供应链的网状模型Ⅲ

任务二 供应链管理的概述

一、供应链管理的定义、内容及目标

(一) 供应链管理的定义

所谓供应链管理,就是为了满足顾客的需求,在从原材料到最终产品的过程中,为了获取有效的物资运输和储存,以及高质量的服务和有效的相关信息所做的计划、操作和控制。

供应链管理的范围包括从最初的原材料到最终产品到达顾客手中的全过程,管理对象是在此过程中所有与物资流动及信息流动有关的活动,以及相互之间的关系。因此,它是一种集成的管理思想和方法。供应链系统的功能是,将顾客所需的产品在正确的时间按正确的数量和正确的质量及状态送到正确的地点(即 6R:right product,right time,right quantity,right quality,right status,right place),并且使总成本最小。

(二) 供应链管理的内容

供应链管理的内容主要涉及四个主要领域(见图 1-7):供应、生产作业、物流、需求,它以各种技术为支持,尤其以 Internet/Intranet 为依托,围绕供应、生产作业、物流(主要指制造过程)、满足顾客需求来实施的。供应链管理主要包括计划和合作控制从供应商到用户的物料(零部件和成品等)和信息。供应链管理的目标在于提高用户服务水平和降低总的交易成本,并且寻求两个目标之间的平衡(这两个目标往往有冲突)。

(三) 供应链管理的目标

供应链管理的理念是指在供应链管理的过程中,网络构成的相关方应坚持:面向顾客的理念;双赢和多赢的理念;管理手段、技术现代化的理念。供应链管理的目标是指根据市场需求的扩大,提供完整的产品组合;根据市场需求的多样化,缩短从生产到消费的周期;根据市场需求的不确定性,缩短供给市场及需求市场的距离;降低整体供应链的物流成本和费用,提高整体供应链的运作效率,增强整体供应链的竞争力。

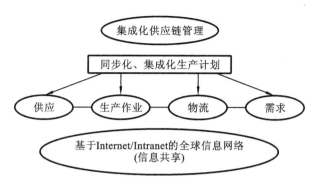

图 1-7 供应链管理涉及的领域

二、价值链的相关理论

(一)价值链

1. 价值链的含义

价值链(value chain),又名价值链分析、价值链模型等。由哈佛商学院迈克尔·波特(Michael Porter)在 1985 年于《竞争优势》一书中提出。价值链是对增加一个企业的产品或服务的实用性或价值的一系列作业活动的描述。价值链在经济活动中是无处不在的,上下游关联的企业之间存在行业价值链,企业内部各业务单元之间存在企业内部价值链。价值链上的每一项价值活动都会对企业最终能够实现的价值产生影响。价值链主要包括企业内部价值链、竞争对手价值链和行业价值链三部分。

波特认为,每一个企业都是在设计、生产、销售、发送其产品的过程中进行种种活动的集合体,所有这些活动可以用一个价值链来表明。企业的价值创造是通过一系列活动构成的,这些活动可分为基本活动和辅助活动两类,基本活动包括内部后勤、生产作业、外部后勤、市场和销售、服务等;而辅助活动则包括采购、技术开发、人力资源管理和企业基础设施等(见图1-8)。这些互不相同但又相互关联的生产经营活动,构成了一个创造价值的动态过程,即价值链。

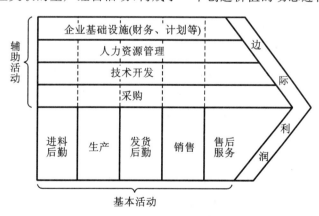

图 1-8 波特价值链示意图

企业的基本增值活动,即一般意义上的生产经营环节,如材料供应、成品开发、生产运行、成品储运、市场营销和售后服务。这些活动都与商品实体的加工流转直接相关。企业的辅助性增值活动,包括组织建设、人事管理、技术开发和采购管理。这里的技术和采购都是广义的,既可以包括生产性技术,也包括非生产性的开发管理,如决策技术、信息技术、计划技术。采购管理既包括生产原材料,也包括其他资源投入的管理,例如,聘请有关咨询公司为企业进行广告策划、市场预测、法律咨询、信息系统设计和长期战略计划等。

价值链的各环节之间相互关联,相互影响。一个环节经营管理的好坏可以影响到其他环节的成本和效益。比方说,如果多花一点成本采购高质量的原材料,生产过程中就可以减少工序,少出次品,缩短加工时间。

【知识链接 1-2】

价值链和供应链

与供应链比较而言,价值链和供应链具有不同的定义和发展历史,具有不同的产生背景。虽然两者涉及的活动范围相同,但价值链集中在价值的创造,而供应链注重产品的供应。

价值链管理依据价值链的理论,将企业的业务流程描绘成一个价值增值和价值创造的链状结构,价值链管理是一种基于协作的策略,即企业应该从总成本的角度考察其经营效果,而不是片面地追求诸如采购、生产和分销等功能的优化。总体而言,将价值链的概念应用于企业的经营管理中而形成的价值链管理,具有以实现企业价值最大化为目标、以实现顾客价值最大化为原则、以系统论的观点为指导思想这三个基本特点。

【知识链接 1-3】

公司内部价值链和行业价值链

企业的价值链包括价值生产活动的整个过程,而企业是价值生产过程整个系列中的一个部分。价值链包括行业价值链和企业内部价值链。

企业内部价值链由这个企业的所有价值活动构成。企业内部价值链分析可分为两部分:内部成本分析和内部差异价值分析。企业内部价值链成本分析的主要步骤有:找出企业价值产生的主要作业活动;对每一主要作业活动进行成本动因分析;竞争优势分析。

行业价值链包含行业中所有的价值创造活动,它始于基本原材料,终止于产品运送给最终客户。企业外部价值链分析是一种产业分析,将一公司的上游企业、下游企业和同行竞争者列出,并找出主要供应商(上游企业)及主要顾客(下游企业)作出成本与利润分析,最后决定良好的并购、外包、与供应商及顾客联盟合作等策略。

2. 价值链分析的基本原理

价值链分析(VCA,value chain analysis)方法是企业为一系列的输入、转换与输出的活动序列集合,每个活动都有可能相对于最终产品产生增值行为,从而增强企业的竞争地位。企业信息技术和关键业务流程的优化是实现企业战略的关键。企业通过在价值链过程中灵活应用信息技术,发挥信息技术的使能作用、杠杆作用和乘数效应,可以增强企业的竞争能力。

对企业价值链进行分析的目的在于分析企业运行的哪个环节可以提高客户价值或降低生产成本。对于任意一个价值增加行为,关键问题在于:①是否可以在降低成本的同时维持价值

(收入)不变;②是否可以在提高价值的同时保持成本不变;③是否可以降低工序投入的同时保持成本收入不变;④更为重要的是,企业能否同时实现以上三个方面。

价值链的框架是将链条从基础材料到最终用户分解为独立工序,以理解成本行为和差异来源。通过分析每道工序系统的成本、收入和价值,业务部门可以获得成本差异、累计优势。价值链一旦建立起来,就会非常有助于准确地分析价值链各个环节所增加的价值。价值链的应用不仅仅局限于企业内部。随着互联网的应用和普及、竞争的日益激烈,企业之间组合价值链联盟的趋势也越来越明显。企业更加关心自己核心能力的建设和发展,专注于发展整个价值链中的某一个环节,如研发、生产、物流等环节。

完整价值链是一个跨越公司边界的供应链中各节点企业所有相关作业的一系列组合。完整价值链分析就是核心企业将其自身的作业成本和成本动因信息与供应链中节点企业的作业成本和成本动因信息联系起来共同进行价值链分析。具体来说,完整价值链分析的步骤如下:

(1) 把整个价值链分解为与战略相关的作业、成本、收入和资产,并把它们分配到有价值的作业中;

(2) 确定引起价值变动的各项作业,并根据这些作业,分析形成作业成本及其差异的原因;

(3) 分析整个价值链中各节点企业之间的关系,确定核心企业与顾客、供应商之间作业的相关性;

(4) 利用分析结果,重新组合或改进价值链,以更好地控制成本动因,产生可持续的竞争优势,使价值链中各节点企业在激烈的市场竞争中获得优势。

总之,公司完整价值链分析对核心企业和节点企业之间关系的影响可以从以下几个方面表现出来。

(1) 核心企业与节点企业之间的广泛联系。如核心企业对联盟供应商个体提供价值链中其他联盟企业的有关数据,与供应商就其成本结果与网络平均数的差异进行分析,并对供应商可能的作业过程及其改善,以及改善后的预期结果进行讨论,增加供应商对相互之间的意图、需要和过程的了解,加强价值链中各企业之间的相互影响和凝聚力。

(2) 价值链中联盟企业间成本信息的客观透明。当供应链运营成本的变化结果变得透明时,联盟企业就可以自己判断实现价值链增值的可能性,以及因提高利润而得到的正常利润分成,有利于核心企业和节点企业之间,以及节点企业相互之间进行广泛联系、协商和决策,也有利于保证价值链中联盟企业的诚信。

3. 价值链分析法(VCA)的实施

公司的完整价值链是一个跨越公司边界的供应链中顾客、供应商亦即价值链上节点企业所有相关作业的一系列组合,因此需要充分考虑价值链上顾客和供应商之间相互依赖的关系,使价值链上所有节点企业具有共同的价值取向,共同进行完整价值链分析。

供应链中作业的相互依赖是连续性的,前期发生的作业会影响后续发生的作业,而本身的作业并不受影响,也就是供应链中上一层作业会影响供应链中下一层资源的消耗。因此采用基准分析、战略分析和趋势分析在内的成本分析方法对供应链中的连续作业进行分析,研究供应链中影响作业成本因素和作业之间的相互依赖水平,可以最终使公司利用分析结果帮助节点企业改进和管理作业,协调、控制公司与节点企业之间的关系,提高供应链运行效率,支持企业战略成本管理。

以作业成本计算原理为基础可以解决实施价值链分析中的一些会计系统问题。利用作业成本分析和成本动因的会计信息,可以优化、协调整个供应链的作业绩效。价值链分析的步骤如下:

(1)把整个价值链分解为与战略相关的作业、成本、收入和资产,并把它们分配到有价值的作业中;

(2)确定引起价值变动的各项作业,并根据这些作业,分析形成成本及其差异的原因;

(3)分析跨越整个价值链上的多个节点企业之间的关系,确定与顾客和供应商之间作业的相关性;

(4)利用分析结果,重新组合或改进价值链,以更好地控制成本动因,产生可持续的竞争优势,使企业在激烈的市场竞争中获得优势。

【案例分析1-1】

快递企业价值链分析

一般来说,快递企业核心业务的服务流程主要包括收件、分拣(包括分发处理和接收处理)、运输、派件等四大环节,它们构成了快递企业价值链的主要活动,为快递企业创造价值。根据通用的企业价值链模型,构建快递企业核心业务的基本价值链(见图1-9)。

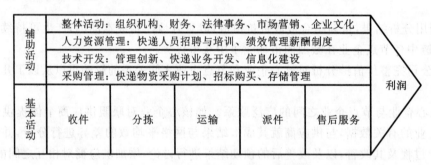

图1-9 快递企业核心业务价值链

快递企业价值链基本活动包括以下五项。

(1)收件。收件主要包括预约取件、收件准备、接收取件信息、验视快件、面单填写和快件包装等方面。

(2)分拣。分拣主要包括快件入仓、分拨、出仓、留仓件处理及快件操作信息上传等方面。

(3)运输。运输是占快递成本最高的环节,也是快递作业活动中最重要的作业活动。

(4)派件。派件作为快递服务流程中的最后环节,是快递企业服务质量的重要体现。

(5)售后服务。售后服务是快递企业快递服务的延续,是保持或提高消费者可察觉收益的活动。

快递企业价值链辅助活动包括以下四项。

(1)整体活动。快递企业的整体活动包括组织机构、财务、法律事务、市场营销、企业文化等。

(2)人力资源管理。快递企业的人力资源管理包括人力资源计划、岗位人员配置、人员招聘、人员培训、绩效考核、薪酬制度等。

(3) 技术开发。快递企业的技术开发包括管理创新、快递业务开发、信息化建设等。

(4) 采购管理。快递企业的采购管理包括快递物资采购计划、招标购买、存储管理等,其中包括办公设备、物流设施、包装物资等的采购。

(二) 核心竞争力

1. 核心竞争力的含义

随着经济全球化、信息化、知识化的迅猛发展,企业竞争已发展为基于产品开发设计、生产制造、配送与分销、销售与服务的跨时空价值链体系之间的整体竞争。企业的核心能力是某一组织内部一系列互补的技能和知识的组合,它具有使一项关键业务达到业界一流水平的能力,是能够提供企业竞争优势的知识体系。

现代企业的核心竞争力是一个以知识、创新为基本内核的企业某种关键资源或关键能力的组合,是能够使企业在一定时期内保持现实或潜在竞争优势的动态平衡系统。核心竞争力通俗地讲就是一种独特的别人难以靠简单模仿获得的能力。所谓核心竞争力,我们可以定义为企业借以在市场竞争中取得并扩大优势的决定性的力量。例如,本田公司的引擎设计及制造能力,联邦航空公司的追踪及控制全世界包裹运送的能力,都使他们在本行业及相关行业的竞争中立于不败之地。一家具有核心竞争力的公司,即使制造的产品看起来不怎么样,像万宝路公司生产极多的相关性很低的产品,但它却能利用核心能力,使公司整体蓬勃发展,扩大了原来局限于香烟的竞争优势。

企业核心竞争力的表现形式多种多样,这些不同形式的核心能力,存在于人、组织、环境、资产、设备等不同的载体之中。由于信息、专长、能力等在本质上仍是企业(组织)内部的知识,而企业(组织)独特的价值观和文化,属于企业(组织)的特有资源,所以,我们可以认为企业的核心竞争力本质是企业特有的知识和资源。

2. 基于价值链的企业核心竞争力

竞争优势是竞争性市场中企业绩效的核心,竞争优势有两种基本形式:成本领先和差异化。竞争优势来源于企业在设计、生产、营销、交货等过程,以及辅助过程中所进行的许多相互分离的活动。这些活动中的每一种都对企业的相对成本地位有所贡献,并且奠定了差异化的基础。竞争者价值链之间的差异是竞争优势的关键来源,价值链作为一种战略性工具在分析相对成本地位、差异化及在获取竞争优势时作用重大。

【案例分析1-2】

某钢铁公司基于价值链的核心竞争力分析

钢铁工业的高速增长使得钢铁工业价值链和上下游产业链,以及生态价值链之间的关系表现出的矛盾越来越突出,产业链之间出现了不协调的发展态势。

从内部看,资源消耗增大,废物排放量增大,资金流、信息流量加大,管理体制和运行机制不适应千万吨级钢铁企业运行管理的要求;从外部看,采购、销售、物流量剧增,对国际市场的依存度提高,对上下游企业及社会的影响力增强,企业的价值空间增大。企业的核心能力以及对外部资源的整合能力不能有效支撑企业实现"做强"的战略目标。图1-10是某公司价值链分析示意图。

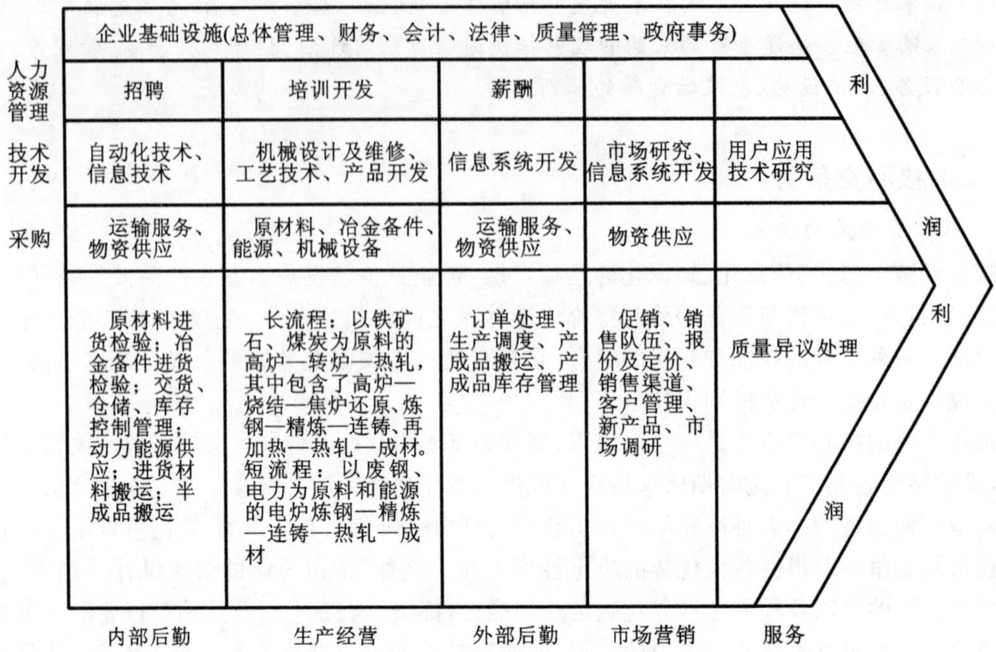

	企业基础设施(总体管理、财务、会计、法律、质量管理、政府事务)				
人力资源管理	招聘	培训开发	薪酬		利
技术开发	自动化技术、信息技术	机械设计及维修、工艺技术、产品开发	信息系统开发	市场研究、信息系统开发	用户应用技术研究
采购	运输服务、物资供应	原材料、冶金备件、能源、机械设备	运输服务、物资供应	物资供应	润
	原材料进货检验;冶金备件进货检验;交货、仓储、库存控制管理;动力能源供应;进货材料搬运;半成品搬运	长流程:以铁矿石、煤炭为原料的高炉—转炉—热轧,其中包含了高炉—烧结—焦炉还原、炼钢—精炼—连铸、再加热—热轧—成材。短流程:以废钢、电力为原料和能源的电炉炼钢—精炼—连铸—热轧—成材	订单处理、生产调度、产成品搬运、产成品库存管理	促销、销售队伍、报价及定价、销售渠道、客户管理、新产品、市场调研	质量异议处理	利润
	内部后勤	生产经营	外部后勤	市场营销	服务

图1-10 某公司价值链示意图

分析

该公司在行业内具有一定的规模经济优势,但在品种、地理位置、资源及企业管理方面优势不明显。因此,应从战略高度优化资源配置,培育企业核心竞争力,实现可持续发展。具体措施:加强战略管理,进行战略定位;加强战略成本控制,提高成本优势;重构企业价值链系统;调整产品结构,提高差异化优势;加强客户关系管理,培养战略客户群;实施科技创新,提升企业核心竞争力。

(三) 业务外包

1. 业务外包的概念

1990年,美国学者普拉哈拉德(C. K. Prahalad)和哈默尔(Gary Hamel)在其《企业核心能力》一文中正式提出"业务外包"的概念。根据他们的观点,所谓业务外包(business outsourcing),指企业基于契约,将一些非核心的、辅助性的功能或业务外包给外部的专业化厂商,利用他们的专长和优势来提高企业的整体效率和竞争力。通过实施业务外包,企业不仅可以降低经营成本,集中资源发挥自己的核心优势,更好地满足客户需求,增强市场竞争力,而且可以充分利用外部资源,弥补自身能力的不足,同时,业务外包还能使企业保持管理与业务的灵活性和多样性。

业务外包是近几年发展起来的一种新的经营策略,即企业把内部业务的一部分承包给外部专门机构。其实质是企业重新定位,重新配置企业的各种资源,将资源集中于最能反映企业相对优势的领域,塑造和发挥企业独特的、难以被其他企业模仿或替代的核心业务,构筑自己的竞争优势,获得使企业持续发展的能力。如波音航空航天公司——世界最大的飞机制造公司,却只生产座舱和翼尖;耐克——全球最大的运动鞋制造公司,却从未生产过一双鞋,等等。业务外包的虚拟化合作方式,不仅使得企业不同产品生产的成本变低、效率提高,而且还可以推动企业不断顺应市场需求的变动,降低风险,从而营造企业高度弹性化运行的竞争优势。

2. 业务外包主要模式

根据不同的标准,可以将业务外包划分为不同种类,如整体外包和部分外包,生产外包、销售外包、研发外包、人力资源外包,以及无中介的外包和利用中介服务的外包等。

(1) 根据业务活动的完整性可以将业务外包分为整体外包和部分外包。所谓部分外包,指企业根据需要将业务各组成部分分别外包给该领域的优秀的服务供应商。如企业的人力资源部分外包,企业根据需要将劳资关系、员工聘用、培训和解聘等分别外包给不同的外部供应商。一般来说,部分外包的主要是与核心业务无关的辅助性活动,如临时性服务等。当企业的业务量突然增大,现有流程和资源不能完全满足业务的快速扩张时,可以通过部分外包,利用外部资源,不仅获得规模经济优势,提高工作效率,而且可以尽快解决企业业务活动的弹性需求。而整体外包时,企业将业务的所有流程,从计划、安排、执行以及业务分析全部外包,由外部供应商管理整个业务流程,并根据企业的需要进行调整。在这种外包模式下,企业必须与承包商签订合同,合约内容应包括产品质量、交货期、技术变动,以及相关设备性能指标的要求。整体外包强调企业之间的长期合作,长期合作关系将在很大程度上抑制机会主义行为的产生,因为一次性的背叛和欺诈在长期合作中将导致针锋相对的报复和惩罚。外包伙伴可能会失去相关业务,因此,这种合作关系会使因机会主义而产生的交易费用降到最低程度。

(2) 根据业务职能可以将业务外包划分为生产外包、销售外包、供应外包、人力资源外包、信息技术服务外包,以及研发外包。业务外包理论强调企业专注于自己的核心能力部分,如果某一业务职能不是市场上最有效率的,并且该业务职能又不是企业的核心业务,那么就应该把它外包给外部效率更高的专业化厂商去做。根据核心能力观点,企业应集中有限资源强化其核心业务,对于其他非核心职能部门则应该实行外购或外包。

(3) 根据合作伙伴间的组织形式可以将业务外包分为无中介的外包和利用中介服务的外包。在有中介的外包模式中,厂商和外包供应商并不直接接触,双方与中介服务组织签订契约,由中介服务机构去匹配交易信息,中介组织通过收取佣金获利。这种利用中介组织的外包模式可以大大降低厂商和外包供应商的搜索成本,提高交易的效率。如麦当劳在我国许多城市的员工雇佣就是采用这种模式。而在无中介的外包模式中,厂商和外包供应商可以借助于互联网络进行,如美国思科系统公司(简称思科)将80%的产品生产和陪送业务通过其"生产在线"网站实行外包,获得思科授权的供应商可以进入思科数据库,得到承包供货的信息。

3. 外包供应商的选择

业务外包中,厂商和外部供应商之间实际上形成一种合作伙伴关系,外包供应商的表现在很大程度上影响制造商对市场的服务水平。因此,外包供应商的选择在制定业务外包策略中占有比较重要的位置,如何选择最为合适的供应商是企业管理者需要认真考虑的问题。而外包供应商的选择相当困难,一旦决策失误,企业就会面临更大的管理问题。一般来说,选择外包供应商时首先要有明确的目的——是获取资源,还是降低成本?目的不同,对外包供应商的选择依据也不同。当企业决定采用成本节约方案时,希望供应商低价也就不足为奇了。其次,要有科学的评价体系来评价潜在的外包供应商,如可以从投入品质量、成交价格、交货期限、技术能力、服务水平,以及满足程度等方面对潜在的外包供应商进行考核。显然,外包供应商能力是企业评价和选择供应商的关键,一味追求低价可能会损害外包业务的质量,并最终影响企业的市场表现。

【案例分析 1-3】

某地产公司业务外包

(四) 集成化供应链管理

【小思考 1-1】

珠海有家电子公司,因为某些原因导致公司资金短缺,企业运转出现困难,其供应商得到消息后就赶到厂里要钱,甚至威胁管理人员的生命。为何会出现这种情况呢?

如果企业与其供应商本身就是整个生命共同体,供应商想到的第一件事应该就是如何帮助其客户,使其摆脱困境,而不是去讨债,使其雪上加霜。未来企业的竞争不再是企业之间的竞争,而是供应链之间的竞争,因此,谁掌握了供应链,谁就掌握了未来市场,谁就更加具有竞争力。企业只有具备这样的意识,并逐步去建立自己的有竞争力的供应链,才能立于不败之地。

1. 集成化供应链管理的含义

跨企业的集成管理是供应链管理的本质,对于由多个企业组成的供应链来说,其集成就是指供应链上的企业通过信息的协调和共享,紧密合作,优化供应链的整体绩效。根据上述分析,可将集成化供应链(ISC, integrated supply chain)的概念概括如下:所谓集成化供应链,是指供应链的所有成员单位基于共同的目标而组成的一个虚拟组织,组织内的成员通过信息的共享,资金和物质等方面的协调与合作,优化组织目标,增强整条链的竞争力。

基于此,对集成化供应链管理(ISCM, integrated supply chain management)的内涵可描述如下:所谓集成化供应链管理,就是对整个集成化供应链进行管理,即对供应商、制造商、运输商、分销商、客户和最终消费者之间的物流、信息流和资金流进行计划、协调控制等,使其成为一个无缝(seam less)的过程,实现集成化供应链的整体目标。

集成化供应链如图 1-11 所示。

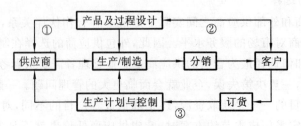

图 1-11 集成化供应链示意图

图 1-11 中,过程①是指合作设计,即供应商参与到设计过程中,这样可以避免由于设计不

合理而造成供应商无法生产、供应商需改变生产线才能满足总装厂的要求或生产成本提高等不必要的浪费。过程②是指用户驱动设计，即根据用户的需要对产品进行设计，这样可以使产品尽可能满足用户的需求，从而增加产品的竞争力。过程③是指订单驱动生产，即工厂根据用户的需求量进行生产，而不是盲目生产，避免了库存积压及供不应求的现象。

【知识链接1-4】

通用汽车公司的集成化供应链管理

通用汽车公司通过业务外包策略，把运输和物流业务外包给理斯维物流公司。理斯维物流公司负责通用汽车公司的零部件运输到31个北美组装厂的工作，通用汽车公司则集中力量于其核心业务——制造轿车和卡车。始于1991年的合作节约了大约10%的运输成本，缩短了18%的运输时间，裁减了一些不必要的物流职能部门，减少了整条供应链上的库存，并且在供应链运作中保持了高效的反应能力。理斯维物流公司在克里夫兰设有一个分销中心处理交叉复杂的运输路线，通过电子技术排列它与各通用汽车公司的北美工厂的路线，这样可以动态地跟踪装运情况。理斯维的卫星系统可以保证运输路线组合的柔性化。如果一个供应商的装运落后于计划，理斯维可以迅速地调整运输路线的组合。理斯维物流公司采用的精细可视线技术保证了通用汽车公司的生产线上的低库存水平，而通用汽车公司也具备了统一集成和协调的技术，它对各外包企业的管理控制就像管理自家内部的各部门一样熟练自如，表现出了高超的集成化管理水平。

2. 价值链驱动集成供应链

对大部分企业而言，其竞争对手与自身有共同的供应商和客户群，企业与竞争对手在供应链层面上的竞争要求企业的供应链价值高于其竞争对手的供应链价值，因而企业必须从价值链思想出发关心其供应商和客户价值链的培养。因此，基于价值链的集成供应链管理就是将价值链的思想引入集成供应链管理中，用价值链思想驱动集成供应链的流程和作业。具体来看，价值链驱动的集成供应链可以达到如下目的。

(1) 筛选作业，确定供应链的价值构成，找出供应链中对价值没有贡献的作业，即不增值作业，并采取措施将其消除。例如，根据JIT(just in time，准时生产方式)安排生产和采购计划，消除存货积压，从而消除存货储存作业。

(2) 改善作业，通过价值工程等方法确定供应链上各活动对供应链整体价值的贡献，并在此基础上提高增值作业的效率，使之成为增值高效作业。例如，改善供应商关系，提高反馈速度等。

(3) 除改善各独立的作业外，协调所有作业，实现整条供应链的价值优化。对集成的供应链进行分析，以与产品相关的所有企业职能为中心，而不管这些职能是在同一部门发生，还是在一系列经济上相互独立的企业中发生，它侧重于供应链的整体效益，关注顾客的满意程度是否得到提高，从而为企业获得持续竞争优势提供思路。按照价值链的思想在供应链中的各节点企业应保留为企业提供价值的活动，将那些不能提供价值、对企业而言也并不代表某种发展方向的业务进行外包。

基本训练

1. 阅读理解

(1) 简述供应链及供应链管理的含义。

(2) 供应链有哪些类型?

(3) 简述你对价值链含义的理解。

(4) 供应链结构模型有哪几种?

(5) 供应链管理的运作方式有哪两种?

2. 判断题

(1) 供应链管理目标在于降低成本。（   ）

(2) 供应链是一种可增值的链条。（   ）

(3) 对于制造商而言,重要的合作伙伴应该是相对多的,且与之关系是密切的。（   ）

(4) 信息多源化是供应链管理环境下的主要特征。（   ）

(5) 企业所有业务活动都可以进行业务外包。（   ）

3. 选择题

(1) 拉动式的供应链运作方式的核心是（   ）。

    A. 供应商   B. 制造商

    C. 分销商   D. 用户

(2) 推动式的供应链运作方式的核心是（   ）。

    A. 供应商   B. 制造商

    C. 分销商   D. 零售商

(3) 供应链管理研究的内容主要涉及四个领域（   ）。

    A. 供应、生产计划、物流、需求   B. 制造、生产计划、物流、需求

    C. 分销、生产计划、物流、需求   D. 零售、生产计划、物流、需求

(4) 根据合作伙伴间的组织形式可以将业务外包分为（   ）。

    A. 生产外包和销售外包   B. 供应外包和人力资源外包

    C. 无中介的外包和利用中介服务的外包 D. 信息技术服务外包和研发外包

(5) 根据供应链存在的稳定性可以将其划分为（   ）。

    A. 稳定的供应链和动态的供应链   B. 平衡的供应链和倾斜的供应链

    C. 有效性供应链和反应性供应链   D. 内部供应链和外部供应链

4. 技能题

请学生就参观情况结合所学知识写一份体会。

实训目的:供应链管理首先强调的是一种思想,然后在这种思想的指导下企业会采取一系列措施,通过写体会来加强对供应链管理的理解。

实训要求:必须熟悉供应链管理的思想,然后思考在这种思想的指引下企业要实行供应链管理必须采取哪些方法。

案例分析

案例1:海尔柔性供应链

有一个传统的民族工业制造企业,成立多年以来,保持了80%的年平均增长率,成长为一个业务遍及全球的国际化企业集团,其管理模式被很多商学院收入管理案例库,1999年,其总裁被英国《金融时报》评为"全球30位最受尊重的企业家"之一,这家企业就是海尔集团。海尔集团取得的业绩,和企业实行全面的信息化管理是分不开的。借助先进的信息技术,海尔发动了一场管理革命:以市场链为纽带,以订单信息流为中心,带动物流和资金流的运动。通过整合全球供应链资源和用户资源,逐步向"零库存、零营运资本和(与用户)零距离"的终极目标迈进。

以市场链为纽带重构业务流程。2002年,从生产规模看,海尔有10 800多个产品品种,平均每天开发1.3个新产品,每天有5万台产品出库。海尔一年的资金运作进出达996亿元,平均每天需做2.76亿元结算,1 800多笔账。随着业务的全球化扩展,海尔集团在全球有近1 000家分供方(其中世界500强企业44个),营销网络53 000多个,海尔还拥有15个设计中心和3 000多名海外经理人,如此庞大的业务体系,依靠传统的金字塔式管理模式或者矩阵管理式模式,很难维持正常运转,业务流程重组势在必行。

总结多年的管理经验,海尔探索出一套市场链管理模式。海尔认为,在新经济条件下,企业不能再把利润最大化当作目标,而应该以用户满意度的最大化、获取用户的忠诚度为目标。这就要求企业更多地贴近市场和用户。市场链简单地说就是把外部市场效益内部化。过去,企业和市场之间有一条鸿沟;在企业内部,人员相互之间也只是上下级或同事关系。如果产品被市场投诉了,或者滞销了,最着急的是企业领导人。下面的员工可能也很着急,但是使不上劲。而海尔不仅让整个企业面对市场,而且让企业里的每一个员工都去面对市场。由此,海尔也把市场机制成功地导入企业的内部管理,把员工相互之间的同事和上下级关系转变为市场关系,形成内部的市场链机制。员工之间实施SST(索赔、索酬、跳闸),即如果你的产品和服务好,下道工序给你报酬,否则会向你索赔或者"亮红牌"。

结合市场链模式,海尔集团对组织机构和业务流程进行了调整,把原来各事业部的财务、采购、销售业务全部分离出来,整合成商流推进本部、物流推进本部、资金流推进本部,实行全集团统一营销、采购、结算;并把原来的职能管理资源整合成创新订单支持流程3R(研发、人力资源、客户管理)和基础支持流程3T(全面预算、全面设备管理、全面质量管理),3R和3T流程成立相应的独立经营的服务公司。

整合后,海尔集团商流本部和海外推进本部负责搭建全球的营销网络,从全球的用户资源中获取订单;产品本部在3R流程的支持下不断创造新的产品来满足用户需求;产品事业部对商流本部获取的订单和产品本部创造的订单执行实施;物流本部利用全球供应链资源搭建全球采购配送网络,实现JIT订单加速流转;资金流搭建全面预算系统。这样就形成了直接面对市场的、完整的核心流程体系以及3R、3T等支持体系。

商流本部、海外推进本部从全球营销网络获得的订单形成订单信息流,传递到产品本部、事业部和物流本部,物流本部按照订单安排采购配送,产品本部和事业部组织安排生产。生产的产品通过物流的配送系统送到用户手中,而用户的货款也通过资金流依次传递到商流本部、产品本部、物流本部和分供方手中。这样就形成了同步的横向网络化的业务流程。

资料来源：http://max.book118.com/html/2015/0329/1397

问题

海尔是如何打造柔性供应链的？

案例2：某公司的供应链管理

某公司是一家总部位于日本大阪年销售收入887亿的全球化电子消费品公司，公司共有66 000名员工服务于分布在全球30个国家的生产工厂、销售公司、技术研发机构和信贷公司。该公司作为推出电子计算器和液晶显示器等电子产品的创始者，始终勇于开创新领域，运用领先世界的液晶、光学、半导体等技术，在家电、移动通讯、办公自动化等领域实现丰富多彩的"新信息社会"。

但是，电子消费品市场竞争日益复杂，电子消费品市场的快速变化，特别是电子消费品的生命周期越来越短，电子消费品的市场普及率越来越接近饱和状态，企业的经营风险加大，与此同时，客户对电子消费品个性化的需求也越来越高。因此，如何在竞争激烈和快速变化的市场中寻求一套实时的决策系统就显得尤为重要。特别是通过提高对商品的预测准确率来降低企业的库存，减少交货期的延误，从而保住了大量的有价值的客户。

首先，对其整个供应链进行了全面诊断，提出了对包括订单管理、生产制造、仓库管理、运输和开票等全流程在内的整体无缝链接，并结合信息系统的实施，使该公司建立起供应和需求一体化的结构，尤其是通过对系统数据的分析，定时的连接和灵活的处理，使决策者能够比过去更加方便和有效地协调人员、设备资源和流程配置，以便更加准确地满足市场的需求。该公司通过对供应链的一体化管理，不仅降低了库存的水平，加快了库存的周转率，降低了物料管理的成本，而且大大地提升了供应链上的价值。

其次，通过对供应链的整合，使得该公司对客户的交货承诺性得到很大程度的提高，货物的交付比过去更加及时和准确。同时，供应链计划体系可以充分考虑各方面因素，如运输成本、订单执行等，从而制订出资源平衡和优化的需求预测。

问题

该公司的供应链管理的一些措施是有效的吗？为什么？

综合实训

一、实训目的及要求

（1）提高学生学习兴趣。

（2）掌握多门相关学科知识的综合应用。

（3）掌握针对问题应用所学供应链管理及相关管理学科理论与方法进行分析，提出解决方案的能力。

（4）提高学生解决企业经营运作系统实际问题的能力。

二、实训内容

（1）公司背景如下。

某企业长期以来一直专注于某行业P产品，其市场知名度很高，客户也很满意。该企业拥有自己的厂房，生产设施齐备，状态良好。最近，一家权威机构对该行业的发展前景进行了预测，认为P产品将会从目前的相对低水平发展为一个高技术产品。为此，该企业董事会及全体股东决定将企业交给一批优秀的新人去发展，他们希望新的管理层投资新产品的开发，使公司的市场地位得到进一步提升。开发本地市场以外的其他新市场,进一步拓展市场领域。扩大生产规模,采用现代化生产手段,努力提高生产效率。

(2) 确定公司管理团队。

(3) 介绍企业生产运营规则。

(4) 模拟企业经营竞争。

(5) 现场解析与评价。

三、实训程序

实训程序如表 1-1 所示。

表 1-1 综合实训具体内容

序号	内　　容	实训内容
1	企业整体介绍	以一订单为主线讲述企业的主要流程,理解企业的关键术语
2	企业规则介绍	借助模拟沙盘介绍企业规则
3	引导生产与运营	业务模拟经营(一年);教师指导学生模拟沙盘完成
4	第一年业务经营(感性经营期)	企业的经营本质;如何盈利;增加利润的关键
5	第二年业务经营(理性经营期)	运作战略的解析;产品的分析
6	第三、四年经营(科学经营时代)	科学的运作计划;现代化信息工具的运用
7	第五、六年经营(全成本核算时代)	费用成本效益;企业精细化管理
8	第七年经营(化战略为行动时代)	竞争战略;人力资源战略;无形资产的提升
9	第八年经营(全面信息化时代)	信息化整合;经营绩效综合分析
10	总体点评	交流实训心得

项目二
供应链战略管理

GONGYINGLIAN
GUANLI
SHIWU

知识目标

◎ 了解供应链战略管理的基本概念
◎ 明确供应链管理的规划方法
◎ 熟知供应链一体化
◎ 掌握供应链战略联盟与供应链合作关系的建立方法

技能目标

◎ 分析供应链管理的战略问题,灵活运用决策方法进行供应链管理规划
◎ 根据供应链一体化的理念,构建供应链战略联盟与供应链合作关系

沃尔玛供应链战略

沃尔玛百货有限公司(简称沃尔玛)由美国零售业的传奇人物山姆·沃尔顿先生于1962年在阿肯色州成立。经过四十余年的发展,沃尔玛已经成为美国最大的私人雇主和世界上最大的连锁零售商。目前沃尔玛在全球十个国家开设了超过5 000家商场,员工总数达160多万,分布在美国、墨西哥、波多黎各、加拿大、阿根廷、巴西、中国、韩国、德国和英国10个国家。每周光临沃尔玛的顾客近14 000万人次。2004年,沃尔玛全球的销售额达到2 852亿美元,连续多年荣登《财富》杂志世界500强企业排行榜和最受尊敬企业排行榜。

沃尔玛的业务之所以能够迅速增长,并且成为现在非常著名的公司之一,是因为沃尔玛在节省成本以及在物流配送系统与供应链管理方面取得了巨大的成就。

苹果公司总裁乔布斯曾经说过,如果全球的IT企业只剩下三家,那一定是微软、英特尔和戴尔,如果只剩下两家,将只有戴尔和沃尔玛。这显然只是玩笑话,沃尔玛虽是零售业的翘楚,但无论如何还算不上IT企业。不过,沃尔玛对信息技术的执着追求却是有目共睹的,正是缘于此,沃尔玛低成本战略才得以屡试不爽。

沃尔玛供应链战略的主要内容如下。

(1)企业传统经营思想的转变。过去,商业零售企业只是作为中间人,将商品从生产厂商传递到消费者手里,反过来再将消费者的意见通过电话或书面形式反馈到厂商那里,而沃尔玛能够参与到上游厂商的生产计划和控制中去,因此能够将消费者的意见迅速反映到生产中,而不是简单地充当二传手或者电话话筒。

(2)共享信息战略。沃尔玛通过网络和数据交换系统,与供应商实现信息共享,建立零售链接;沃尔玛直接参与到上游厂商的生产计划中去,与上游厂商共同商讨和制订产品计划、供货周期,甚至帮助上游厂商进行新产品研发和质量控制方面的工作。

(3)利用先进技术的战略。沃尔玛投资4亿美元发射了一颗商用卫星,实现了全球联网;

利用电子数据交换(EDI)系统与供应商建立了自动订货系统,该系统又称为无纸贸易系统;还利用了条码扫描和卫星通信等技术。

(4)供应库存战略。沃尔玛的配送中心分别服务于美国18个州约2 500间商场,配送中心占地约10万平方米。整个公司销售商品的85%由这些配送中心供应,其竞争对手只有50%～65%的商品集中配送。

资料来源:http://wenku.baidu.com/view/b546d254ad02de80d4d84015.html

从这一案例我们可以悟出:沃尔玛给人们留下印象最深刻的是它的一整套先进、高效的物流和供应链管理系统。沃尔玛在全球各地的配送中心、连锁店、仓储库房、货物运输车辆,以及合作伙伴(如供应商等),都被这一系统集中、有效地管理和优化,形成了一个灵活、高效的产品生产、配送和销售网络。沃尔玛的成功既可以说是优秀的商业模式与先进的信息技术应用的有机结合,也可以说是沃尔玛对自身的"商业零售企业"身份的超越。

任务一　供应链战略管理

一、供应链战略管理的概念及内容

(一)供应链战略管理的概念

所谓供应链战略管理就是从企业战略的高度来对供应链进行全局性规划,确定原材料的获取和运输,确定产品的制造或服务的提供,确定产品配送和售后服务的方式与特点,包括了采购、生产、销售、仓储和运输等一系列活动。

(二)供应链战略管理的内容

供应链战略是公司战略的有机组成部分,和产品开发战略、市场营销战略并列为三大职能战略,支撑竞争战略。供应链战略管理包括对供应链主要结构的说明,以及传统的供应战略、运作战略、物流战略的内容,而且还包括关于库存、运输、运作设施和信息流等供应链设计决策。供应链战略的主要内容如图2-1所示。

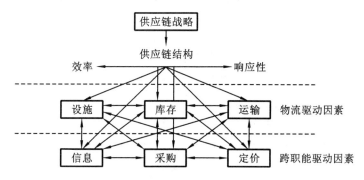

图2-1　供应链战略的主要内容

二、供应链战略的分类

(一)基于供应链产品类型的分类

(1)效率性供应链战略——指强调以最低的成本将原材料转化成零部件、半成品、成品,以及在供应链中的运输等的供应链战略。

(2)响应性供应链战略——指强调快速对需求作出反应的供应链战略,所对应的产品是革新性产品。

(二)基于供应链驱动方式的分类

1. 推动式供应链战略

推动式供应链的运作方式以制造商为核心,产品生产出来后从分销商逐级推向用户。分销商和零售商处于被动接受的地位,各个企业之间的集成度较低,通常采取提高安全库存量的办法应付需求变动,因此整个供应链上的库存量较高,对需求变动的响应能力较差。

在一个推动式供应链中,生产和分销的决策都是根据长期预测的结果作出的。这可能会导致:①不能满足变化了的需求模式;②当某些产品的需求消失时,会使供应链产生大量的过时库存。

2. 拉动式供应链战略

拉动式供应链的驱动力产生于最终用户,整个供应链的集成度较高,信息交换迅速,可以根据用户的需求实现定制化服务。采取这种运作方式的供应链系统库存量较低。

在拉动式供应链中,生产和分销是由需求驱动的,这样生产和分销就能与真正的顾客需求而不是预测的顾客需求进行协调。这种战略很有吸引力,因为:①通过更好地预测零售商订单的到达情况,可以缩短提前期;②由于提前期缩短,零售商的库存可以相应减少;③由于提前期缩短,系统的变动性减小,尤其是制造商面临的变动性变小了;④由于变动性减小,制造商的库存水平将降低。

3. 推-拉式供应链战略

在推-拉式供应链战略中,供应链的某些层次,如最初的几层以推动的形式经营,同时其余的层次采用拉动式战略。推动层与拉动层的接口处被称为推-拉边界,如图2-2所示。

图2-2 推-拉式供应链

【小思考 2-1】

与推动式供应链模式相比,牵引式供应链具有哪些优势?

答 牵引式供应链具有以下优势:

① 支持产品的不断变化;
② 缩短交货周期;
③ 改进质量,降低单位成本;
④ 提高经营效率;
⑤ 能够全面衡量业绩,更易于实施控制。

三、供应链战略的基本特征

1. 供应链战略是一种互补性企业联盟战略

供应链战略是基于业务外包的一种互补性的、高度紧密的企业联盟,这个联盟以核心产品、核心资产或核心企业(通常是最终产品的生产者和服务的提供者)为龙头组成,它包括原材料、配件供应商及生产商、配送中心、批发商、零售商和顾客等,这个联盟的目标是通过联盟内各个成员统一协调的、无缝隙的工作,以价低质优的产品、及时供货和提供优质的售后服务来提高市场供应的有效性和顾客的满意度,以较高的市场占有率取得竞争优势。

【案例分析 2-1】

供应商管理库存

宝洁的材料库存管理策略是供应商管理库存(VMI)。以广州黄埔工厂为例,黄埔工厂将未来 6 个月的销售预测和生产计划周期性地和供应商分享。供应商根据宝洁的计划制订自己的材料采购计划,并根据宝洁生产计划要求提前 12 天送到宝洁工厂。宝洁使用材料之后付款。对供应商来说,不必为宝洁预备多余的安全库存,自己内部计划安排更有灵活性;对宝洁来说,节省了材料采购成本。实际的材料采购提前期只是检测周期,至于原材料 A(宝洁将原材料分为 A、B、C 三类),采购提前期由 81 天缩短到 11 天,库存由 30 天减少到 0。

分析

供应商管理库存,节约了成本,提高了效率。

2. 供应链战略是一种企业核心能力强化战略

维持和发展竞争优势是企业核心能力的集中体现,也就是说,它能使公司在下一步的竞争中具有引导和争夺市场的能力,超越临时竞争优势而获得持续性发展。泰吉和奥兰德等人提出的"战略缺口"假设,有利于我们理解企业运用供应链战略的动机。如果企业在考察市场的时候发现业务的发展正朝向一个新的领域,而本企业所拥有的竞争优势随着时间的推移已发生变化;它们所要达到的战略目标与它们依靠自有资源和能力所能达到的目标之间存在一个缺口,那么,它们必须借助于业务外包或寻找优秀的供应者来帮助它们在供应链中改进技术、提高效率、降低成本,以加强其价值链上的薄弱环节,填补企业发展战略的缺口,强化企业的核心能力。

因此,一个企业的供应链战略的核心问题,是设计公司业务的内包、外包,以及与承包合同商之间的关系。具体而言,要考虑哪一个合作伙伴更有竞争优势,哪一种供应链的设计更为优秀,供应链上的哪一个部分更有效率。所有这些成分都要协调起来,才能使企业竞争力得到强化,这就是供应链管理的优势所在。

3. 良好的供应链网络有利于提升企业的竞争承受力

在经济的周期性变化中,任何一个企业都要经历它的高涨和低落时期,可以说每个公司都需要随时应对不期而至的经济危机。根据亿博物流咨询机构多年的项目经验发现:一些创业公司得以平稳地渡过危机,持续、协调地向前发展,其成功并非完全是因为拥有最多的客户,更在于它们重视业务发展的规律,重视其商业经营中的客户关系。它们不仅选择了一条重要的供应链而且成为这个网络结构上的一个重要组成部分。因此这个供应链网络的整体竞争优势强化了这个企业的生存和发展能力。举例来说,也正是因为有了像AT&T这样的合作伙伴,朗讯公司才可以从困境中慢慢地走出来。良好的供应链关系使企业获得了抗拒风险、承受打击的能力,能够安然地渡过危机,然后寻找新的发展机遇和下一个经济增长周期的起点。资料统计表明,当今全球工业行业的竞争周期已经缩短到了5~7年,也就是说每过5~7年,企业就要面临一次"重新洗牌"的剧烈震荡,我们更应当重视供应链的抗风险、抗打击作用,更加珍视供应链网络的合作伙伴关系,共同应对世界性的经济危机。

4. 供应链战略是实施关系营销的一个重要方面和关键环节

关系营销是企业与关键性的客户(顾客、供应商、分销商)建立长期满意关系的实践,它是营销者通过不断承诺和给予对方高质量的产品、优良的服务和公平的价格来实现的合作模式,关系营销使有关各方建立起经济、技术和社会方面的纽带关系。关系营销的最终结果是建立起公司的独特资产——营销网络。正因为如此,我们说今后的商业竞争不是在公司之间进行,而是在整个营销网络之间进行,一个建立了良好关系网的公司将获胜。供应链合作无疑是关系营销的一个重要方面。在日益复杂的市场竞争中,逐步形成相对稳定的供应链体系,在分配信息和相互信任的前提下,确定一个长久的利益共同体,兼顾各个成员企业的经营战略,实行"双赢"乃至"多赢",是构成企业之间紧密合作的战略联盟和供应链竞争成功的关键。企业在选择供应商和进行供应链体系的设计时,应始终着眼于公司的长远发展,首先要考虑的是战略上的发展优势,而不是简单地从节约采购和制造成本,或者提高信息传递效率的角度考虑问题。

【知识链接 2-1】

提升供应链战略的策略

【知识链接 2-2】

企业竞争战略与供应链战略的匹配

【知识链接2-3】

如何才能保证供应链战略和竞争战略相匹配？

四、供应链管理战略的目标

在企业将供应链管理作为企业的战略问题来考虑的时候，其目标包括以下几点：

1. 提高企业对市场需求的响应速度

随着社会的发展、科技的进步，市场机会稍纵即逝，企业就需要具备分析和把握市场机会的能力。供应链管理战略的实施就是要把供应商、生产商、分销商、零售商紧密联结在一起，并使之协调优化，使企业产品信息的流通渠道达到最短，从而可以使消费者需求信息沿供应链逆向准确、迅速地反馈至生产厂商，生产厂商据此对产品做出正确的决策，保证供求的良好结合，减少不确定性，以动态的信息代替静态库存，以实现市场响应敏捷化，增强企业在市场中的竞争能力。

2. 实现供应链的整体效益最大化

供应链是由两个或两个以上的独立的企业（或环节、子系统）所组成。供应链管理战略目标就是通过对供应链中不同企业行为的组织、计划及协调，使整个系统稳定有序地运行，从而在输出优质的产品和服务的同时使系统的期望成本总和最小，使每个企业的目标最大化。

3. 满足顾客多样化、个性化的需求

顾客对产品和服务的需求向着个性化、多样化的方向发展，通过标准化、大规模生产来取得优势的时代已经一去不复返了。这样大批量、规模化的生产已经不再可能，通过供应链上企业间的协同运作，降低企业运营的成本，从而使小批量、多批次生产成为可能。供应链管理战略对企业来说有如下好处：降低成本，变固定成本为可变成本；提高企业效率；减少资本投入的密集程度；防范经营风险；及时交货，满足客户订单等。因此企业应该认真研究供应链管理战略并根据自身特点加以实施。

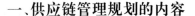

任务二　供应链管理的规划

一、供应链管理规划的内容

（一）定义企业的目的

企业目的形成了与企业业务本质有关问题的答案，包括它的目标、客户基础以及企业应当到达的目的地。定义企业的目的是一个相互作用的过程，企业的管理者通过这个过程提出有关企业健康运转的基本问题，并改变企业的运作策略，以迎接突然出现的挑战。

(二)明确企业的战略性竞争任务

战略性竞争任务的关注点面向未来,而不是现有的能力和市场。战略任务是寻找公司所面临的问题,比如:谁是明天的行业领导者?什么样的技术将会对市场产生重大影响?什么样的产品或服务组合可以赢得市场?哪一家公司将形成企业的关键伙伴或联盟?企业的技能和变革性精神如何被重塑才能形成未来的新市场?

(三)形成公司的核心运作策略

企业的核心运作策略关系到企业在现有的行业结构中,如何对现有的产品、市场和业务进行定位与衡量。核心运作计划的关键活动应包括:对企业在某一时间内可能的增长,资产、投资回收和全部净收入目标等内容的预测,决定支持业务预测中详述的财务和市场目标所必需的现有资产和竞争力,将预测和资产计划分配到公司的业务单位中。

二、企业发展过程中的供应链管理的规划

(一)企业创业阶段

在企业成长的第一阶段,企业刚刚从无到有,规模还比较小。企业现阶段的供应链管理系统只要满足企业"供、销、存"的基本需求就可以了,企业供应链系统建设应该以能实现简单的关键性事务的处理为目标。企业在这个阶段的供应链管理的规划应该将重心放在将供应链管理的目标和企业的目标相统一上,企业在选择供应链管理系统时,关注的重点应该是一个兼容性较强的供应链管理系统,该系统应该具有较强的融合能力,能为将来升级、改造供应链系统打下坚实的基础。

(二)企业聚合阶段

在企业成长的第二阶段,企业规模扩大、管理层次增加。企业的供应链管理系统不应该只满足于及时发货,还应该将企业的整个生产过程加入自动化处理系统中,以保证产品的高质量。除此之外,由于企业业务的发展,供应商和客户的数量逐渐增加,企业为了准时发货和进货消耗了不少时间和精力,货物的发送和运输成了阻碍企业发展的关键因素,因此,企业在现阶段进行供应链管理的规划时,应该将这些影响企业经营的因素考虑进去,将产品的运输渠道纳入企业管理的范围之中,争取以最短的时间、最少的金钱、最高的效率去满足客户的需求。企业现阶段的供应链系统应该增加如下几个基本的系统功能模块:质量控制、生产管理、运输管理等。

(三)企业规范化阶段

在企业发展的第三阶段,企业呈现高速成长的态势。销售地域和销售网络极端分散,企业开始明白不仅要充分授权,还要在充分授权的基础上积极优化企业运作流程。在这个阶段,企业在进行供应链管理的规划的时候就应该突出"高效率"。为此,企业需要大力改进之前的供应链系统功能,思考如何才能让这些功能更加协调的工作。在这个阶段,为了更好地管理企业纷繁复杂的销售渠道,企业应该增加一个全新的供应链管理模块:分销管理(有的也称为分销资源计划)。分销管理可以使企业能够及时掌握分布在渠道中各个结点上的货物状态,并在此基础上实现对渠道中货物的均衡处理。

（四）企业精细化阶段

在企业发展的第四阶段，企业需要通过更规范、更全面的管理体系和管理流程来支撑企业的发展。企业现在需要的是一条灵敏反应的供应链。这条供应链强调的是在供应链的某些环节做必要的储备以应付突然出现的需求变化。注重灵活性，对市场的波动作出及时的反应，尤其需要对市场需求作出比较准确的预测。因此，企业现阶段供应链管理的规划重点应该放在敏捷反应上。企业需要在供应链系统中加入更多的功能，把客户、供应商和企业紧密地连接起来，真正形成一个统一的供应链系统。现阶段，企业应该加入市场管理、售后服务管理这两个重要的供应链系统功能模块。市场管理可以对市场信息资料和活动方案、市场费用、市场计划实施进行管理和控制，并对产品市场进行各种分析和预测。售后服务管理则主要对从客户处得到的产品或服务的反馈信息进行收集和处理，跟踪和监督客户反馈信息的处理执行情况，以提高对客户需求的响应速度，特别是提高企业的售后服务水平。

在这个阶段，企业不仅有了完善的企业内部供应链系统，还有了具有一定规模的外部供应链结构。企业外部供应链结构如图 2-3 所示。

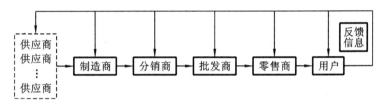

图 2-3 企业外部供应链结构

在这种外部供应链结构中，实际上是整个行业建立了一个环环相扣的供应链，使多个企业能够在一个整体的管理环境下实现协作经营和协调运作。

（五）企业成熟阶段

在企业发展的成熟期，企业规模迅速壮大，开始进入国际市场，成为一个全球性的公司。企业除了要有一个功能强大的供应链系统以外，还需要在进行供应链管理的规划时，将供应链系统和日益发展的网络、电子商务结合在一起，对企业内外部的环境进行综合分析。

在这个阶段，企业将电子商务与供应链系统联系在一起。电子商务模式的引入弥补了传统供应链的不足，因为电子商务不再局限于企业内部，而是延伸到供应商和客户，甚至供应商的供应商和客户的客户，电子商务建立的是一种跨企业的协作，覆盖了从产品设计、需求预测、外协和外购、制造、分销、储运和客户服务等全过程。处于同一供应链的厂商之间不再是竞争关系，而是双赢。电子商务模式带来了供应链管理的变革。它运用供应链管理思想，整合企业的上下游产业，以中心制造厂商为核心，将产业上游供应商、产业下游经销商（客户）、物流运输商及服务商、零售商及往来银行进行垂直一体化的整合，构成一个电子商务供应链网络。

在这个供应链网络中，人员可以采用远程移动设备对活动进行计划、执行与监控。在这个规划过程中，企业应该将重点放在协同上，与供应商、主要客户、制造商之间的协同计划、协同生产、协同采购、协同执行等是企业供应链网络取得成效的关键。

【案例分析 2-2】

宝钢供应链管理分析

2004年7月,宝钢(宝钢集团有限公司)被《财富》杂志评为2003年度世界500强企业第372位,成为中国竞争性行业和制造业中首批跻身世界500强的企业。

宝钢供应链管理的实施开始于2000年7月,直接原因是其交货周期长、效率低,其中管理周期是造成交货期过长的主要原因。如宝钢对于合同处理需要1个月左右的时间,而同时客户需要及时了解产品生产的进度、质量的控制、货运等信息,这就制约了宝钢的进一步发展。为此,宝钢制订了一系列供应链管理措施,加强供应商的管理。

1. 战略合作伙伴关系甚至控股

在对供应商的管理方面,宝钢供应商的特点采取的是"让市场,不让价格"的供应策略。对于燃料这样的供应商,采取了股权控制的形式,对于一些重要的矿产进行直接投资,将其直接纳入自己的资源体系中。

2. 与煤炭企业建立战略合作关系

为了保证生产所需煤炭资源的供给,集团公司党政领导多次走访多家重点煤炭资源供应企业,与它们开展多层面合作,建立起中长期战略合作关系,与煤炭企业实现双赢,保证了煤炭供应渠道的稳定畅通。

与此同时,供销管理部派遣精干人员长期驻守相关煤炭企业,保证双方信息及时沟通,还根据宝钢生产所需积极开拓供货新矿点,确保煤炭资源及时供应。

资料来源:http://wenku.baidu.com/view/c93ba6fb04a1b0717fd5ddd8.html

分析

供应链上的信息透明和合作,是管理好供应链的重要保证。具体体现为:提高供应链的可视性(透明度);能够纵观整个供应链;能够得到准确的数据;能够减少物流成本;能够强化落实运输计划;能够提供综合的供应链中的异常信息;能使企业集中精力解决客户服务的关键问题。

任务三 熟知供应链一体化

一、供应链一体化的概念

供应链一体化是成员企业围绕一个核心企业的一种或多种产品,通过物流一体化、流程标准化、信息透明化和组织结构柔性化,提升供应链的整体绩效,形成上游与下游企业的战略联盟。

而供应链一体化能力是实施供应链一体化程度的总体表现,是供应链成员之间有效合作伙伴关系的体现,即一种在构建供应链合作伙伴关系过程中,依托先进的信息技术、创新的管理思想、降低产品的最终成本、提高对市场的反应速度和实施供应链整体有效协调的综合能力。

二、供应链一体化的要素及原则

（一）供应链一体化的要素

在供应链一体化的构成要素中，核心企业、供应商伙伴关系、顾客关系是核心三要素，供应链结构、产品设计与制造、物流管理、营销渠道、信息技术和决策支持系统则是围绕核心三要素展开的供应链运行的必要条件。

（1）核心企业：核心企业是供应链的信息集散中心和资源整合中心，是供应链运行的调节器，是供应链核心动力的表现。

（2）顾客关系：顾客是供应链的终端和目标，顾客关系是实现供应链价值的关键。

（3）供应链伙伴关系：包括核心企业与供应商的伙伴关系，与制造商的伙伴关系，与销售商、零售商的伙伴关系，是供应链运行的基础。

（4）供应链结构：核心企业或者企业核心竞争力是供应链设计及构建供应链结构的核心和方向。

（5）产品设计与制造：是供应链运行的实体，是供应链中伙伴关系进行资源交换的主体。现代工业设计已成为企业核心竞争力的焦点之一。

（6）物流管理：敏捷物流是供应链一体化的保障，它的价值在于通过供应链网络，实现将合适的产品或服务以合适的质量、合适的数量、合适的价格按合适的时间、送达合适的地点及时满足合适的顾客需求，使得顾客价值最大化。

（7）营销渠道：渠道是实现企业市场目标的资源，是供应链一体化的毛细管和神经末梢，是企业实现物流配送和顾客服务的通道，是顾客获得产品和服务的途径。

（8）信息技术和决策支持系统：信息技术是供应链一体化得以正常有效运行的纽带，同时又是企业决策的支持系统。供应链管理的基本问题不在于获得了多少数据，而在于数据能够在供应链中高效流动，实现共享，形成共同的决策，产生效益。

（二）实现供应链一体化的原则

设计和实施有效的销售渠道和网络：公司必须积极地寻找降低成本分销产品和服务的方法。

合作进行计划和预测：策划和预测顾客需求的供应链合伙者的合作进行跨功能预测是管理全球化库存水平和供需状况的根本方法。必须同外部例如零售商和批发商组织合作才能得到关键顾客的水平数据。内部部门之间的合作和国内与国外的合作使预测更加准确。对于库存水平而言，跨功能的方法使得库存集中在地区和跨市场的基础上，提高了库存平衡供需的能力。合作预测和计划可以产生更好的上游供应链活动计划。

利用第三方管理非核心活动和供应链成本：在全球化的市场上，企业进出市场时，供应链的归属权成为一个大问题，因为每一个国家都需要按照它的监管、基础设施和物流市场混合度独立地进行评估。

三、供应链一体化战略

（一）联盟战略

全球化市场竞争的日趋激烈，使得以往那种企业与企业之间单打独斗的形式已不复存在，取而代之的是以协同商务、协同竞争和双赢原则为商业运作模式，由客户、供应商、研发中心、制造商、经销商和服务商等合作伙伴组成的供应链与供应链之间的竞争。一个企业所参与的供应链规模越大，运作效率越高，这个企业的竞争力和生命力就越强。

新时期的供应链管理模式是以市场需求为导向、以客户需求为中心，整条供应链使合作伙伴联结成一个完整的网链结构，形成一个极具竞争力的战略联盟。供应链网络中的合作伙伴必须彼此信任，以确保数据、信息和知识能够在整个网络中高效、开放和准确地传输，我们把这称为"透明性"。提升供应链整体透明性，可以加强贸易伙伴合作的联盟关系，提高对人流、物流的监控，加强订单实现过程的监控，更好地履行订货承诺，提高管理整个渠道库存的水平。

供应链的实质就是合作，而随着合作的进一步加深，合作形式也从收集信息到制定决策不断提升。合作程度与信息共享程度的增加，所产生的经济价值也将增加，并最终将以非线性的方式快速增加。

【案例分析 2-3】
蒙牛 VS 超级女声战略联盟

关于品牌传播方面的战略合作是近两年才逐渐发展起来的，它的出现是市场竞争的必然产物。随着市场机制的不断完善，竞争的日益激烈，企业自身的营销资源和营销能力也越来越有限，于是企业之间的战略合作便应运而生。

2005年蒙牛与超级女声的合作，蒙牛花费1 600万元对超级女声进行赞助，最终赢得了新品蒙牛酸酸乳27亿元的销售收入，湖南卫视则获得了近10亿元的广告收益。但在这27亿元和1 600万元的背后，蒙牛还在全国各地围绕超级女声主题进行促销、宣传，发放各式各样的海报、奖品，甚至建设网站，花费了4亿元，这是其前期赞助费用的25倍。从宣传工具上看，蒙牛除了应用报纸、电视等传统媒体，网络、手机短信等新兴媒体也使用得淋漓尽致。从人员参与上看，上到企业，下到销售终端，前到市场宣传，后到产品物流，都做到了最大限度的整合。蒙牛为超级女声的宣传创建了一个巨大的舞台，可以说除了湖南卫视对自身节目的市场运作，超级女声的成功跟蒙牛的巨大投入也是密不可分的。

资料来源：http://docin.com/p—1268482126.html

分析

战略合作不仅仅是一种策略的互换，更是合作双方营销资源的共享与整合。资源的充分利用为企业节省了大量的营销费用，起到了事半功倍的作用。两个品牌的战略合作已分不出你我，它们完全将彼此的资源及宣传平台进行了充分的利用。通过对方的产品、服务平台来宣传和销售自身产品或服务。

（二）外包战略

通俗地说，外包是把自己做不了、做不好或别人做得更好、更便宜的事交由别人去做，也即把不属于自己核心竞争力的业务外包出去。外包这种新经营理念的兴起将导致企业对现有模式进行重组，增强核心竞争力，外包出去非核心业务又有可能形成新的商机。

传统纵向一体化的管理模式已经不能适应目前技术更新快、投资成本高、竞争全球化的制造环境，现代企业应更注重于高价值生产模式，更强调速度、专门知识、灵活性和革新。实行业务外包的企业更强调集中企业资源于经过仔细挑选的少数具有竞争力的核心业务,也就是集中在那些使本企业真正区别于竞争对手的技能和知识上,而把其他一些重要的但不是核心的业务职能外包给世界范围内的"专家企业",并与这些企业保持紧密合作的关系。这些企业就可以把自己企业的整个运作提高到世界级水平,与此同时,往往还可以省去一些巨额投资。最重要的是,实行业务外包的公司出现财务麻烦的可能性仅为没有实行业务外包公司的三分之一。

【案例分析2-4】

外包战略给微软带来什么?

【知识链接2-4】

供应链一体化的一些做法

1. 零库存管理

零库存是指物料(包括原材料、半成品和产成品等)在采购、生产、销售、配送等一个或几个经营环节中,不以仓库存储的形式存在,而均是处于周转的状态。零库存有诸多优点,如库存占用资金的减少、优化应收和应付账款,加快资金周转、库存管理成本的降低,以及规避市场变化和产品升级换代而产生的降价、减少滞销的风险等。

零库存管理的实施更强调企业间的联盟关系,增强了系统对信号的反应能力。它的实施必须要有一个能够准确、即时反应市场需求的系统(包括软件和管理);必须要有一个能根据市场信息进行迅速调节的采购和柔性生产系统;必须要有一个协同一致的物流配送系统。

2. 延迟供应

延迟供应是让产品在供应链的终端,即客户附近最后成型,处于供应链前端的工厂生产基础样式、模块化的产品,运送到客户附近的存储设施,最后根据客户的订单加工为最终产品,使产品的组装和成型延迟到最后环节。延迟供应策略的优点有:削减了总库存量、提高了大量生产基础样式的经济性、存货时间缩短,提高了客户响应积极性。

3. 转载直拨

转载直拨指货物(一般是成品)流经仓库或配送中心,而不是储存起来。在传统的零售配送系统,配送系统接收一些卡车装运的某个产品种类后,进货被卸下,分拣并立即再组配发往商店。仓库成为一个编组场所而非一个保管场所。合理的路径安排和货物的再组合是策略的关键。转载直拨实现了低库存、高价值、高利润。

4. 供应商管理库存

供应商管理库存(vendor management inventory),简称VMI,VMI是供货方代替用户(需求方)管理库存,库存的管理职能转由供应商负责,是以掌握零售商销售资料和库存量作为市场需求预测和库存补货的解决办法,经由销售资料得到消费需求信息,供应商可以更有效地计划生产、减少反馈环节、更快速地反映市场变化和消费者的需求,行使对库存的控制权。

任务四　掌握供应链战略联盟

一、供应链战略联盟的内涵、特点及优势

（一）供应链战略联盟的内涵

供应链战略联盟是指由供应链上企业组成的战略联盟，由供应商、制造商、分销商、零售商等一些互相独立的实体（企业或企业内部业务相对独立的部门）为实现快速响应市场、共同拥有市场、共同使用资源等战略目标而组成的动态联盟，每个伙伴企业在各自优势领域（如设计、制造、分销等）为联盟贡献自己的核心能力，相互联合起来实现优势互补、风险共担和利益共享。

通过供应链战略联盟的定义，可以看出供应链战略联盟的内涵主要包括以下三点。第一，供应链战略联盟的前提是合作企业拥有互补的资产和技术。第二，供应链战略联盟的根本目的是通过持续的能力深化和能力开发以保持竞争优势，最大限度地获取和引导适应性预期价值；它是一种动态的战略性联盟，当共同的能力和利益相对变化所导致战略目标的调整超过一定程度时，既促进原联盟的巩固，也会使联盟企业寻找替代伙伴以结束旧联盟、建立新联盟。第三，供应链战略联盟的企业之间是基于价值链竞争性合作关系，联盟的形成以信息技术与管理相结合发展到一定程度为前提，企业在开放的信息网络环境下，实现整条价值链上信息的交换与共享，建立群体决策模式，最终达到企业同步化、集成化计划与控制的目的。

（二）供应链战略联盟的特点

供应链战略联盟最突出的特点在于，供应链各节点企业突破传统企业组织的有形界限，彼此之间建立合作伙伴关系，通过有效整合企业内、外部资源，最终实现企业的战略目标。具体而言，供应链战略联盟具有如下特点：

（1）目标性，供应链联盟都是围绕着一个共同的目标而建立的；

（2）虚拟性，它不具备实体形态，而是依靠网络实现信息共享；

（3）独立性，联盟中的每个企业都是独立实体，相互间不存在隶属关系；

（4）互补性，成员企业都拥有自身的核心竞争力，优势互补产生协同效应；

（5）共赢性，强强联合产生大于独立行动所获得的收益；

（6）复杂性，联盟中的各个企业既竞争又合作，因竞争而合作，靠合作来竞争，合作与竞争并存，从而增加了管理协调的难度；

（7）风险性，供应链联盟蕴涵着一定的风险，如联盟管理和合作风险，投资与战略"套牢"风险，技术与知识产权风险，等等。

【小思考 2-2】

普通的企业间关系与供应链战略联盟有哪些区别？

答　普通的企业关系与供应链战略联盟的区别具体如表2-1所示。

表 2-1　普通的企业间关系与供应链战略联盟的比较

	普通的企业间关系	供应链战略联盟
买方/卖方的关系	敌对关系	伙伴关系
关系的长短	短期	长期
合同的长短	短期	长期
订货数量	大	小
运输策略	一种商品整车装运	即时制（ECR/QR）
质量保证	需要验货	不用验货
同供应商的交流方式	采购单	电子数据交换（EDI）
交流的频率	零星	连续
对库存的影响	是企业资产	是企业负债
供应商的数目	很多，越多越好	少数或只有一个
产品设计过程	先设计，再采购	先征询供应商意见，再设计
生产数量	大批量	大批量
配送计划	每月	每周或每天
供应商位置	分布很分散	尽可能集中
仓库	大型仓库	小型仓库，灵活性高

（三）供应链战略联盟的优势

供应链战略联盟具有如下优势：
（1）供应链通过重组现存价值链结构，优化存量资源配置；
（2）供应链实现产品、客户、技术、物流、信息等资源的重新组合和优化；
（3）供应链通过信息管理、数据呈现、工作流实现企业群的协同价值最大化；
（4）企业间依赖供应链管理信息技术保持高度的协调性，使得供应链具有较强的创新能力和市场适应能力；
（5）缩短配送前置时间、提高配送可靠性、提高及时配送率、降低库存水平、减少产品质量问题，具有竞争性的价格和优先供应等。

二、供应链战略联盟的作用

供应链联盟作为一种新型的企业合作模式，打破了现存价值链的结构。供应链战略联盟的形成，对于降低供应链总成本、降低供应链上的库存水平、增强信息共享水平、改善相互之间的交流、保持战略伙伴相互之间操作的一贯性、提升企业的核心竞争力、产生更大的竞争优势有积极的作用，以及实现供应链节点企业的财务状况、质量、产量、交货、用户满意度、业绩的改善和提高有很重要的作用。

（一）实现快速有效地响应市场

无论是供应链，还是战略联盟，各种合作组织的存在，其最终目的都是应对快速变化的市场环境。供应链战略联盟也不例外,通过建立战略联盟,供应链上企业之间的合作性大大加强,形成了更加统一的整体。各企业并行协调工作,能大大缩短产品开发周期,可以快速及时地响应市场需求,而且,为顾客提供的个性化解决方案也是对需求变化的有效反应。

(二)实现优势互补

由于资源的稀缺性,每个企业所拥有的资源和能力都是有限的,而且企业要想获取企业以外的资源。要解决资源问题,一个明智的做法就是建立战略联盟,以通过外取的方式将其他企业的优势资源为自己所用。联盟伙伴间互通有无,既实现了内外资源的优势互补,又实现了资源的合理利用。这种优势互补突出表现在企业的核心能力方面,供应链企业间建立一种合作竞争的战略伙伴关系,最大限度地培育和发挥各自核心能力,通过优势互补获得集体竞争优势,提高整条供应链的竞争力。

(三)促进企业之间的相互学习

一般情况下,企业是从外部模仿竞争对手的资源,但由于许多有价值的资源往往是非交易的,又难以为外部识别和轻易模仿,通过联盟可以从资源拥有方学习获得。联盟增加了成员企业间的边界渗透力,将模仿由外部转移到内部,使模仿变得更加容易,成本也较低。此外,联盟成员企业通过信息共享及其他的交流方式互相学习,相互促进,进一步强化各自的核心能力。在每个企业拥有自己的核心竞争优势的同时,尽可能地掌握更多的信息和技术。

(四)促进企业达到规模经济

所谓规模经济(economics of scale)是指随着企业生产和经营规模的扩大而使单位成本不断下降。传统上实现规模经济的方式主要是依靠单体企业规模的自我扩大或借助购并而使企业规模不断扩大。但是,由于企业规模扩大有其自身的内部边界,传统的模式在企业规模过大而内外受阻的双重约束下,没法达到应有的效果,组建供应链联盟为企业实现规模经济开辟了新的道路。企业之间通过缔结联盟,可在更大范围内实现专业分工化,有效地降低各类成本,无须扩大企业自身的规模而实现规模经济,从而在行业内占据较强的竞争地位。

(五)有效分散经营风险

复杂多变的外部环境对企业的研究开发提出了新的要求,如缩短时间、降低成本。因此,任何一个企业想独立承担一种新产品或新技术的研究开发,必定要付出很大的代价,如面临巨额的研究开发投入、错失市场机遇、运营失败等各种风险。在这种情况下,企业可以通过寻求合作,建立联盟来分散经营风险。虽然由于市场不确定性而导致的总体市场风险依然存在,但市场风险在各个供应链联盟伙伴之间得到了重新分配,使各个企业承担的风险降到最低,这在一定程度上可以分散企业的经营风险。

【知识链接 2-5】

零售企业供应链战略联盟的类型

1. 研究开发型战略联盟

一方面,在产品和技术服务层次上,零售企业通过与相关利益者,比如物流、信息技术服务商,建立战略联盟,从而可以在低成本条件下得到实用性和可操作性都相对优良的软件或技术。同时,这种联盟也可以让零售企业通过借助第三方力量而实现软硬件的快速更新换代、提升企业的竞争力,并缩短与跨国零售巨头的差距。另一方面,对于技术服务商而言,与零售商结成战略联盟也不失为提高对市场的反应速度、稳定利润源的合理选择。当然,这种双赢的结果也是建立战略联盟的初衷。

2. 生产供应型战略联盟

就我国市场目前的形势而言,买方市场初步形成,业绩良好的外资大型零售商在供应链中有很强的发言权,对于一般的供应商而言,苛刻的接货和退货条件让许多供应商怨声载道。如果零售企业通过采取与供应商结成战略联盟的方式而实现供应链集成从而削减交易费用的话,一方面可以提升自身的竞争力,另一方面也可以形成对外商供应链的有力冲击。

3. 联合销售型战略联盟

销售战略联盟是零售业中广泛采用的形式,最富有代表意义的销售战略联盟就是特许经营,它是当前国际流行的一种经营理念,有利于企业销售网点快速低成本增长,所以被认为是一种既安全又收益快的战略联盟形式。这种联合形式强大的生命力已在零售企业中有所体现,比如上海华联超市实施销售战略联盟,先后在较短时间内发展了几百家加盟店,与沪上多家外资超市展开竞争,效果显著。这种联盟形式是我国零售企业在短时间内打造"航母"的有力武器。

4. 市场拓展型战略联盟

对于零售企业而言,在资金、人力、信息的资源相对不足的条件下,与房地产商、供应商携手建立市场拓展战略联盟来共同开发新市场,一方面,可以弥补零售企业自身的不足之处,提高开拓市场的速度;另一方面,可以大大分散风险并降低投资的不确定性,真正发挥合作者之间的协同效应,也是联盟各方都乐而为之的策略选择。

三、供应链战略联盟成功的关键因素

影响供应链联盟成功的关键因素总体上有:供应链战略目标、合作伙伴选择、信任机制、信息共享、利益分配、联盟绩效评估。

(一) 供应链战略目标的一致性

当供应链联盟的最初目标实现后,各成员企业的内、外部条件和战略目标都有了新的变化,原先的战略组合就容易被打破,供应链联盟趋于不稳定。因此必须保持供应链联盟的灵活性和适应性,以便及时调整目标,保持供应链联盟战略目标的一致性。

(二) 恰当选择合作伙伴

合作伙伴的选择是供应链联盟成功的关键。供应链联盟必须考虑如何选择最优的供应链合作伙伴,同时将选好的供应商、制造商、分销商、零售商等有机地集合起来,使之成为相互关联的整体。为此,企业要根据实际情况确定恰当的合作伙伴选择标准,而不能孤立地、片面地考虑某种优势,犯以点代面的错误。

【知识链接 2-6】

合作伙伴的选择原则

选择合作伙伴的一般性原则有以下四条。

(1) 核心能力原则:伙伴企业必须具有核心能力,且能贡献给联盟。

(2) 总成本核算原则：实现供应链总成本最小化，实现多赢的战略目标。
(3) 敏捷性原则：各伙伴企业需具有较高的敏捷性，能快速响应。
(4) 风险最小化原则：认真考虑风险问题，尽量减少供应链整体运行风险。

（三）建立健全的信任机制

健全的信用可以给合作双方带来长期而可观的收益，建立信任机制主要注意以下几个方面。

(1) 建立对机会主义的防范机制。建立相应的监督与惩罚机制，对机会主义行为进行防范及事后惩罚。
(2) 提高长期合作期望，减少短期行为发生。
(3) 构筑便捷的信息沟通渠道，以便信息能够在联盟企业间及时传递。
(4) 持续的团队学习。

（四）建立信息共享机制

信息是整个供应链运作的关键因素，为供应链的决策和战略制定提供依据，要使信息为供应链中各节点企业所获得和利用，需要企业做到以下几点：

(1) 为系统功能和结构建立统一的业务标准；
(2) 对信息系统定义、设计和实施建立连续的试验和检测方法；
(3) 实现供应商和制造商之间的计划信息的集成；
(4) 运用合适的技术和方法，提高系统运作的可靠性，降低运行的总成本；
(5) 确保信息的获得是有效且与关键业务指标一致。

（五）联盟企业间合理的利益分配机制

企业通过供应链战略合作实现双赢以后，就存在着一个利益分配问题，供应链企业间的利益分配公平性将直接影响到合作企业各方的积极性。不合理的分配机制有可能导致供应链上企业合作关系的破裂。因此，供应链联盟要在坚持风险与利益相平衡原则、个体合理原则、结构利益最优化原则、多劳多得原则及民主决策原则的前提下，建立公平、合理的利益分配机制来平衡各个成员的利益。

（六）建立供应链联盟绩效评估体系

供应链联盟绩效是指：供应链联盟中各成员通过信息共享和协调运作，在供应链的硬件设施、人力资源和技术开发能力等内外资源的支持下，通过研究开发、制造、物流管理、市场营销、顾客服务等活动来创造或增加价值的总和。供应链联盟绩效评价是指：建立供应链的评价指标体系，运用数量统计和运筹学方法，通过定量和定性分析，对供应链联盟在一定时期内的绩效，作出客观、公正和准确的综合评判。

【案例分析 2-5】

Ryder 公司为 Whirlpool 公司提供物流服务

1990 年以前，Whirlpool 公司在美国有十几家工厂，按其当时经营模式经营利润很低。分析其原因为 Whirlpool 公司在美国 11 家工厂各自处理自己的物流工作，结果使原材料供应线路十分混乱,物流成本得不到控制。管理者意识到,节省物流开支的一个有效途径就是把各自工厂的物流集成起来,统一规划运作。

Whirlpool公司经与Ryder综合物流公司合作,Ryder公司很快就在克利夫兰建立了专为Whirlpool公司服务的物流中心,对Whirlpool公司的运输企业进行了改组,精简了仓库和货车运输业务,调整了物流信息沟通等方面的计算机信息系统。

1994年,Whirlpool公司的原料运送费用减少了10%以上。Ryder公司为Whirlpool提供从物流硬件服务到软件服务,使双方取得双赢的结果。Whirlpool公司与Ryder公司建立了长期合作联盟关系。

资料来源:http://wenku.baidu.com/view/b73b5bdb7f1922791688e826.html

分析

供应链联盟作为一种新型的企业合作模式,打破了现存价值链的结构。供应链战略联盟的形成,对于降低供应链总成本、降低供应链上的库存水平、增强信息共享水平、改善相互之间的交流、保持战略伙伴相互之间操作的一贯性、提升企业的核心竞争力、产生更大的竞争优势,以及对实现供应链节点企业的财务状况、质量、产量、交货、用户满意度、业绩的改善和提高有很重要的作用。

任务五　如何选择供应链合作关系

一、供应链合作关系的定义及特征

(一)供应链合作关系的定义

供应链合作关系(supply chain partnership,SCP),也称供应链伙伴关系,供应商-制造商关系,也称卖主/供应商-买主关系或供应商关系。可定义为供应商与制造商之间、制造商与销售商之间在一定时期内的共享信息、共担风险、共同获利的协作关系。如:新产品(技术)的共同开发;数据和信息的交换;研究和开发的共同投资。

供应链上的合作伙伴通过相互之间的战略合作来实现供应链整体成本最优化、价值最大化,各合作伙伴可以从中获利,实现自身效用最大化。图2-4为供应链合作关系图。

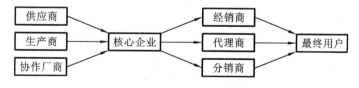

图2-4　供应链合作关系图

(二)供应链合作关系的特征

在供应链合作关系下,企业与供应商、分销商及零售商的关系不再仅仅是单纯的买卖交易关系、对手关系,而是一种更为紧密的合作关系。企业间保持长期直接的合作关系,达成一致观念、建立相互间的信任,确定共同目标和行动计划,强调资源共享,共同制定决策,共同努力解决问题。供应链合作关系与传统企业关系相比发生了根本变化,在众多方面存在着明显的差异,表 2-2 仅对部分特征的区别加以比较。

表 2-2 传统企业关系与供应链合作关系的比较

区 别 点	传统企业关系	供应链合作关系
供应商数量	很多	少,一般为一个或几个
可靠性	不确定	高
信息公开程度	单向的封闭的递阶传递	共享,各个方向的成本透明
柔性	低	高
质量保证	制造商不信任的质量检查	为实现零缺陷而共同努力
选择供应商基准	基于价格的竞价	各项综合且为长期绩效
地理位置	非常分散	尽可能集中
交流方式	采购单	电子数据交换 EDI 系统
交易频率	低,零星	高,连续
交易长短	短	长
研发	设计再采购	供应商介入共同研发
配送计划	每月	每周或每天
对库存的影响	作为企业资产	作为企业负债
业务量	大,形成存货资产	小,适时供应、减少库存

【知识链接 2-7】

建立供应链合作关系的意义

通过建立供应商与制造商之间的战略合作关系,可以达到以下目标。

(1) 对于制造商:降低成本;实现数量折扣;提高产品质量;降低库存水平;改善时间管理;更好的产品设计和对产品变化更快的反应速度。

(2) 对于供应商:对用户需求更好地了解;保证有稳定的市场需求;提高零部件及整机质量;降低生产成本;提高对买主交货期改变的反应速度和柔性。

(3) 对于双方:增强相互之间的交流;实现共同的期望和目标;共担风险和共享利益;实现相互之间的工艺集成、技术和物理集成;减少外在因素的影响及其造成的风险;增强矛盾冲突解决能力;订单、生产、运输上实现规模效益以降低成本。

二、供应链合作关系的建立

建立供应链战略合作伙伴关系的基础包括相互的信任、有利于促进供应链运作的信息共享、高于各自独立经营时的水平的具体目标、各合作伙伴都要遵循基本的操作章程,以及退出战略合作伙伴关系的规定等。

（一）建立供应链合作关系的原则

（1）达成一致的观念：供应链中核心企业应将供应链的理念传达给未来的合作伙伴，使各方都能领会供应链管理的实质，从而主动参与到供应链管理中来。

（2）建立相互的信任：为了增进相互的信任度，供应链成员企业应表达自己的诚意，开诚布公地交换各自的情况，告诉对方本企业开展什么业务，生产什么产品，实力如何，希望同对方在哪些方面合作，希望达到什么目标。

（3）确定共同的行动目标和行动计划：供应链战略联盟必须有明确目标和行动计划，作为各企业共同努力的方向，目标可以是降低成本，提高顾客满意度，也可以是提高服务水平、扩大市场份额。

（二）建立供应链合作关系的策略

供应链企业之间的合作策略根据其合作的时间长短和关系密切程度可以分为以下几种情况：长期战略性合作、中期策略性合作以及短期临时性合作。

（1）长期战略性合作是供应链中的各节点企业根据发展战略的需要，通过与合作伙伴的战略合作，使得合作各方把自己的资源投入到共同的任务中以寻求各方共赢的一种合作策略。它不仅可以使企业分散开发新产品的风险，同时，也使企业可以获得比单个企业更高的创造性和柔性，最终实现合作各方在产品、资本、研发、营销等方面的优势互补。

（2）中期策略性合作是供应链企业基于一定项目的合作，主要用以应对急剧变化的市场机会。这种合作规模较小，但相对灵活，通常这种合作只考虑企业的中期战略。

（3）短期临时性合作是指企业在完全控制其主导产品生产过程的同时，会外包一些非核心业务。这种合作的规模更小，灵活性更强，它可以使企业缩减过量的经常性开支，降低固定成本，同时提高劳动力的柔性，提高劳动生产率。

对以上三种合作策略的选择应该是动态的，而非静止不变的，企业应根据市场需求、自身发展战略以及生产经营的变化，做出相应的调整。在实施合作策略时，企业应根据自身条件及环境特点，尽可能做到以长期战略性合作为主，中期策略性合作与短期临时性合作为辅，取长补短，充分发挥这三种合作策略各自的优势并努力实现整体效应。充分发挥这三种合作策略各自的优势，并努力实现整体效益。建立供应链合作关系的反馈模型(见图2-5)。

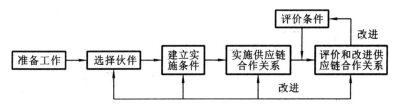

图 2-5　建立供应链合作关系的反馈模型

【小思考 2-3】

如何选择供应链合作伙伴？

答　企业在选择供应链合作伙伴时，需要对潜在合作伙伴的以下各个方面有明确的了解。

(1) 潜在合作伙伴的竞争地位如何？它进入联盟网络的方法是什么？合作双方的能力是否协调？

(2) 潜在合作伙伴的技术资源和创新潜力如何？

(3) 潜在合作伙伴加入这一合作关系双方各自最主要的原因是什么？其目标是否匹配？

(4) 潜在合作伙伴的企业文化（国家文化）和价值观的基础是什么？有无文化冲突？如何解决文化冲突？

(5) 怎样才能使双方和睦相处，从而获得一个融洽的合作关系？

(6) 潜在合作伙伴的联盟记录怎样？它以前的合作过程中发生过什么问题？

(7) 什么事情和环境（主要针对合作关系）是合作双方不能控制的？能否容忍这种情况？

(8) 合作双方对未来的预期是否相适应？

(9) 当环境发生变化时，如何应付？

(10) 获得最好的合作关系所需要的管理和经营方式是什么？

基本训练

1. 阅读理解

(1) 供应链管理战略的含义及特征？

(2) 如何定义核心竞争力？你认为公司应该在供应链领域具备什么样的核心竞争力？

(3) 供应链战略联盟的内涵是什么？

(4) 论述企业如何进行业务外包活动？

(5) 你是如何理解供应链管理的基本思想的？

2. 判断题

(1) 供应链合作关系的主要特征是从以产品/物流为核心转向以集成/合作为核心。（   ）

(2) 在零部件及原材料供应链管理中，强调企业要与所有的供应商结成战略合作伙伴。（   ）

(3) 战略伙伴关系是以交易为基础的。（   ）

(4) 如果根据产品的客户需求模式分类，则可以分为功能性产品和周期性产品两类。（   ）

(5) 供应链管理一体化战略包括联盟战略和外包战略。（   ）

3. 选择题

(1) 供应链战略管理就是要从企业发展战略的高度考虑供应链管理的事关全局的核心问题，但它不包括（   ）。

　　A. 实施战略的制定问题　　　　　B. 运作方式的选择问题

　　C. 物流信息平台的建立问题　　　D. 绩效测量与评价问题

(2) 下列对拉动式供应链优势的叙述中，不正确的是（   ）。

　　A. 支持产品的不断变化

　　B. 延长交货周期，提高经营效率

　　C. 改进质量，降低单位成本

D. 能够全面衡量业绩,更易于实施控制

(3) 关于供应链战略联盟的形成及运作方式叙述不正确的是(　　)。
　A. 供应链战略联盟是企业为共同利益所形成的联合体
　B. 战略联盟的提出是基于资源集成的思想
　C. 供应链战略联盟不能按模块的分解来招标,选择合适的合作伙伴,形成动态的战略联盟
　D. 供应链战略联盟有效实施的关键因素就在于模块化,包括组织的模块化和产品的模块化

(4) (　　)不是供应链战略联盟的形式。
　A. 合同项目　　　　　　　　　　B. 第三方物流
　C. 零售商-供应商伙伴关系　　　　D. 经销商一体化

(5) 供应链合作伙伴关系的驱动力之一是(　　),它是企业自身的优势保持和发展的内在驱动力。
　A. 不断变化的顾客期望　　　　　B. 核心竞争力
　C. 外包战略　　　　　　　　　　D. 市场变化

4. 技能题(小项目)

(1) 参观1~2家企业,要求学生写一份参观报告,报告内容包括企业供应链结构模式、供应链战略管理的类型与策略、供应链战略管理的规划与实施方法等情况。

实训目的:要求学生了解典型企业的供应链战略管理的策略规划与实施方法。

实训要求:仔细观察,认真听讲解;结合所学知识。

(2) 查阅供应链战略联盟的知名网站,写出3~4个网址,对某一自己感兴趣的网页栏目的话题写一篇1 000字左右关于供应链战略联盟的认识。

实训目的:对供应链战略联盟的重要性有进一步认识。掌握一些企业建立供应链合作关系的经验。

实训要求:认真思考,结合所学知识,用自己的语言写出自己关于供应链战略联盟的认识。

综合案例

宝洁公司的供应链管理战略

宝洁公司是全球著名的日用品制造厂商。下面以宝洁公司的香波产品供应链优化为例,剖析宝洁供应链管理战略。

1. 材料不同制订的时间不同

香波生产原材料供应最长时间105天,最短7天,平均68天。根据原材料的特点,宝洁公司将其分为ABC三类分别进行管理:A类品种占总数5%~20%,资金占60%~70%;C类品种占总数60%~70%,资金比例小于15%;B类品种介于二者之间。对不同材料的管理策略分为全面合作、压缩时间和库存管理三类。对材料供应部分的供应链进行优化,将时间减少和库存管理结合起来。比如,原材料A供应提前期105天,但是订货价值只占总价值0.07%,不值得花费很多精力讨论缩短提前期。而原材料B虽然提前期只有50天,但是年用量却高达总价

值的24%，因此对这样的材料应该重点考虑。

2. 原材料的库存由供应商管理

以广州黄埔工厂为例，黄埔工厂将未来6个月的销售预测和生产计划周期性地和供应商分享。供应商根据宝洁的计划制订自己的材料采购计划，并根据宝洁生产计划要求提前12天送到宝洁工厂。宝洁使用材料之后付款。对供应商来说，不必为宝洁预备多余的安全库存，自己内部的计划安排更有灵活性；对宝洁来说，节省了材料的下单和采购成本。实际的材料采购提前期只是检测周期，至于原材料A，采购提前期由81天缩短到11天，库存由30天减少到0。

3. 压缩材料库存的时间

对于价值不高、用量大且占用存储空间很大的材料，以及价值不高但存储空间很大的材料，应采用压缩供应链时间的方法来管理。这类材料大概占所有材料的15%。对这类材料，不能只采取传统的库存方法，因为对于高频率、小批量、多变的生产方式，对材料供应的要求更高。如果供应时间长，则要求工厂备有很大的安全库存。通过考察供应商质量方面的日常表现，对材料实施免检放行。结合存储时间和运输时间的某些改变，结合延迟时间和检测时间的减少，总体时间最后减少了18天。材料库存从30天减少到20天，库存费用每个月减少了2万美元。

4. 与供应商进行全面合作

在香波供应链中，总会有一两个供应商供应用量大、材料占据空间大、价值高的A类材料。比如在黄埔工厂主要是香波瓶供应商。这类供应商供应提前期已经很短，已经找不到时间压缩空间，所以宝洁和供应商一起同步进行供应链优化，寻找在操作和管理系统中存在的机会。首先是供应商内部改进。瓶形之间转产时间1小时，为不同品种的香波瓶制订不同的生产周期；对于个别品种，以建立少量库存的方式保证供货，在生产能力有富余的时候生产这些品种补充库存。其次是供应商和宝洁合作改进。将100多种印刷版面合并成80多种，减少了转产频率；在材料送货方面，为适应多品种、小批量的要求，宝洁雇用专门的运输商每天将同一区域的材料收集运送到宝洁；与供应商各自做运输相比，运输成本明显降低，更好地满足了客户要求。

5. 用产品标准化设计压缩时间

摒弃原来不同品牌香波使用不同形状的包装设计的方案，改为所有香波品牌对于同一种规格采用性质完全一样的瓶盖，不同的产品由不同的瓶盖颜色和印刷图案区分。这样一来，就减少了包装车间转产次数。例如旧的设计方案，海飞丝200 mL转产到飘柔200 mL，转线操作需要25分钟。统一包装设计之后，包装车间无须机器转线，只需要进行5分钟的包装材料清理转换即可。这项改进减少了包装车间20%的转线操作，从原来的每月112小时减少到每月90小时。

6. 优化仓储管理缩减货物存取时间

以黄埔工厂管理为例，黄埔工厂的仓储在开始实施每日计划时也同步进行了改进。原来的情况是有两种货架：一是叉车可以从提货通道提取任何一个地台板的选择式货架，适合产量不大的品种；另一种是叉车开入式的3层货架集中设计，每次出货入货的最小单位都是12个地台板，大约相当于6吨香波产品，即一个最小的生产批量。宝洁公司做了如下改进：增加一个货架设计，仍然是3层开入式提取和存放货物。但是通过改进，每一层是一个单独的产品品种，即每次出货入货的最小单位是4个地台板，相当于最小批量是2吨的香波产品，使得产品能够根据规模在合适的货架进行存放和提取。

7. 供应链下游优化

运输环节的优化与管理:采用第三方物流运送从工厂到全国仓库,与物流供应商签订详细的运输协议,衡量运输商的可靠性和灵活性。每天跟踪运输业绩,考察由供应商造成的货物损坏率,以及由于运输不及时造成的客户订单损失。利用统计模型分析不同类型产品的运输调货频率,进行最优化设计,找到保留库存、卡车利用率和满载率的平衡点。与客户之间的订单处理与信息共享:与大客户建立电子订单处理系统,比传统的电话传真更快捷。与个别客户统一产品订货收货平台,及时了解客户的销售活动信息,如开店促销等,并反馈回工厂,保证客户有新的市场活动时,宝洁有充足的产品供应。宝洁公司通过对供应链上下游伙伴的合作,不断挖掘自身生产过程中的时间压缩机会,以实现对客户需求的快速响应,不断提高作为公司竞争力的供应链反应速度。

资料来源:http://docin.com/p-660121811.html

问题

1. 宝洁供应链管理战略的目标是什么?
2. 宝洁公司是否构筑了供应链管理联盟?
3. 宝洁公司是否有外包行为?

综合实训(综合项目)

供应链管理软件的使用

一、实训目的

通过一个具体的供应链管理软件的使用,使学生加深对供应链管理的理解。以供应链管理软件的实例应用,了解并掌握供应链管理的一些优化策略。

二、实训环境及系统的安装配置

(1)服务器端的计算机上需安装 jdk 1.5 或以上版本,并且要安装 tomcat 应用服务器 5.5 或以上版本。应用服务器的端口选择默认端口号:8080。

(2)数据库服务器采用 sql server 2000 数据库软件,并且需打上该数据库的 sp4 补丁,补丁安装方法:①下载补丁文件;②双击补丁文件(后缀为.exe)选择安装路径,此处以 d:\sp4 为例,之后就按 next 就可以了,此次安装实际是解压;③到刚刚安装 sp4 的路径下有个 setup.exe,双击该文件,补丁安装正式开始,如果数据库有密码,输入密码或者选择 windows 认证,安装继续,安装结束后需重启 sql server 2000。

(3)打开 sql server 2000 的企业管理器,新建数据库,数据库名为供应链管理系统。然后在此数据库上还原数据库,还原时选择从设备,然后选择项目根目录中的"数据库备份"文件来还原。如果顺利,即可查看该数据库。

(4)在目录 SupplyChain\WEB-INF\classes\com\constant 下有个 config.properties 文件,用记事本打开该文件,修改其中的 conn_user=sa 和 conn_pwd=123456 两行(如果您的数据库的 sa 账号密码为 123456,则该文件不用修改)。如果您有权限登录 sql server 2000 的 sa 账号,则 conn_user=sa 项不用修改,直接修改 conn_pwd=123456 项等号右边的值即可。如您的数据库密码为 123,则该项修改后为 conn_pwd=123。如果您需要用其他用户名登录 sql server

2000 则需要把 conn_user＝sa 项的 sa 改为您登录 sql server 2000 的用户名。config.properties 文件中的其他内容不需要修改。修改后保存文件。注：文件如果是只读属性的，需要修改属性后才能进行修改和保存操作。

（5）把 SupplyChain 文件夹拷贝到安装 tomcat 的目录下的 web apps 目录。重启 tomcat 服务器。

（6）在浏览器中输入 http://localhost:8080/SupplyChain，如果您修改了 tomcat 的端口号，则将 8080 修改为您的 tomcat 端口号即可。本地运行成功。其他机器要访问，则将 http://localhost:8080/SupplyChain/ 中的"localhost"修改为您的 IP，如您的计算机 IP 为 202.193.75.138，则其他计算机访问该网站的地址为 http://202.193.75.138:8080/SupplyChain/。

另外要保证运行了 comcat 安装目录下 bin 文件夹下的 comcat 可执行程序。

三、实训准备

请回顾理论课的授课内容，回答以下问题。

（1）什么是横向一体化的经营理念？

（2）供应链管理的目标有哪些？

四、实训内容和步骤

（1）系统安装配置。

（2）学生根据角色分配来轮流对系统各个功能模块进行操作，这些模块分别包括供应商、采购管理系统、仓库管理系统、客户关系管理系统、运输、分销管理系统等功能。

（3）根据实训操作，发现新的问题，并且提出解决方法，如供应链需求放大效应。

五、实训要求

（1）回答"实训准备"中的问题。

（2）根据实训要求，进行操作，写出详细步骤。

（3）谈谈如何通过本系统实现供应链管理的目标。

（4）谈谈你认为本系统有何优越性，谈谈本系统是如何实现集成化的。

（5）针对在操作中发现存在的新问题，提出自己的看法，或者给出对策。

项目三
供应链管理方法

GONGYINGLIAN
GUANLI
SHIWU

知识目标

◎ 了解快速反应及有效客户反应的背景和内涵
◎ 明确有效客户反应的构建、协同规划、预测和连续补货方法的关键因素
◎ 熟知价值链分析的特征,企业资源计划的核心功能
◎ 掌握有效客户反应战略基于活动的成本控制方法的步骤

技能目标

◎ 能够根据企业实际情况拟定 QR 的实施步骤
◎ 能够拟定 ECR 的构建方案
◎ 能够制定 CPFR 的实施步骤

引例

欧蓓乐公司的供应链管理

欧蓓乐公司是在美国专门从事体育服装销售的公司,它主要负责设计高档滑雪服并通过美国的大型商店和体育用品商店销售其产品,其供应商遍布全球。

欧蓓乐公司经营的主要特点:①滑雪服装的需求受到天气情况、流行服装的趋势、国民经济状况等因素的影响很大,并具有较强的季节性;②每年的服装更新率都在95%以上,是典型的时装性产品,并且该产品的生命周期极短,预测难度较大,一旦有存货过季,产品便极易贬值,而服装产品的种类,半成品及原材料的种类相当多,在原材料的加工、运输及产品的配送所需的提前期很长;③小批量的订货,较少的市场预测;④产能相当有限等。

因此,如何确定该公司未来不同产品的生产量,原材料及半成品的库存量和采购量是该公司管理经营的首要问题,但缺乏市场信息,决策风险较大,要获取信息很可能推迟决策从而降低了零售商的交货效率,大大影响产品的销售。该公司常出现部分款式或颜色没有被零售商采购,有些产品由于不畅销而降价销售(有时甚至低于成本价格),而畅销品又经常缺货。因此有效且准确地预测各种类产品的销售能力是企业成功的关键。

为解决该问题,采用了诸如缩短提前期、改变预测方式等有助于改进预测准确性的一系列方法。如:总部使用了计算机来缩短订单的处理时间,在远东建立仓库来应付原材料需求的提前期,一旦出现需求紧急的情况可采用空运代替海运,到了2010年,欧蓓乐公司的总提前期缩短了一个月;在市场信息缺乏的情况下,欧蓓乐公司成立了采购小组来共同进行需求的预测,但事实证明这种方式对预测误差的改进并没有很大作用。

欧蓓乐公司的问题引起了哈佛商学院和沃顿商学院教授们重视,经过调查与研究提出了一种称为"精确响应"的解决策略——

将决策小组的集体预测的方式改为决策小组的个人预测方式,据此进行产品需求的概率型预测,预测方差表明了产品风险。当各自的预测值比较接近时,其平均值预测精度较高;反之各

自的预测值不接近时,平均值的预测精度较低。因此,根据预测分析情况可将产品划分成高预测精度产品与低预测精度产品。

初步估计生产过量和生产不足,以及库存过量和库存不足导致的费用。

将生产(订购)量分成预计性生产量与反应性生产量。预计性生产量指在观测到任何市场需求之前所确定的生产量;反应性生产量指在观测到一些市场需求之后所确定的生产量。

提出了一种基于风险生产计划方法,用预计性生产量生产低风险性的产品,将高风险的产品用反应性生产量来生产,即将高风险的产品推迟到获得更多的市场信息之后,根据用于适时反应的生产能力以及最新的市场信息修改需求预测,从而降低需求不确定性程度,确定最终的生产预测。

"精确响应"的解决策略在欧蓓乐公司实施之后,因供需不匹配导致的费用下降了一半、总成本下降2%,而利润增加了2/3。

这一案例说明:在企业的生产经营活动中,建立一个快速供应体系来实现销售额增长,以达到顾客服务的最优化,以及库存量、商品缺货、商品风险和减价最小化的目的,是每个企业都面临和急需解决的问题。案例中提到的公司采用了快速反应方法来协调需求预测与生产之间的关系,收到了良好的效果。

快速反应方法是供应链管理方法之一,另外还有 ECR、VCA、CPFR、ERP 等供应链管理方法,本项目中将对这些方法逐一进行介绍,VCA 在项目一中已介绍。

任务一 快速反应方法(QR)的实施

一、QR 的含义

(一) QR 产生的背景

从20世纪70年代后期开始,美国纺织服装的进口急剧增加。针对这种情况,美国纺织服装企业一方面要求政府和国会采取措施阻止纺织品的大量进口;另一方面进行设备投资来提高企业的生产率。但是,即使这样,廉价进口纺织品的市场占有率仍在不断上升,而本地生产的纺织品市场占有率却在持续下降。为此,一些主要的经销商一方面通过媒体宣传国产纺织品的优点,采取共同的促销活动;另一方面,委托零售业咨询公司 Kurt salmon 从事提高竞争力的调查。

Kurt salmon 公司在经过了大量充分的调查后指出,虽然纺织品产业供应链系统的各个部分运作效率高,但整个系统的效率却十分低。为此,Kurt salmon 公司建议零售业者和纺织服装生产厂家合作,共享信息资源,建立一个快速反应(quick response)系统来实现销售额增长。

(二) QR 的含义

快速反应(quick response,QR)是指通过共享信息资源,来建立一个快速供应体系来实现销售额增长,以达到顾客服务的最优化,以及库存量、商品缺货、商品风险和减价最小化的目的。QR 要求零售商和供应商一起工作,通过共享 POS 信息来预测商品的未来补货需求,以及不断地监视市场趋势以探索新产品的机会,以便对消费者的需求能更快地作出反应。QR 的着重点是对消费者需求作出快速反应。

二、QR 成功的条件

在对美国纺织服装业研究的基础上,Black Burn 认为 QR 成功的五项条件如下。

(一) 改变传统的经营方式,革新经营意识和组织

(1) 企业必须改变只依靠独自的力量来提高经营效率的传统经营意识,要树立通过与供应链各方建立合作伙伴关系,努力利用各方资源来提高经营效率的现代经营意识。

(2) 零售商在垂直型 QR 系统中起主导作用,零售店铺是垂直型 QR 系统的起始点。

(3) 通过 POS 数据等销售信息和成本信息的相互公开和交换来提高各个企业的经营效率。

(4) 明确垂直型 QR 系统内各个企业之间的分工协作范围和形式,消除重复作业,建立有效的分工协作框架。

(5) 通过利用信息技术实现事务作业的无纸化和自动化,改变传统的事务作业的方式。

(二) 开发和应用现代信息处理技术

现代信息处理技术有商品条形码技术、物流条形码(SCM)技术、电子订货系统(EOS)、POS 数据读取系统、EDI 系统、预先发货清单(ASN)技术、电子资金支付(EFT)系统、生产厂家管理的库存方式(VMI)、连续库存补充方式(CRP)等。

(三) 与供应链相关方建立战略合作伙伴关系

具体内容包括以下两个方面:一是积极寻找和发现战略合作伙伴;二是在战略合作伙伴之间建立分工和协作关系。合作的目标即既要削减库存,又要避免缺货现象的发生,降低商品风险,避免大幅度降价现象发生,减少作业人员和简化事务性作业等。

(四) 改变传统的对企业商业信息保密的做法

将销售信息、库存信息、生产信息、成本信息等与合作伙伴交流分享,并在此基础上,要求各方在一起发现问题、分析问题和解决问题。

(五) 供应方必须缩短生产周期和商品库存

缩短商品生产周期,进行多品种少批量生产和多频度小数量配送,降低零售商的库存水平,提高顾客服务水平,在商品实际需要将要发生时采用 JIT 生产方式组织生产,减少供应商的库存。

【案例分析 3-1】

沃尔玛的快速响应系统

沃尔玛公司 1983 年开始采用 POS 系统,1985 年开始建立 EDI 系统,这两大信息系统的建设为沃尔玛实施 QR 奠定了技术条件。1986 年它与 Seminole 公司和 Milliken 公司在服装商品方面开展合作,开始建立垂直型的 QR 系统。当时双方合作的领域仅限于订货业务和付款通知业务。通过 EDI 系统发出订货明细清单和受理付款通知,来提高订货速度和准确性,并节约相关事务的作业成本。

为了促进零售业内电子商务的发展，沃尔玛与其他商家一起成立了 VICS 委员会来协商确定零售业内统一的 EDI 标准和商品识别标准。VICS 委员会制定了行业统一的 EDI 标准并确定商品识别标准采用 UPC 商品识别码。沃尔玛基于行业统一标准设计出 POS 数据的输送格式，通过 EDI 系统向供应商传送 POS 数据。供应商基于沃尔玛传送过来的 POS 数据，可及时了解沃尔玛的商品销售情况、把握商品的需求动向，并及时调整生产计划和材料采购计划。

供应商利用 EDI 系统在发货之前向沃尔玛传送预先发货清单 ASN（advanced shipping notice）。这样，沃尔玛事前可以做好进货准备工作，同时可以省去货物数据的输入作业，使商品检验作业效率化。沃尔玛在接收货物时，用扫描器读取包装箱上的物流条码，把扫描读取的信息与预先储存在计算机内的发货清单 ASN 进行核对，判断到货和发货清单是否一致，从而简化了检验作业。在此基础上，利用电子支付系统 EFT 向供应商支付货款。同时只要把 ASN 数据和 POS 数据比较，就能迅速知道商品库存的信息。这样做的结果是，沃尔玛不仅节约了大量事务性作业成本，而且还能压缩库存，提高商品周转率。在此阶段，沃尔玛公司开始把 QR 的应用范围扩大至其他商品和供应商。这些都为沃尔玛实施"天天平价"的价格竞争战略提供了有利条件。

分析

这是一个典型建立 QR 系统成功的案例。沃尔玛之所以取得巨大的成功，与其不断采用信息技术特别是 QR 系统的使用是分不开的。沃尔玛公司 1983 年开始采用 POS 系统，1985 年开始建立 EDI 系统，这两大信息系统的建设为沃尔玛实施 QR 系统奠定了技术基础。

三、QR 的实施步骤

（一）采用条形码和 EDI 技术

零售商首先必须安装通用产品代码（UPC 码）、POS 扫描和 EDI 等技术设备，以加快 POS 机收款速度，获得更准确的销售数据并使信息沟通更加通畅。POS 扫描用于数据输入和数据采集，即在收款检查时用光学方式阅读条形码，获取信息。

（二）固定周期补货

QR 的自动补货要求供应商更快、更频繁地运输重新订购的商品，以保证店铺不缺货，从而提高销售额。通过对商品实施快速反应并保证这些商品能敞开供应，零售商的商品周转速度更快，消费者可以选择更多的花色品种。

（三）先进的补货联盟

这是为了保证补货业务的流畅。零售商和消费品制造商联合起来检查销售数据，制定关于未来需求的计划和预测，在保证有货和减少缺货的情况下降低库存水平。还可以进一步由消费品制造商管理零售商的存货和补货，以加快库存周转速度，提高投资毛利率。

（四）零售空间管理

这是指根据每个店铺的需求模式来规定其经营商品的花色品种和补货业务。一般来说，关于花色品种、数量、店内陈列及培训或激励售货员等决策，消费品制造商可以参与甚至制定决策。

(五)联合产品开发

这一步的重点不再是一般商品和季节商品,而是像服装等生命周期很短的商品。厂商和零售商联合开发新产品,其关系的密切超过了购买与销售的业务关系,缩短从新产品概念到新产品上市的时间,而且经常在店内对新产品实时试销。

(六)快速响应的集成

通过重新设计业务流程,将前五步的工作和公司的整体业务集成起来,以支持公司的整体战略。最后一步零售商和消费品制造商重新设计其整个组织、绩效评估系统、业务流程和信息系统,设计的重点围绕着消费者而不是传统的公司职能,它们要求集成的是信息技术。

【小思考 3-1】

QR 有哪些优点?

答 QR 的优点如表 3-1 所示。

表 3-1 QR 的优点

QR 的优点(厂商方面)	QR 的优点(零售商方面)
更好的顾客服务	提高了销售额
降低了流通费用	减少了削价的损失
降低了管理费用	降低了采购成本
更好的生产计划	降低了流通费用
	加快了库存周转
	降低了管理成本

任务二 高效客户反应(ECR)的系统构建

一、ECR 产生的背景

ECR 是 1993 年初由食品业发起的。一些制造商、经纪人、批发商和零售商组成了有共同目标的联合业务小组,其目标是通过降低和消除供应链上的无谓的浪费来提高消费者价值。

1. 销售增长放慢

20 世纪七八十年代,日杂百货行业的增长率放慢了,主要是因为消费者的食品支出降低了,这就迫使零售商为维持市场份额而展开激烈的竞争。竞争的中心集中在增加商品的花色品种上。这种做法进一步降低了存货的周转率和售价,对利润造成了更大压力。

2. 权力的转移

20 世纪七八十年代,一方面,日杂百货行业的销售增长放慢;另一方面,厂商和零售商之间的权力转移。过去,零售商是很分散的地区性行业,现在这种情况发生了很大的变化,因为零售商借助通信技术和信息技术组建了一些全国性的大公司,零售行业的这种整合导致了交易的权力从供应商逐渐转向购买方。

3. 敌对关系的产生

由于交易权力的转换,再加上行业增长率的下降引起的激烈竞争,厂商和零售商之间的关系恶化了,甚至到了相互不信任的地步。同时还由于组织效率的低下及绩效衡量系统的过时,使这种情况进一步恶化。

4. 组织职能的紊乱

食品日杂百货行业各个部门和其他部门都是相互隔绝的,他们只是努力提高自己的效率,由于各部门的激励体系不同,加深了这种隔绝状况,有时各部门的工作目标甚至是针锋相对的。厂商和零售商之间的关系也是如此。例如,厂商衡量业绩的一个主要指标是送货的效率,而零售商衡量业绩的主要指标是利润。

5. 远期购买和转移购买

为了同时满足零售商和厂商的目标,双方增加了一些新的业务,最终增加了经营成本。厂商采用了促销策略,即报价很高,然后利用节日或为了满足季节送货目标而对高价进行打折,采购者可以通过低价大量购进,然后在厂商促销期结束后高价卖出的办法获利。这些业务带来了额外的库存、运输和其他成本,但获得额外收益远远抵消了这些成本。

如今这些额外的收益要大打折扣了,为保持竞争优势,现在所有的零售商和批发商都开展了远期购买和转移购买的业务。传统的竞争优势没有了,但额外的成本却仍然存在。

6. 附加折扣

为获得更大的竞争优势,大的零售商要求厂商提供其他的好处,如减免费用、返款、减价和特别的促销资金等,结果厂商只好提高它们的价格来弥补附加折扣的成本。

7. 自有品牌商品

20世纪80年代末以来,自有品牌商品大量涌现。由于日杂百货业的厂商把价格提得很高,以弥补给零售商的所有附加折扣,自有品牌商品对消费者越来越有吸引力。直接从制造商那里进货可大大提高零售商的收益,同时这些商品使用的是零售商的自有品牌,在别处买不到。目前美国自有品牌商品占商品总量的22%,某些公司的自有品牌商品的比重甚至超过30%。

8. 新的零售形式

在20世纪80年代末,日杂百货行业又出现了一些新的零售形式,向传统的零售形式发出了挑战。这些新形式包括批发俱乐部、大型综合超市和折扣商店,它们成功的原因是强调每日低价、绝对低价进货及快速的存货流转。根据麦卡林公司食品营销研究所的一项研究,如果没有价格的变化,到2001年,这些新型的零售商在食品杂货市场的份额将增加一倍。在1987年,76%的食品杂货是通过超市销售的,到1992年这一数字跌至56%,相当于销售额减少了27亿美元。这个例子很有代表性,其他商品也都表现出了同样的趋势。

二、ECR 的定义、基本框架及特征

(一) ECR 的定义

ECR(efficient consumer response)即有效客户反应,它是在杂货分销系统中,分销商和供应商为消除系统中不必要的成本和费用,给客户带来更大效益而进行密切合作的一种供应链管

理战略。具体地说,实施 ECR 需要将条码扫描技术、POS 系统和 EDI 结合起来,在供应链之间建立一个无纸系统,以确保产品能不间断地由供应商流向最终客户,同时信息流能够在开放的供应链中循环流动。

(二) ECR 的实施要素

ECR 的实施要素主要集中在以下四个领域,也被称为"ECR 的四大支柱"或"ECR 的四大实施要素"(见图 3-1)。

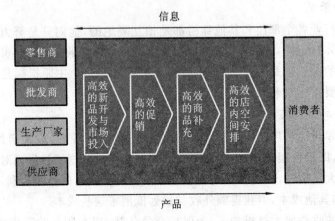

图 3-1　ECR 的四大实施要素

1. 高效的店内空间安排

实施高效的店内空间安排是指运用 ECR 系统提高货物的分销效率,使库存和商店的空间使用率最优化,即在有限的店铺空间内,选择最佳的陈列方式,增加畅销商品,减少滞销商品。Kahn 和 Macalister 的调查发现,通过高效的店内空间安排可以降低物流费用、提高客户满意度,并且确保货架空间最充分的利用,从而提高生产厂商、分销商和零售商的利润。

2. 高效的商品补充

高效的商品补充是支持整个 ECR 的基础。它运用包括电子数据交换(EDI)、以需求为导向的自动连续补货和计算机辅助订货系统,使补货系统的时间和成本最优化。一份美国杂货业的报告表明,通过执行 ECR 获得的收益的一大半都来自于高效的商品补充。高效的商品补充开始于准确的 POS 数据,重点在于在缩短订单周期,并且消除在此过程中的费用,通过努力降低系统的成本,从而降低商品的售价。

3. 高效的促销

高效的促销是指通过运用 ECR 系统可以提高仓库、运输和生产的效率,减少预先购买、供应商库存及仓储费用,使贸易和促销的整个系统效益最高。高效的促销战略主要内容是简化贸易关系,将经营重点从采购转移到销售。快速周转消费品行业现在把更多的时间和金钱用于对促销活动的影响进行评价。消费者则可以从这些新型的促销活动所带来的低成本中获利。

4. 高效的新品开发与市场投入

高效的新品开发与市场投入能正确分析和把握消费者的需求,是 ECR 的核心。它能够帮助供应商和零售商有效地开发新产品,更好地满足现有的和潜在的客户需求,进行产品的生产计划,以降低成本。

(三) ECR 的特征

1. 管理意识的创新

传统的产销双方的交易关系是此消彼长的对立型关系,即交易各方以对自己有利的买卖条件进行交易。简单地说,是一种输赢型关系。ECR 要求产销双方的交易关系是一种合作伙伴关系,即交易各方通过相互协调合作,实现以低成本向消费者提供更高价值服务的目标,在此基础上追求双方的利益。简单地说是一种双赢型(win-win)关系。

2. 供应链整体协调

传统流通活动缺乏效率的主要原因在于厂家、批发商和零售商之间存在企业间联系的非效率性和企业内采购、生产、销售和物流等部门或职能之间联系的非效率性。传统的组织是以部门或职能为中心进行经营活动,以各个部门或职能的效益最大化为目标。这样虽然能够提高各个部门或职能的效率,但容易引起部门或职能间的摩擦。同样,传统的业务流程中各个企业以各自企业的效益最大化为目标,这样虽然能够提高各个企业的经营效率,但容易引起企业间的利益摩擦。ECR 要求对各部门、各职能及各企业之间的隔阂,进行跨部门、跨职能和跨企业的管理和协调,使商品流和信息流在企业内和供应链内顺畅地流动。

3. 涉及范围广

既然 ECR 要求对供应链整体进行管理和协调,ECR 所涉及的范围必然包括零售业、批发业和制造业等相关的多个行业。为了最大限度地发挥 ECR 所具有的作用,必须对关联的行业进行分析研究,对组成供应链的各类企业进行管理和协调。

【知识链接 3-1】

ECR 的应用原则

应用 ECR 时必须遵守五个基本原则。

(1) 以较少的成本,不断致力于向食品杂货供应链顾客提供更优的产品、更高的质量、更好的分类、更好的库存服务及更多的便利服务。

(2) ECR 必须由相关的商业带头人启动。该商业带头人应决心通过代表共同利益的商业联盟取代旧式的贸易关系而达到获利之目的。

(3) 必须利用准确、适时的信息支持有效的市场、生产及后勤决策。这些信息将以 EDI 的方式在贸易伙伴间自由流动,它将影响以计算机信息为基础的系统信息的有效利用。

(4) 产品从生产至包装,直至流动到最终顾客的购物篮中,应确保顾客能随时获得所需产品。

(5) 必须建立共同的成果评价体系。该体系注重整个系统的有效性(即通过降低成本与库存以及更好的资产利用,实现更优价值),清晰地标识出潜在的回报(即增加的总值和利润),促进对回报的公平分享。

总之,ECR 是供应链各方推进真诚合作来实现消费者满意和实现基于各方利益的整体效益最大化的过程。

三、ECR 系统的构建

ECR 作为一个供应链管理系统,需要把市场营销、物流管理、信息技术和组织革新技术有机结合起来作为一个整体使用,以实现 ECR 的目标。构筑 ECR 系统的具体目标是实现低成本的流通、基础关联设施建设、消除组织间的隔阂、协调合作满足消费者需要。组成 ECR 系统的技术要素主要有营销技术、物流技术、信息技术和组织革新技术。

(一)营销技术

在 ECR 系统中采用的营销技术主要是商品类别管理(CM)和店铺货架空间管理(SM)。

商品类别管理是以商品类别为管理单位,寻求整个商品类别全体收益最大化。具体来说,企业对经营的所有商品按类别进行分类,确定或评价每一个类别商品的功能、收益性、成长性等指标。在此基础上,结合考虑各类商品的库存水平和货架展示等因素,制订商品品种计划,对整个商品类别进行管理,以便在提高消费者服务水平的同时增加企业的销售额和收益水平。

例如,企业把某类商品设定为吸引顾客的商品,把另一类商品设定为增加企业收益的商品,努力做到在满足顾客需要的同时兼顾企业的利益。商品类别管理的基础是对商品进行分类。分类的标准、各类商品功能和作用的设定依企业的使命和目标不同而不同。但是原则上,商品不应该以是否方便企业来进行分类,而应该以顾客的需要和顾客的购买方法来进行分类。

店铺空间管理是对店铺的空间安排、各类商品的展示比例、商品在货架上的布置等进行最优化管理。在 ECR 系统中,店铺空间管理和商品类别管理同时进行,相互作用。在综合店铺管理中,对于该店铺的所有类别的商品进行货架展示面积的分配,对于每个类别下的不同品种的商品进行货架展示面积分配和展示布置,以便提高单位营业面积的销售额和单位营业面积的收益率。

(二)物流技术

ECR 系统要求及时配送(JIT)和顺畅流动。实现这一要求的方法有连续库存补充计划(CRP)、自动订货(CAO)、预先发货通知(ASN)、供应商管理用户库存(VMI)、交叉配送、店铺直送(DSD)等。

连续库存补充计划(CRP)利用及时准确的 POS 数据确定销售出去的商品数量,根据零售商或批发商的库存信息和预先规定的库存补充程序确定发货补充数量和发送时间。以小批量高频率方式进行连续配送,补充零售店铺的库存,提高库存周转率,缩短周期。

自动订货(CAO)是基于库存和需要信息利用计算机进行自动订货的系统。

预先发货通知(ASN)是生产厂家或者批发商在发货时利用电子通信网络提前向零售商传送货物的明细清单。这样零售商事前可以做好货物进货准备工作,同时可以省去货物数据的输入作业,使商品检验作业效率化。

供应商管理用户库存(VMI)是生产厂家等上游企业对零售商等下游企业的流通库存进行管理和控制。具体地说,生产厂家基于零售商的销售、库存等信息,判断零售商的库存是否需要补充。如果需要补充的话,自动地向本企业的物流中心发出发货指令,补充零售商的库存。VMI 包括了 POS、CAO、ASN 和 CRP 等技术。在采用 VMI 的情况下,虽然零售商的商品库存决策主导权由作为供应商的生产厂家把握,但是,在店铺的空间安排、商品货架布置等店铺空间管理决策方面仍然由零售商主导。

交叉配送是在零售商的流通中心,把来自各个供应商的货物按发送店铺迅速进行分拣装车,向各个店铺发货。在交叉配送的情况下,流通中心便是一个具有分拣装运功能的中转型中心,有利于交货周期的缩短、减少库存、提高库存周转率,从而能节约成本。

店铺直送（DSD）是指商品不经过流通配送中心，直接由生产厂家运送到店铺的运送方式。采用店铺直送方式可以保持商品的新鲜度，减少商品运输破损，缩短周期。

（三）信息技术

ECR 系统应用的信息技术主要有：电子数据交换（EDI）和 POS 销售时点信息。

ECR 系统的一个重要信息技术是 EDI。信息技术最大的作用之一是实现事务作业的无纸化或电子化。一方面，可利用 EDI 在供应链企业间传送交换订货发货清单、价格变化信息、付款通知单等文书单据。例如，厂家在发货的同时预先把产品清单发送给零售商，这样零售商在商品到货时，用扫描仪自动读取商品包装上的物流条形码获得进货的实际数据，并自动地与预先到达的商品清单进行比较。因此，使用 EDI 可以提高事务作业效率。另一方面，利用 EDI 在供应链企业间传送交换销售时点信息、库存信息、新产品开发信息和市场预测信息等直接与经营有关的信息。例如，生产厂家可利用销售时点信息把握消费者的动向，安排好生产计划；零售商可利用新产品开发信息预先做好销售计划。因此，使用 EDI 可以提高整个企业，乃至整个供应链的效率。

ECR 系统的另一个重要信息技术是 POS。对零售商来说，通过对在店铺收银台自动读取的 POS 数据进行整理分析，可以掌握消费者的购买动向，找出畅销商品和滞销商品，做好商品类别管理。可以通过利用 POS 数据做好库存管理、订货管理等工作。对生产厂家来说，通过 EDI 利用及时准确的 POS 数据，可以把握消费者需要，制订生产计划，开发新产品，还可以把 POS 数据和 EOS 数据结合起来分析把握零售商的库存水平，进行供应商管理用户库存（VMI）的库存管理。

现在，许多零售企业把 POS 数据和顾客卡、点数卡等结合起来使用。通过顾客卡可以知道某个顾客每次在什么时间、购买了什么商品、金额多少，到目前为止总共购买了哪些商品、总金额是多少。这样可以分析顾客的购买行为，发现顾客不同层次的需要，做好商品促销等方面的工作。

（四）组织革新技术

应用 ECR 系统不仅需要组成供应链的每一个成员紧密协调和合作，还需要每个企业内部各个部门间紧密协调和合作，因此，成功地应用 ECR 需要对企业的组织体系进行革新。

在企业内部的组织革新方面，需要把采购、生产、物流、销售等按职能划分的组织形式改变为以商品流程为基本职能的横向组织形式，也就是把企业经营的所有商品按类别划分，对应于每一个商品类别设立一个管理团队，由这些管理团队为核心构成新的组织形式。在这种组织形式中，给每一个商品类别管理设定经营目标（如顾客满意度、收益水平、成长率等），同时在采购、品种选择、库存补充、价格设定、促销等方面赋予相应的权限。每个管理团队由一个负总责的商品类别管理人和 6～7 个负责各个职能领域的成员组成。由于商品类别管理团队规模小，内部容易交流，各职能间易于协调。

在组成供应链的企业间需要建立双赢型的合作伙伴关系。具体讲，厂家和零售商都需要在各自企业内部建立以商品类别为管理单位的组织。这样双方相同商品类别的管理就可聚集在一起，讨论从材料采购、生产计划到销售状况、消费者动向的有关该商品类别的全盘管理问题。另外需要在企业间进行信息交换和信息分享。当然，这种合作伙伴关系的建立有赖于企业最高决策层的支持。

(五) 有效的新产品导入

不管哪一个行业,新产品导入都是一项重要的创造价值的业务。它们能够为消费者带来新的兴趣、快乐,为企业创造新的业务机会。特别是食品工业在这个方面表现得尤为活跃。

有效的产品导入包括让消费者和零售商尽早接触到这种产品。首要的策略就是零售商和厂商应为了双方的共同利益而密切合作。这个合作包括把新产品放在一些店铺内进行试销,然后再按照消费者的类型分析试销的结果。根据分析结果决定怎样处理这种新产品,处理办法包括淘汰该产品、改进该产品、改进营销技术、采用不同的分销策略等。

四、QR 与 ECR 的比较

ECR 主要以食品杂货行业为对象,其主要目标是降低供应链各环节的成本,提高效率。而 QR 主要集中在纺织行业,其主要目标是对客户的需求作出快速反应,并快速补货。这是因为食品杂货行业与纺织服装行业经营的产品的特点不同:杂货业经营的产品多数是一些功能性产品,每一种产品的寿命相对较长(生鲜食品除外),因此,订购数量的过多(或过少)的损失相对较少。纺织服装业经营的产品多属革新性产品,每一种产品的寿命相对较短,因此,订购数量过多(过少)造成的损失相对较大。

二者共同特征表现为超越企业之间的界限,通过合作追求物流效率变化。具体表现在如下三个方面。

(一) 贸易伙伴间商业信息的共享化

零售商将原来不公开的 POS 系统单品管理数据提供给制造商或分销商,制造商或分销商通过对这些数据的分析来实现高精度的商品进货、调达计划,降低产品库存,防止出现次品,进一步使制造商能制订、实施所需对应型的生产计划。

(二) 商品供应方进一步涉足零售业,提供高质量的物流服务

作为商品供应方的分销商或制造商比以前更接近位于流通最后环节的零售商,特别是零售业的店铺,从而保障物流的高效运作。当然,这一点与零售商销售、库存等信息的公开是紧密相连的,即分销商或制造商所从事的零售补货机能是在对零售店铺销售、在库情况迅速了解的基础上开展的。

(三) 企业间订货、发货业务全部通过 EDI 来进行

企业间通过积极、灵活运用这种信息通信系统,来促进相互间订货、发货业务的高效化。计算机辅助订货(CAO)、供应商管理库存(VMI)、连续补货(CRP)及建立产品与促销数据库等策略,打破了传统的各自为政的信息管理、库存管理模式,体现了供应链的集成化管理思想,适应市场变化的要求。

从具体实施情况来看,建立世界通用的唯一的标识系统以及用计算机连接的能够反映物流、信息流的综合系统,是供应链管理必不可少的条件,即在 POS 信息系统基础上确立各种计划和进货流程。也正因为如此,EDI 的导入,从而达到最终顾客全过程的货物追踪系统和贸易伙伴的沟通系统的建立,成为供应链管理的重要因素。

【知识链接 3-2】

ECR 带来了哪些方面的利益?

根据欧洲供应链管理委员会的调查报告,接受调查的 392 家公司,其中实施 ECR 后,预期销售额增加 5.3%,制造费减少 2.3%,销售费用减少 1.1%,货仓费用减少 1.3% 及总盈利增加 5.5%。批发商与零售商也有相似的获益:销售额增加 5.4%,毛利增加 3.4%,货仓费用减少 5.9%,存货量减少 13.1% 及每平方米的销售额增加 5.3%。由于在流通环节中缩减了不必要的成本,零售商和批发商之间的价格差异也随之降低,这些节约了的成本最终将使消费者受益,各贸易商也将在激烈的市场竞争中赢得一定的市场份额。

任务三　协同规划、预测和补给的方法(CPFR)

一、CPFR 产生的背景

随着经济环境的变迁、信息技术的进一步发展及供应链管理逐渐为全球所认同和推广,供应链管理开始更进一步地向无缝连接转化,促使供应链的整合程度进一步提高。

高度供应链整合的项目是沃尔玛推动的 CFAR(collaborative forecast and replenishment)和 CPFR(collaborative planning forecasting and replenishment),这种新型系统不仅是对企业本身或合作企业的经营管理情况给予指导和监控,更是通过信息共享实现联动的经营管理决策。

CFAR 是利用 Internet,通过零售企业与生产企业的合作,共同作出商品预测,并在此基础上实行连续补货的系统。CPFR 是在 CFAR 共同预测和补货的基础上,进一步推动共同计划的制订,即不仅合作企业实行共同预测和补货,同时将原来属于各企业内部事务的计划工作(如生产计划、库存计划、配送计划、销售规划等)也由供应链各企业共同参与。

二、CPFR 的定义

CPFR 即协同规划、预测与补给。CPFR 是一种协同式的供应链库存管理技术,它能同时降低销售商的存货量,增加供应商的销售量。CPFR 的最大优势是能及时准确地预测由各项促销措施或异常变化带来的销售高峰和波动,从而使销售商和供应商都能做好充分的准备,赢得主动。CPFR 采取了双赢的原则,始终从全局出发,制定统一的管理目标以及实施方案,以库存管理为核心,兼顾供应链上其他方面的管理。因此,CPFR 能在合作伙伴之间实现更加深入广泛的合作。

三、CPFR 的特点

(一) 协同

CPFR 要求双方长期承诺公开沟通、信息分享,从而确立其协同性的经营战略。

协同的第一步就是保密协议的签署、纠纷机制的建立、供应链计分卡的确立及共同激励目标的形成。在确立协同性目标时,不仅要建立起双方的效益目标,更要确立协同的盈利驱动性目标,只有这样,才能使协同性能体现在流程控制和价值创造的基础之上。

(二)规划

CPFR 要求有合作规划(品类、品牌、分类、关键品种等)及合作财务(销量、订单满足率、定价、库存、安全库存、毛利等)。此外,为了实现共同的目标还需要双方协同制订促销计划、库存政策变化计划、产品导入和中止计划及仓储分类计划。

(三)预测

CPFR 强调买卖双方必须作出最终的协同预测。CPFR 所推动的协同预测不仅关注供应链双方共同作出最终预测,同时也强调双方都应参与预测反馈信息的处理,以及预测模型的制定和修正,特别是如何处理预测数据的波动等问题。最终实现协同促销计划是实现预测精度提高的关键。

(四)补货

销售预测必须利用时间序列预测和需求规划系统转化为订单预测,并且供应方约束条件,如订单处理周期、前置时间、订单最小量、商品单元及零售方长期形成的购买习惯等都需要供应链双方加以协商解决。协同运输计划也被认为是补货的主要因素。

例外状况出现的比率、需要转化为存货的百分比、预测精度、安全库存水准、订单实现的比例、前置时间及订单批准的比例,这些都需要在双方公认的计分卡基础上定期协同审核。

四、CPFR 供应链的实施

(一)CPFR 供应链的体系结构

CPFR 供应链的体系结构包括决策层、运作层、内部管理层和系统管理层。

(1)决策层:主要负责管理合作企业领导层,包括企业联盟的目标和战略的制定、跨企业的业务流程的建立、企业联盟的信息交换和共同决策。

(2)运作层:主要负责合作业务的运作,包括制订联合业务计划、建立单一共享需求信息、共担风险和平衡合作企业能力。

(3)内部管理层:主要负责企业内部的运作和管理,包括商品或分类管理、库存管理、商店运营、物流、顾客服务、市场营销、制造、销售和分销等。

(4)系统管理层:主要负责供应链运营的支撑系统和环境管理及维护。

(二)CPFR 实施的框架和步骤

1. 识别可比较的机遇

CPFR 有赖于数据间的比较,这既包括企业间计划的比较,又包括一个组织内部新计划与旧计划的比较,以及计划与实际绩效之间的比较,这些比较越详细,CPFR 的潜在收益越大。

在识别可比较的机遇方面,关键在于以下两点。

(1)订单预测的整合:CPFR 为补货订单预测和促销订单提供了整合、比较的平台,CPFR 参与者应该搜集所有的数据资源和拥有者,寻求一对一的比较。

(2)销售预测的协同:CPFR 要求企业在周计划促销的基础上再作出客户销售预测,这样将这种预测与零售商的销售预测相对照,就可能有效地避免销售预测中没有考虑促销、季节因素等产生的差错。

CPFR的实施要求与其他供应和需求系统相整合。对于零售商,CPFR要求整合比较的资源有商品销售规划、分销系统、店铺运作系统。对于供应商而言,CPFR需要整合比较的资源有CRM、APS及ERP。CPFR的资源整合和比较,不一定都要求CPFR系统与其他应用系统的直接相连,但是这种比较的基础至少是形成共同的企业数据库,即这种数据库的形成是在不同企业计划系统在时间整合及共同的数据处理基础上产生的。

2. 数据资源的整合运用

1)不同层面的预测比较

不同类型的企业由于自身利益的驱使,计划的关注点各不相同,造成信息的来源不同,不同来源的信息常常不一致。CPFR要求协同团队寻求到不同层面的信息,并确定可比较的层次。

例如,一个供应商提供四种不同水果香味的香水,但是零售商不可能对每一种香味的香水进行预测,这时供应商可以输入每种香味的预测数据,CPFR解决方案是将这些数据搜集起来,并与零售商的品类预测相比较。

2)商品展示与促销包装的计划

CPFR系统在数据整合运用方面一个最大的突破在于它对每一个产品进行追踪,直到店铺,并且销售报告以包含展示信息的形式反映出来,这样预测和订单的形式不再是需要多少产品,而且包含了不同品类、颜色及形状等特定展示信息的东西,这样数据之间的比较不再是预测与实际绩效的比较,而是建立在单品基础上、包含商品展示信息的比较。

3)时间段的规定

CPFR在整合利用数据资源时,非常强调时间段的统一,由于预测、计划等行为都是建立在一定时间段基础上,所以,如果交易双方对时间段的规定不统一,就必然造成交易双方的计划和预测很难协调。

供应链参与者需要就管理时间段的规定进行协商统一,诸如预测周期、计划起始时间、补货周期等。

3. 组织评判

一旦供应链参与方有了可比较的数据资源,他们必须建立一个企业特定的组织框架体系以反映产品层次、地点层次、分销地区及其他产品计划的特征。

通常企业往往在现实中采用多种组织管理方法,CPFR能在企业清楚界定组织管理框架后,支持多体系的并存,体现不同框架的映射关系。

4. 商业规则界定

当所有的业务规范、局部资源整合及组织框架确立后,最后在实施CPFR的过程中需要决定的是供应链参与方的商业行为规则,这种规则主要表现在例外情况的界定和判断。

表3-2为CPFR的实施框架和步骤的概况。

表3-2 实施框架和步骤

名　　称	说　　明
识别可比较的机遇	订单预测的整合
	销售预测的协同

续表

名　称	说　明
数据资源的整合运用	不同层面的预测比较
	商品展示与促销包装的计划
	时间段的规定
组织评判	
商业规则界定	

任务四　企业资源计划(ERP)

一、ERP 的概述

(一) ERP 的产生

企业资源计划(enterprise resource planning, ERP)的产生可追溯到物料需求计划(MRP)和准时化运作(JIT)。1970 年,在美国生产与库存管理协会(APICS)的学术年会上,首次提出了物料需求计划的概念和基本框架,得到该协会的大力支持和推广。物料需求计划是根据市场需求预测和顾客订单制订产品的生产计划,然后基于产品生成进度计划,组成产品的材料结构表和库存状况,通过计算机计算所需材料的需求量和需求时间,从而确定材料的加工进度和订货日程的一种实用技术。

在实施 MRP 时,与市场需求相适应的销售计划是 MRP 成功的最基本的要素。如果销售领域能准确、及时提供每个时间段的最终产品需求的数量和时间,企业就能充分发挥 MRP 的功能,有效地实现 MRP 的目标。从这一思路出发,人们把 MRP 的原理应用到流通领域,发展出营销渠道需求计划 DRP,即(配送)分销需求计划。

1981 年在物料需求计划的基础上,将 MRP 的领域由生产、材料和库存管理扩大到营销、财务和人事管理等方面,提出了制造资源计划(MRPII)。

随着全球化经济的形成,社会消费水平和消费结构的深刻变革,产品呈多样化、个性化、系统化和国际化的特征,以面向企业内部信息集成为主,单纯强调离散制造环境和流程环境的 MRPII 系统已不能满足全球化经营管理的要求。因为随着网络通信技术的迅速发展和广泛应用,为了实现柔性制造,迅速占领市场,取得高回报率,生产企业必须转换经营管理模式,改变传统的面向生产经营的管理方式,转向面向市场和顾客生产,注重产品的研究开发、质量控制、市场营销和售后服务等环节,把经营过程的所有参与者,如供应商、客户、制造工厂、分销商网络纳入一个紧密的供应链中。

企业资源规划 ERP 就是在 MRPII 和 JIT 的基础上,通过前馈的物流、反馈的物流和资金流,把客户需求和企业内部的生产活动,以及供应商的制造资源结合在一起,体现完全按用户需求制造的一种供应链管理思想的功能网链结构模式。

作为一项重要的供应链管理的运作技术,ERP 在整个供应链的管理过程中,更注重对信息流和资金流的控制;同时,通过企业员工的工作和业务流程,促进资金、物料的流动和价值的增值,并决定了各种"流"的流量和流速。ERP 已打破了 MRPII 只局限在传统制造业的格局,把它的触角伸向各行各业,如金融业、高科技产业、通讯业、零售业等。

(二) ERP 的含义

企业资源计划(ERP)是指建立在信息技术基础上,以系统化的管理思想,为企业决策层及员工提供决策运行手段的管理平台。它是从 MRP(物料需求计划)发展而来的新一代集成化管理信息系统,它扩展了 MRP 的功能,其核心思想是供应链管理。ERP 是一个由美国著名管理咨询公司 Gartner 于 1990 年提出的一种企业管理概念。企业资源计划最初被定义为应用软件,之后迅速为全世界商业企业所接受。现在已经发展成为一个重要的现代企业管理理论,也是一个实施企业流程再造的重要工具。它把企业的物流、人流、资金流、信息流统一起来进行管理,以求最大限度地利用企业现有资源,实现企业经济效益的最大化。

ERP 是一种集销售、采购、制造、成本、财务、服务和质量等管理功能为一体,以市场需求为导向,以实现企业内外资源优化配置,消除生产经营中一切无效的劳动和资源,实现信息流、物流、资金流的集成与提高企业竞争力为目标,以计划与控制为主线,以网络和信息技术为平台,面向供应链管理的现代企业管理思想、方法和工具。

从管理思想、管理信息系统、软件产品三个层次理解 ERP 的含义。

1. 从管理思想角度

ERP 是由美国著名的管理咨询公司 Gartner 提出的一整套企业管理系统体系标准,实质是在制造资源计划(MRPII)基础上进一步发展而成的面向供应链的管理思想。

2. 从管理信息系统的角度

ERP 是整合了企业管理理念、业务流程、基础数据、人力物力,以及计算机软、硬件于一体的企业资源管理信息系统(information management system,MIS)。

3. 从软件产品角度

ERP 是综合应用了 C/S 或 B/S 体系结构、大型数据库、面向对象技术(OOP)、图形用户界面(GCI)、第四代语言(4GL)、网络通信等信息技术成果,面向企业信息化管理的软件产品。

(三) ERP 的管理思想

ERP 的核心思想是实现整个供应链和企业内部业务流程的有效管理。ERP 系统的总流程图如图 3-2 所示。

ERP 的管理思想具体包含以下几个方面。

(1) 体现了对整个供应链资料进行有效管理的思想,实现了对整个企业供应链上的人、财、物等所有资源及其流程的管理;

(2) 体现了精益生产,同步工程和敏捷制造的思想,面对激烈的竞争,企业需要运用同步工程组织生产和敏捷制造,保持产品高质量、多样化、灵活性,实现精益生产;

(3) 体现事先计划与事中控制的思想,ERP 系统中的计划体系主要包括生产计划、物料需求计划,能力需求计划等;

(4) 体现业务流程管理的思想,为提高企业供应链的竞争优势,必然带来企业业务流程的改革,而系统应用程序的使用也必须随业务流程的变化而相应调整。

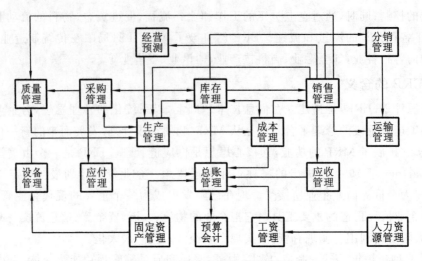

图 3-2 ERP 系统的总流程图

(四) ERP 的计划层次

ERP 的计划层次如图 3-3 所示。

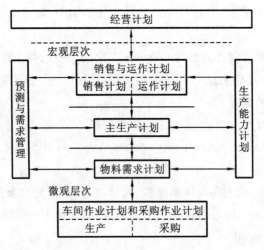

图 3-3 ERP 的计划层次

ERP 是由计划驱动的。它有五个层次。

(1) 经营计划(宏观层次):企业的战略规划,总目标的具体体现。

(2) 销售与运作计划(宏观层次):根据经营计划目标,确定企业一类产品在 1～3 年内,每年每月生产多少及需要哪些资源。

(3) 主生产计划(宏观向微观过渡层次):以生产计划大纲为依据,按时间段计划企业应生产的最终产品的数量和交货期,并在生产需求与可用资源之间作出平衡。

(4) 物料需求计划(微观层次开始):根据主生产计划推导最终产品的需求数量和交货期,推导构成产品的零部件及材料的需求量和需求日期,直至导出自制零部件的制造订单下达日期和采购件的采购订单发放日期,并进行需求资源和可用能力资源之间的进一步平衡。

(5) 车间作业计划和采购作业计划(微观层次):车间作业计划也叫车间作业控制,其任务就是根据物料需求计划生成的零部件生产计划编制出工序排产计划。对于采购件,则编制出物料采购计划,但物料采购计划不涉及企业本身的能力资源。

【知识链接 3-3】
基于信息系统的业务流程再造

企业应从物流、生产、营销、财务、新产品开发等一体化经营角度进行企业发展战略定位。经过战略的调整,突出信息系统管理再造的重要性。企业的信息系统如同人体的神经系统,信息系统通畅了,企业运作才能良好。信息系统的建设主要应做好两方面的工作:优化、升级原有的 MRPII 系统,面向制造生产,解决物料相关需求的问题,通过 MPS、MRP、RCCP、CRP 等系统的优化来达到生产物流的畅通;新建企业分销资源计划(DRP)系统,实现动态、多级库存管理、动态销售管理,客户订单管理,动态信用控制,物商分流及动态财务管理等。

为此,应从以下几个方面先期进行管理变革和流程再造。

1. 建立全新的信息系统

一个典型的、设备先进的流程型制造企业的信息系统模型包括六个部分:ERP 系统(企业资源计划)、CRM 系统(客户关系管理)、SCM 系统(供应链管理)、PDM 系统(产品数据管理)、MES 系统(制造执行系统)、T&L 系统(运输与后勤)。

2. 实现数据的统一编码

如在基础数据管理方面实行统一编码,物品代码、客户代码、仓库代码、业务作业员代码等;在单据管理方面,取消原物品借用单、原送货计划单、手工发货计划单,新建客户提货单、客户退货单、移库申请单、直发客户送货清单、其他出库单等五种单据;通过信用额度控制、回款时间控制等建立客户提/发货信用管理机制,并且统一客户销售类型。

3. 生产流程再造

企业所有的业务都通过 MRPII、DRP 系统进行管理,包括销售公司生产订单的下达,生产部门生产计划、原材料/配件请购单的制订,采购部门采购订单的生成和物流部门收发货计划制订等。

4. 销售流程再造

针对 DRP 系统进行销售流程再造,包括销售公司各机构和 VIP 客户销售预测、月销售计划的制订、客户订单管理、经销商销售终端记录管理、物流部客户提货管理、发货计划/送货计划管理、库存业务管理、向第三方物流公司或企业自营库发出的物流作业指令管理及财务部门的财务管理等。

二、ERP 系统的核心内容

在 ERP 系统中,一般包括三个方面的内容:生产控制(计划、制造)、物流管理(分销、采购、库存管理)和财务管理(会计核算、财务管理)。这三大系统本身就是集成体,它们互相之间有相应的接口,能够很好地整合在一起来对企业进行管理。另外,随着企业对人力资源管理重视的加强,已经有越来越多的 ERP 厂商将人力资源管理纳入了 ERP 系统的一个重要组成部分。

(一)财务管理模块

一般的 ERP 软件的财务部分分为会计核算与财务管理两大块。

1. 会计核算

会计核算主要是记录、核算、反映和分析资金在企业经济活动中的变动过程及其结果。它由总账、应收账、应付账、现金管理、固定资产核算、多币制等部分构成。

（1）总账模块：它的功能是处理记账凭证输入、登记,输出日记账、一般明细账及总分类账,编制主要会计报表。它是整个会计核算的核心,应收账、应付账、固定资产核算、现金管理、工资核算、多币制等各模块都以其为中心来互相传递信息。

（2）应收账模块：是指企业应收的由于商品赊欠而产生的正常客户欠款账。它包括发票管理、客户管理、付款管理、账龄分析等功能。它和客户订单、发票处理业务相联系,同时将各项事件自动生成记账凭证,导入总账。

（3）应付账模块：会计里的应付账是企业应付购货款等账,它包括了发票管理、供应商管理、支票管理、账龄分析等。它能够和采购模块、库存模块完全集成以替代过去烦琐的手工操作。

（4）现金管理模块：它主要是对现金流入流出的控制,以及零用现金及银行存款的核算。它包括了对硬币、纸币、支票、汇票和银行存款的管理。在 ERP 中提供了票据维护、票据打印、付款维护、银行清单打印、付款查询、银行查询和支票查询等和现金有关的功能。此外,它还和应收账、应付账、总账等模块集成,自动产生凭证,过入总账。

（5）固定资产核算模块：即完成对固定资产的增减变动及折旧有关基金计提和分配的核算工作。它能够帮助管理者对目前固定资产的现状有所了解,并能通过该模块提供的各种方法来管理资产,以及进行相应的会计处理。它的具体功能有：登录固定资产卡片和明细账,计算折旧,编制报表,以及自动编制转账凭证,并转入总账。它和应付账、成本、总账模块集成。

（6）多币制模块：这是为了适应当今企业的国际化经营,对外币结算业务的要求增多而产生的。多币制将企业整个财务系统的各项功能以各种币制来表示和结算,且客户订单、库存管理及采购管理等也能使用多币制进行交易管理。多币制和应收账、应付账、总账、客户订单、采购等各模块都有接口,可自动生成所需数据。

（7）工资核算模块：自动进行企业员工的工资结算、分配、核算及各项相关经费的计提。它能够登录工资、打印工资清单及各类汇总报表,计算计提各项与工资有关的费用,自动作出凭证,导入总账。这一模块是和总账、成本模块集成的。

（8）成本模块：它将依据产品结构、工作中心、工序、采购等信息进行产品的各种成本的计算,以便进行成本分析和规划。

2. 财务管理

财务管理的功能主要是基于会计核算的数据,再加以分析,从而进行相应的预测,管理和控制活动。它侧重于财务计划、控制、分析和预测。

财务计划：根据前期财务分析作出下期的财务计划、预算等。

财务分析：提供查询功能和通过用户定义的差异数据的图形显示进行财务绩效评估、账户分析等。

财务决策：财务管理的核心部分,中心内容是作出有关资金的决策,包括资金筹集、投放及资金管理。

（二）生产控制管理模块

生产控制管理模块是 ERP 系统的核心所在,是一个以计划为导向的先进生产、管理方法。

首先,企业确定它的一个总生产计划,然后经过系统层层细分后,下达到各部门去执行,即生产部门以此生产,采购部门按此采购等。

1. 主生产计划

它是根据生产计划、预测和客户订单的输入来安排将来各周期中提供的产品种类和数量,它将生产计划转为产品计划,在平衡了物料和能力的需要后,精确到时间、数量的详细的进度计划,是企业在一段时期内的总活动的安排,是一个稳定的计划,是以生产计划、实际订单和对历史销售的分析得来的预测产生的。

2. 物料需求计划

在主生产计划决定生产多少最终产品后,再根据物料清单,把整个企业要生产的产品的数量转变为所需生产零部件的数量,并对照现有的库存量,可得到还需采购多少、生产多少、加工多少的最终数量。这才是整个部门真正依照的计划。

3. 能力需求计划

它是在得出初步的物料需求计划之后,将所有工作中心的总工作负荷,在与工作中心的能力平衡后产生的详细工作计划,用以确定生成的物料需求计划是否是企业生产能力上可行的需求计划。能力需求计划是一种短期的、当前实际应用的计划。

4. 车间控制

这是随时间变化的动态作业计划,是将作业排序,再进行作业分配到具体的各个车间的作业管理和作业监控。

5. 制造标准

在编制计划中需要许多生产基本信息,这些基本信息就是制造标准,包括零件、产品结构、工序和工作中心,都用唯一的代码在计算机中识别。

(三) 物流管理模块

1. 分销管理

分销管理是从产品的销售计划开始,对其销售产品、销售地区、销售客户各种信息的管理和统计,并可对销售数量、单价、金额、利润、绩效、客户服务作出全面的分析,这样在分销管理模块中大致有三方面的功能。

(1) 对于客户信息的管理和服务:它能建立一个客户信息档案,对其进行分类管理,进而对其进行针对性的客户服务,以达到最高效率地保留老客户、争取新客户。在这里,要特别提到的就是最近新出现的 CRM 软件,即客户关系管理,ERP 与它的结合必将大大增加企业的效益。

(2) 对于销售订单的管理:销售订单是 ERP 的入口,所有的生产计划都是根据它下达并进行排产的,而销售订单的管理贯穿了产品生产的整个流程。

(3) 对于销售的统计与分析:这时系统根据销售订单的完成情况,依据各种指标作出统计,比如客户分类统计、销售代理分类统计等,再就这些统计结果来对企业实际销售效果进行评价。

2. 库存控制

库存控制即用来控制存储物料的数量,以保证稳定的物流支持正常的生产,但又最小限度地占用资本。它是一种相关的、动态的及真实的库存控制系统。它能够结合、满足相关部门的需求,随时间变化动态地调整库存,精确地反映库存现状。

3. 采购管理

采购管理具体包括确定合理的定货量、优秀的供应商和保持最佳的安全储备；能够随时提供定购、验收的信息，跟踪和催促对外购或委外加工的物料，保证货物及时到达；建立供应商的档案，用最新的成本信息来调整库存的成本。

（四）人力资源管理模块

1. 人力资源规划辅助决策

对于企业人员、组织结构编制的多种方案，进行模拟比较和运行分析，并辅之以图形的直观评估，辅助管理者作出最终决策。

制定职务模型，包括职位要求、升迁路径和培训计划，根据担任该职位员工的资格和条件，系统会提出针对该员工的一系列培训建议，一旦机构改组或职位变动，系统会提出一系列的职位变动或升迁建议。

进行人员成本分析，可以对过去、现在、将来的人员成本作出分析及预测，并通过 ERP 集成环境，为企业成本分析提供依据。

2. 招聘管理

进行招聘过程的管理，优化招聘过程，减少业务工作量；对招聘的成本进行科学管理，从而降低招聘成本；为选择聘用人员的岗位提供辅助信息，并有效地帮助企业进行人才资源的挖掘。

3. 工资核算

能根据公司跨地区、跨部门、跨工种的不同薪资结构及处理流程制订与之相适应的薪资核算方法。与时间管理直接集成，能够及时更新，对员工的薪资核算动态化。通过和其他模块的集成，自动根据要求调整薪资结构及数据。

4. 工时管理

根据本国或当地的日历，安排企业的运作时间及劳动力的作息时间表。

运用远端考勤系统，可以将员工的实际出勤状况记录到主系统中，并把与员工薪资、奖金有关的时间数据导入薪资系统和成本核算中。

5. 差旅核算

系统能够自动控制从差旅申请、差旅批准到差旅报销整个流程，并且通过集成环境将核算数据导进财务成本核算模块中去。

【案例分析 3-2】

实施 ERP 系统给华泰集团带来的变化

华泰集团是拥有总资产 300 亿、造纸产能 400 万吨、化工产能 200 万吨、全国十多个产业、52 个分子公司的全球最大的高档新闻纸生产基地、全国最大的盐化工基地。

为了更好地实现集团管控，2009 年 9 月引进的用友 NC-ERP 系统，目前为止，有 52 个法人公司上线、实施了 100 多个业务子模块、梳理了 120 多个业务流程、建立了 260 多个系统电子台账、300 多张系统报表；建立了"4 个集中、5 个统一、6 个深化、7 个体系"的集团化管理信息和决策支持系统，真正实现了财务业务一体化、订单生产集成化、客户和供应商协同化、生产与管理对接数字化、高层战略决策智能化。

实施的 ERP 系统对于华泰集团各个环节所带来的改变如下。

改变一:规范基础,实现精细化管理。基础物料从 8 万种规范到 3.4 万种;客户档案从 7 994 家规范到 2 127 家;供应商从 6 000 余家规范到 3 000 家;会计科目由 11 863 种规范变成 389 种等,这些数据上的显示都是信息化在基础应用层面带来的最直观的改变——基础档案统一分类编码、命名、添加、使用。

改变二:加强协同,实现企业一体化供应链。通过条码与产品出入库集成,大大提高出入库效率和现存量的准确性,每天的出入库时间由 2～4 小时减少到 1 分钟以内,即实现实时出入库,保管人员压缩 30%～50%。以上是最基本的针对产品的出入库协同所带来的结果。另外还实现了产品发货与销售、物流、计量和财务的协同,整个一体化的集成应用,以避免了多发货、发错货、运费多结算的漏洞。发货及结算准确率提高到 100%,效率至少提高 50%。

改变三:加强管控,降低经营风险。通过资金集中监控和收支两条线管理模式,年可节约或降低财务费用、成本达 3 000 万元以上。资金管控能力的加强,一方面是资金的安全性提高,另一方面最显现的结果是资金利用效果有着明显的提升。

分析

华泰集团实施的 ERP 系统,规范基础,实现精细化管理;加强协同,实现企业一体化供应链;加强管控,降低经营风险。取得了物料规范、发货及时和节省财务等效果。

基本训练

1. 阅读理解

(1) 简述 QR 的实施步骤。

(2) 试述 ECR 系统的构建包括哪些技术?

(3) 什么是 CPFR？CPFR 的特点是什么?

(4) 试述 ERP 的核心管理思想。

2. 判断题

(1) 有效顾客反应(ECR)主要是服装行业的供应链营销战略。　　　　　(　)

(2) QR 的成功实施离不开现代信息技术的应用。　　　　　　　　　　　(　)

(3) ERP 只能在制造业得到应用。　　　　　　　　　　　　　　　　　(　)

(4) CPFR 强调买卖双方各自作出最终的预测。　　　　　　　　　　　(　)

(5) ERP 是在 MRP 的基础之上发展而来的。　　　　　　　　　　　　(　)

3. 选择题

(1) QR 要求零售商和供应商一起工作,通过共享(　　)来预测商品的未来补货需求。

　　A. 客户信息　　　B. 市场信息　　　C. POS 信息　　　D. 生产信息

(2) CAO 表示(　　)。

　　A. 电子收款系统　B. 自动订货系统　C. 财务系统　　　D. 电子数据系统

(3) ECR 指的是(　　)。

　　A. 快速反应　　　B. 有效顾客响应　C. 企业资源计划　D. 价值链分析

(4) 将企业关注点从内部信息扩展到整个供应链的是(　　)。

A. MRP　　　　　B. MRP　　　　　C. BPR　　　　　D. ERP

4. 技能题（小项目）

北京如风达快递有限公司成立于2008年4月15日，属凡客诚品（Vancl）旗下全资自建的配送公司，专业经营最后一公里（门到门）B2C配送业务。基于对B2C市场的理解和B2C配送的长期研究、不断实践，在以客户满意为最高标准的前提下，完善了拥有独特自我风格的业务流程和管理体系。

如果需要在如风达快递公司应用基于活动成本的控制（ABC）方法，请设计一个实施方案。

实训目的：掌握基于ABC方法的实施步骤。

实训要求：上网搜集信息并撰写项目报告。

综合案例

德曼公司的供应链管理

德曼公司于1918年成立，是美国汽车服务市场零部件供应商巨头之一。公司办事处目前设立在中国（包括台湾地区）、印度等地，每年都需要采购价值数亿美元的汽车维修服务的零部件，再由美国、德国、加拿大等数个大型的配送中心向全美及北欧市场的大型汽车零部件销售商、快速修理店及大型的4S店提供上千种的各类售后服务的汽车配件产品。

2010年后，德曼公司供应链管理的方法上遇到一些难题，其他公司的竞争也越演越烈。

1. 公司零配件渠道的中间环节过多

近期，许多经营跨国业务的公司受到成本不断增大和产业链全球转移趋势的影响，像中国等地的生产和采购成本相对较低，以至那些公司在这些地区的采购量逐年递增，规模越来越大，甚至在中国的年采购额已经突升至数千亿美元。所以，他们都纷纷到中国建立国际化采购配送中心，把中国作为全球资源配置的中心点。中国汽车零部件的出口保持者曾预测，到2016年将超过5 000亿美元的采购规模，国际买家的采购数量和项目将大幅增长。当然作为德曼公司——美国著名的汽车售后服务的供应商也不例外。

如果以金额统计，德曼公司每年80%以上的零部件采购量都来自美国以外，这其中超过90%来自中国（包括台湾地区）等亚太地区。但是，到2008年初，德曼公司在美国本土以外只在韩国设立了一个办事处，且只有5名员工。而其他地区的跨国采购都是由外贸公司代理的，其中增加了许多中间商环节，导致了采购成本增加，货款支付不及时，产品的质量和交付期都无法保证等问题，导致其中间环节无法控制，供应链效率极低，采购的潜在风险逐步加大。

2. 缺乏采购与生产信息，订货的提前期非常长

德曼公司产品涉及多种类汽车易损易耗件。汽车型号种类繁多，如果以产品零件型号计量，每年都有超过两万种零部件在库销售，每次发给每个供应商的订单又数以百计，因此，客户的需求数量、订单信息及公司对产品的预测信息能够准确及时的传送到来年的每个供应端点，这对公司来说是至关重要的。但是在亚太地区，公司基本上是通过外贸代理商与零部件生产商打交道，这样公司根本就无法获得这些生产商的库存、产能、生产计划、到货提前期等信息，而供应链的另一端——上游顾客的需求信息也无法准确地从外贸代理商获取，采购与生产信息极度不对称使得订货提前期无法预测，供应链风险较大，供应链绩效降低。

3. 库存和配送管理较混乱

德曼公司的主要经营汽车售后维修的各种零部件，型号和种类众多，上游顾客的需求又多变，2010年以前，库存主要采用原始的手工方式管理，电子计算机技术的应用严重不足，库存流通不畅，造成积压，周转率极低。在北美分布的12个配送中心的管理混乱无序，采购回的各类零部件产品存贮无序，配送网络没有合理规划，物流成本较高。

问题

根据以上描述，应用所学的供应链管理方法给德曼公司提供一个全面的供应链优化方案。

综合实训

供应链管理方法

一、实训目的

利用本章供应链管理方法的相关知识，让学生分析目标企业所用的供应链管理的方法，并讨论供应链管理方法是如何在目标企业中实施供应链管理。

二、实训内容

收集目标企业的信息（包括企业的环境、特征），分析该企业产品的类型，上下游企业的关系，并根据以上分析撰写实训报告。

三、实训资料

相关企业实地调研，上网搜集相关资料。

四、实训准备

学生分组：每6人一组，每组选出一名小组长。

五、实训步骤

（1）根据要求了解目标企业相关背景。

（2）实地调研和上网收集企业供应链管理的相关资料，了解企业供应链管理的基本现状。

（3）整理资料，确保所获取资料翔实、准确和具体。

（4）在调研的基础上，利用所学理论知识选出5家企业，制作企业供应链管理卡片资料。

（5）在选的5家企业中，对其供应链管理方法进行考核。

六、实训考核

根据任务解决方案的规范性和准确性评定任务完成情况。

项目四
供应链管理环境下的企业营运

GONGYINGLIAN
GUANLI
SHIWU

> **知识目标**
> ◎ 掌握供应链管理环境下如何进行生产计划与控制
> ◎ 了解供应链管理环境下的采购管理与传统采购的区别
> ◎ 熟悉联合采购
> ◎ 掌握供应链管理环境下的库存管理方式的含义及内容
> ◎ 了解供应链管理环境下的配送
>
> **技能目标**
> ◎ 能用所学知识对供应链管理环境下的企业营运状况进行分析
> ◎ 能结合企业具体情况提出库存管理、采购和配送方面的措施

跨国公司的供应链管理

某个跨国公司总部设在美国,在世界主要的工业地区设有分部,例如日本、韩国、中国(包括台湾地区)、新加坡等。分部不但要为客户及时提供技术支持,而且要提供零配件,因为缺料会导致客户的机器停转,损失动辄几十万。该公司零配件的储备是典型的多阶段仓储模式,即在美国有主仓库,各地区有分仓库,在一些重要客户处有寄售点(VMI)。零配件体积小、价值高,客户对时效性要求高,国际货运都采取空运。近几年来,该公司推行外包战略,整条供应链从仓库到运输,再到报关、清关,都由第三方物流公司负责。最近日本分部发现,总部从发出配货命令到配货完毕待运,原来在 24 小时内即可完成,现在却动辄得两天,有时候甚至更长。别的地区也发现类似的问题:原本应该已经在飞机上的货物,现在却经常还待在总部。空运又不是天天有,因为货量较低,为节省运费,公司的航运只定在星期一、三、五。这意味着总部迟配货一天,分部可能迟 3 天才能拿到货。如果适逢周末,便是 5 天,难怪分部怨声载道。

这一案例表明:不按时发货、质量问题、断货、运输延迟、清关延误等因素一起导致供应链库存居高不下。供应链管理问题非常严重,实行供应链管理后,企业的营运必须符合供应链管理的规律,从计划、采购、库存到仓储配送必须适应供应链的要求。

任务一 供应链管理环境下如何进行生产计划与生产控制

一、供应链管理环境下的生产计划

(一)供应链管理环境下的生产计划的特点

供应链管理环境下的生产计划的特点表现为以下几点。

1. 具有纵向和横向的信息集成过程

纵向信息集成是指供应链由下游向上游的信息集成,而横向信息集成是指生产相同或类似产品的企业之间的信息共享。

在生产计划过程中,上游企业的生产能力信息在生产计划的能力分析中独立发挥作用。通过在主生产计划和投入产出计划中分别进行的粗细能力平衡,上游企业承接订单的能力和意愿都反映到了下游企业的生产计划中。同时,上游企业的生产进度信息也和下游企业的生产进度信息一道作为滚动编制计划的依据,其目的在于保持上下游企业间生产活动的同步。

2. 丰富了能力平衡在计划中的作用

在通常概念中,能力平衡只是一种分析生产任务与生产能力之间差距的手段,再根据能力平衡的结果对计划进行修正。在供应链管理下的生产计划过程中,能力平衡发挥了以下作用。

其一,为主生产计划和投入产出计划进行修正提供依据。

其二,能力平衡是进行外包决策和零部件(原材料)急件外购的决策依据。

其三,在主生产计划和投入产出计划中所使用的上游企业能力数据,反映了其在合作中所愿意承担的生产负荷,可以为供应链管理的高效运作提供保证。

其四,在信息技术的支持下,对本企业和上游企业的能力状态的实时更新使生产计划具有较高的可行性。

3. 计划的循环过程突破了企业的限制

在企业独立运行生产计划系统时,一般有三个信息流的闭环,而且都在企业内部。

(1) 主生产计划—粗能力平衡—主生产计划;

(2) 投入产出计划—能力需求分析(细能力平衡)—投入产出计划;

(3) 投入产出计划—车间作业计划—生产进度状态—投入产出计划。

4. 在供应链管理下生产计划的信息流跨越了企业,从而增添了新的内容

供应链管理下生产计划的信息流有:

(1) 主生产计划—供应链企业(粗能力平衡)—主生产计划;

(2) 主生产计划—外包工程计划—外包工程进度—主生产计划;

(3) 外包工程计划—主生产计划—供应链企业生产能力平衡—外包工程计划;

(4) 投入产出计划—供应链企业能力需求分析(细能力平衡)—投入产出计划;

(5) 投入产出计划—上游企业生产进度分析—投入产出计划;

(6) 投入产出计划—车间作业计划—生产进度状态—投入产出计划。

需要说明的是,以上各循环中的信息流都只是各自循环所必需的信息流的一部分,但可对计划的某个方面起决定性的作用。

(二) 供应链管理环境下的生产计划的制订

供应链管理环境下的生产计划与传统生产计划显著不同,这是因为在供应链管理下,与企业具有战略伙伴关系的企业的资源通过物资流、信息流和资金流的紧密合作而成为企业制造资源的拓展。在制订生产计划的过程中,主要面临以下三个方面的问题。

1. 柔性约束

柔性实际上是对承诺的一种完善。承诺是企业对合作伙伴的保证,只有在这个基础上企业间才能具有基本的信任,合作伙伴也因此获得了相对稳定的需求信息。然而,由于承诺的下达在时间上超前于承诺本身付诸实施的时间,因此,尽管承诺方一般来讲都尽力使承诺与未来的实际情况接近,但是误差却是难以避免的。柔性的提出为承诺方缓解了这一矛盾,使承诺方有可能修正原有的承诺。可见,承诺与柔性是供应合同签订的关键要素。

2. 生产进度

生产进度信息是企业检查生产计划执行状况的重要依据,也是滚动制订生产计划过程中用于修正原有计划和制订新计划的重要信息。在供应链管理环境下,生产进度计划属于可共享的信息。

3. 生产能力

企业完成一份订单不能脱离上游企业的支持,因此,在编制生产计划时要尽可能借助外部资源,有必要考虑如何利用上游企业的生产能力。任何企业在现有的技术水平和组织条件下都具有一个最大的生产能力,但最大的生产能力并不等于最优生产负荷。在上下游企业间稳定的供应关系形成后,上游企业从自身利益出发,更希望所有与之相关的下游企业在同一时期的总需求与自身的生产能力相匹配。上游企业的这种对生产负荷量的期望可以通过合同、协议等形式反映出来,即上游企业提供给每一个相关下游企业一定的生产能力,并允许一定程度上的浮动。这样,在下游企业编制生产计划时就必须考虑到上游企业的这一生产能力上的约束。

二、供应链管理环境下的生产控制系统

(一) 供应链管理环境下的生产控制的特点

1. 生产进度控制

生产进度控制的目的在于依据生产作业计划,检查零部件的投入和产出数量、产出时间和配套性,保证产品能准时装配出厂。供应链环境下的进度控制与传统生产模式的进度控制不同,因为许多产品是协作生产的和转包的业务,和传统的企业内部的进度控制比较来说,其控制的难度更大,必须建立一种有效的跟踪机制进行生产进度信息的跟踪和反馈。

2. 供应链的生产节奏控制

供应链的同步化计划需要解决供应链企业之间的生产同步化问题,只有各供应链上企业之间及企业内部各部门之间保持步调一致,供应链的同步化才能实现。供应链形成准时生产系统,要求上游企业准时为下游企业提供必需的零部件。

3. 提前期管理

基于时间的竞争是 20 世纪 90 年代一种新的竞争策略,具体到企业的运作层,主要体现为提前期的管理,这是实现 QR、ECR 策略的重要内容。在供应链环境下的生产控制中,提前期管理是实现快速响应用户需求的有效途径。缩小提前期、提高交货期的准时性是保证供应链获得柔性和敏捷性的关键。

4. 库存控制和在制品管理

库存在应付需求不确定性方面有积极的作用,但是库存又是一种资源浪费。在供应链管理模式下,通过实施多级、多点、多方管理库存的策略,对提高供应链环境下的库存管理水平、降低制造成本有着重要意义。这种库存管理模式涉及的部门不仅仅是企业内部。基于 JIT 的供应与采购、供应商管理库存、联合库存管理等是供应链库存管理的新方法,对降低库存有重要作用。

(二) 供应链管理环境下的生产控制系统

供应链管理思想对企业的生产计划与控制模式提出了巨大挑战,因为其要求企业决策者进

行思维方式的转变,即从传统的、封闭的纵向思维方式转为横向的、开放的思维方式。因此,供应链环境下的生产计划与控制必然不同于传统的生产计划与控制。供应链是一个跨越多厂家、多部门的网络化组织,一个有效的供应链企业生产计划系统必须保证企业能快速响应市场需求。

1. 需求信息和服务需求应该以最小的变形传递给上游并共享

供应链管理系统应通过计划时区来平衡需求、供应、约束,同时看到所产生的供应链问题。由于实时响应,双方具备重新计划的能力,计划员有能力执行各种模拟以优化计划。这些模拟如:安全库存水平应是多少?这是最低成本计划吗?使用的资源已经优化了吗?这个计划满足了客户服务水平了吗?已经是最大利润了吗?可以承诺什么呢?

在供应链里的每一个阶段,把最终用户的实际需求传递回去。因此,一旦实际需求有所变化,所有地点都知道,并实时采取适当的行动。

2. 同步化供需是服务和成本的一个重要目标

有几个因素影响供需匹配:大批量;生产上维持高效率,而不是满足客户需求;缺少同步,使得库存水平高且变化频繁。

3. 可靠的、灵活的运作是同步化的关键

可靠的、灵活的运作应该主要集中于生产、物流管理、库存控制、分销这几个环节。销售与市场的作用是发现并满足需求。

4. 与供应商集成

大部分经营引起生产的失败,除了内部的不稳定性,就是供应的不稳定性。应鼓励供应商寻求减少供应链总成本的方法,和供应商共享利益。

5. 优化供应链的管理

优化供应链的管理,必须直接控制关键能力使得需求到供应的震动减弱。要考虑库存的存放地点、运输的路径。一旦产品需求发生变化,可以同步考虑所有供应链约束。当每一次改变出现时,要同时检查能力约束、原料约束、需求约束,这就保证了供应链计划在任何时候都有效,能实时优化供应地点,或分销地、运输路线,避免库存超储、工厂供应的震动过大。

为此,要通过企业信息化建设逐步实现对供应链的优化管理。

优化所有供应链的活动,如图 4-1 所示。

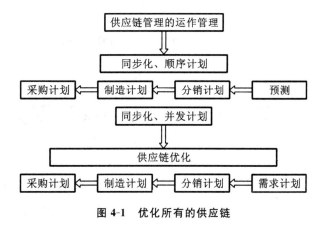

图 4-1　优化所有的供应链

【知识链接 4-1】

供应链管理环境下生产计划与生产控制的特征

1. 协同合作

供应链上企业生产计划决策信息的来源不再限于一个企业的内部,还有供应链上不同的企业,在这样一个开放的环境中,各企业围绕客户需求这个主线,彼此之间进行信息交换和数据共享,保证彼此计划之间的一致性,使同一供应链上的企业间有效地协同合作与控制。这些主要是通过供应链上的信息共享平台来实现的。在这个平台上将来自整个供应链上企业的信息集成,对各个企业的生产计划进行合作式调整,而且这个信息平台是围绕客户需求实时变动的,企业可以根据这个信息平台不断更新自己的生产计划。同时,这个信息平台在企业遇到特殊情况时,能够为企业进行一种协商式的处理。

2. 信息实时反馈

企业之间进行协同合作,围绕客户需求进行生产,离不开信息的实时反馈。信息的实时反馈使企业生产与供求关系同步进行,消除不确定性对供应链的影响,保证上下游企业生产的协调一致。

企业将客户的需求信息转化为企业的订单信息,企业内部及供应链上其他企业的一切经营活动都围绕这个订单进行。信息的实时反馈贯穿于供应链上各个企业的各个生产环节,通过信息的实时反馈让企业在生产计划与生产控制过程中对自己的订单进行全面监督与协调检查,有效地计划订单的完成日期和完成工作量度,并对订单进行跟踪监控。企业将各个环节中得到的信息随时随地地传送到网络中,集成到公共的信息平台,与其他企业共享,相关企业则可以根据变动的信息进行一定范围内的生产计划调整。事后分析订单完成情况,对计划进行比较分析,并采取有效的、切实可行的改进措施。

【案例分析 4-1】

SCM 环境下,戴尔的生产计划与控制体系

任务二 基于供应链的采购管理是如何进行的?

采购管理是物流管理的重点内容之一,它在供应链企业之间的原材料和半成品生产合作交流方面架起一座桥梁,沟通生产需求与物资供应的联系。为使供应链系统能够实现无缝连接,并提高供应链企业的同步化运作效率,就必须加强采购管理。在供应链管理模式下,采购工作要做到五个恰当:恰当的数量、恰当的时间、恰当的地点、恰当的价格、恰当的来源。采购部门负责对整个采购过程进行组织、控制、协调,它是企业与供应商联系的纽带。生产和技术部门通过企业内部的管理信息系统中的订单编制生产计划和物资需求计划。供应商通过信息交流处理来自企业的信息,预测企业需求以便备货,当订单到达时按时发货,货物质量由供应商自己控制。图4-2所示是基于供应链的采购管理模型。

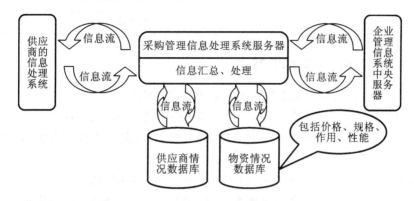

图4-2 基于供应链的采购管理模型

一、基于供应链的采购和传统采购的比较

传统采购的重点放在如何和供应商进行商业交易的活动上,特点是比较重视交易过程中供应商的价格比较,通过供应商的多头竞争,从中选择价格最低的作为合作者。虽然质量、交货期也是采购过程中的重要考虑因素,但在传统的采购方式下,质量、交货期等都是通过事后把关的办法进行控制的,如到货验收等,交易过程的重点放在价格的谈判上。因此,在供应商与采购部门之间经常要进行报价、询价、还价等来回的谈判,并且多头进行,最后从多个供应商中选择一个价格最低的供应商签订合同,订单才能确定下来。而基于供应链的采购和传统采购的区别具体如表4-1所示。

表4-1 基于供应链的采购与传统采购的区别

类　　别	基于供应链的采购	传　统　采　购
基本性质	基于需求的采购	基于库存的采购
	供应方主动型,需求方无采购操作的采购方式	需求方主动型,需求方有采购操作的采购方式
	合作型采购	对抗型采购
采购环境	友好合作	对抗竞争
信息关系	信息传送畅通、信息共享	信息不通、隐瞒信息
库存关系	供应商掌控库存	需求方掌控库存
	需求方可以不设仓库,零库存	需求方设立仓库,高库存
送货方式	小批量多频次连续送货	大批量少频次非连续送货

续表

类别	基于供应链的采购	传统采购
双方关系	供需双方关系友好	供需双方关系敌对
	责任共担、利益共享、协调性配合	责任自负、利益独享、互斥性竞争
验货工作	免检	严格检查

二、供应链管理环境下采购的特点

在供应链管理环境下,采购工作要做到五个恰当,即"5R"。

(1) 恰当的数量——实现采购的经济批量,既不积压又不会造成短缺。

(2) 恰当的时间——实现及时化采购管理,既不提前,以免给库存带来压力;也不滞后,以免给生产带来压力。

(3) 恰当的地点——实现最佳的物流效率,尽可能地节约采购成本。

(4) 恰当的价格——达到采购价格的合理性,价格过高则造成浪费,价格过低可能质量难以保证。

(5) 恰当的来源——力争实现供需双方间的合作与协调,达到双赢的效果。

为了实现上述五个恰当,供应链管理下的采购模式必须在传统采购模式的基础上做出扬弃式的调整和改变,主要表现为以下几个方面的特点。

(一) 库存驱动采购转变为订单驱动采购

在传统的采购模式中,采购的目的很简单,就是补充库存,防止生产停顿,即为库存而采购,可以说传统的采购是由库存驱动的。在供应链管理下的采购模式中,采购活动是由订单驱动的。制造订单驱动采购订单,采购订单再驱动供应商,如图4-3所示。

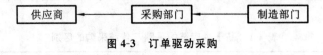

图4-3 订单驱动采购

(二) 从采购管理转变为外部资源管理

所谓在供应链管理中应用的外部资源管理,是指把供应商的生产制造过程看作是采购企业的一个延伸部分,采购企业可以"直接"参与供应商的生产和制造流程,从而确保采购商品质量的一种做法。应当注意的是,外部资源管理并不是采购方单方面努力就能够实现的,还需要供应商的配合与支持。

(三) 从买卖关系转变为战略伙伴关系

在传统的采购模式中,供应商与需求方之间是一种简单的买卖关系,无法解决涉及全局性和战略性的供应链问题;而基于战略伙伴关系的采购方式为解决这些问题创造了条件。这些全局性和战略性的问题主要有以下几种。

一是库存问题:在供应链管理模式下,供应与需求双方可以共享库存数据,采购决策过程变得透明,减少了需求信息的失真现象。

二是风险问题:供需双方通过战略性合作关系,双方可以降低由于不可预测的需求变化带来的风险,比如运输过程的风险、信用的风险和产品质量的风险等。

三是合作伙伴关系问题:通过合作伙伴关系,双方可以为制订战略性的采购供应计划共同协商,不必为日常琐事消耗时间与精力。

四是降低采购成本问题:由于避免了许多不必要的手续和谈判过程,信息的共享避免了因信息不对称决策可能造成的成本损失。

五是准时采购问题:战略协作伙伴关系消除了供应过程的组织障碍,为实现准时化采购创造了条件。

(四)采购业务外包管理

现代企业经营所需物品越来越多,采购途径和体系也越来越复杂,使得企业采购成本很高。为了消除这种状况,越来越多的企业将采购活动外包,外包给承包商或第三方公司。

(五)电子商务采购兴起

在传统采购环境下,供应商多头竞争,采购方主要进行价格方面的比较,然后选择价格最低者。在供应链管理模式下,电子商务采购已得到普遍运用。采购方将相关信息发布在采购系统上,利用电子银行结算,并借助现代物流系统来完成物资的采购。电子商务采购的主要特点体现在以下几点。

其一,市场竞争更宽松。供应商除报价外,还投报其他附加条件(如:对交易的售后服务的要求和承诺),其结果是报价最低者不一定是胜者。

其二,供应商有更多竞争空间。打包贸易时,采购方只需统一开出打包价和各种商品的购买数量,供应商可在各种商品单价中进行多种组合,根据自己优势进行网上竞价。

其三,采购方可节省时间,提高效率,降低成本。多种商品打包采购时,只需一次性启动网上市场。

(六)采购方式多元化

在供应链管理环境下,采购已经呈现出全球化采购与本地化采购相结合的特点。特别是一些大型企业,在采购方面,通常会比较各个国家的区位优势,然后进行综合判断,制定采购策略。

【案例分析4-2】

通用电气公司照明产品分部

以前,通用电气公司(又简称"GE")照明产品分部采购代理每天浏览领料请求并处理报价,要准备零部件的工程图纸,还要准备报价表,这样发给供应商的信件才算准备好了。简单地申请一次报价就要花几天时间,一个部门一个星期要通过100～150次这样的申请。GE照明产品分部的采购过程大约要花22天。

创建了一个流水线式的采购系统,该系统把公司55个机器零部件供应商集成在一起,开始使用贸易伙伴网络(TPN)。分布在世界各地的原材料采购部门可以把各种采购信息放入该网络,原材料供应商马上就可以从网上看到这些领料请求,然后通过TPN给出初步报价。

GE的领料部门使用一个IBM大型机订单系统,每天一次。领料要求被抽取出来送入一个批处理过程,自动和存储在光盘机中的相对应的工程图纸相匹配。与大型机相接的系统和图纸光盘机把申请的零部件的代码与 TIFF 格式的工程图相结合,自动装载,并自动把该领料请求通过格式转换后输入网络。零部件供应商看到这个领料请求后,利用浏览器在 TPN 上输入报价单。

用上 TPN 后,GE 公司的几个电子分公司,平均使采购周期缩短了一半,降低了 30% 的采购过程费用,而且由于联机报价降低成本,因此原材料供应商也降低了原材料价格。

分析

通用电气公司创建了一个流水线式的采购系统,使用一个 IBM 大型机订单系统使采购周期缩短,而且降低了采购成本。

【案例分析 4-3】
神龙公司的物资采购

神龙公司的相关部门决定实行部分外协件的 JIT 采购,第一个被选为批量采购试点的外协件为汽车座椅。这是因为座椅供应商产品质量稳定,服务也较好。双方通过协商谈判,开始了 JIT 采购的运作。实施座椅采购,降低了座椅的平均库存水平,减少了库存资金占用。在此基础上,神龙公司开始逐步扩大 JIT 采购物资的范围,取得了明显的经济效益。

分析

神龙公司的物资采购打破了传统的采购模式,运用供应链管理的思想,建立起互惠互利的采购模式,重点考虑采购物资的质量、交货期等因素。

三、联合采购

(一) 联合采购的含义

联合采购是指在同质性企业里,把需要购买同一产品的客户联合起来组成采购联盟,使其产品的数量达到可以取得价格折扣的规模,向供应商提出采购的行为,它是集中采购在外延上的进一步拓展。

采购联盟体大致可分为采购方横向联盟体和供应链纵向联盟体两大类。采购方横向联盟体是指由两家或多家企业联合起来共同采购而形成的横向联盟体;供应链纵向联盟体可以定义为供应商与制造商之间,在一定时期内的共享信息、共担风险、共同获利的协议关系。

(二) 联合采购的实施

1. 分析内外环境

在进行联合采购前,企业首先要对内部资源和外部环境进行综合分析,了解企业的优势和劣势是什么,确定联合采购的目标是什么,联合采购的范围是什么,全面考虑以决定是否需要进行联合采购。

2. 选择合作伙伴

选择合作伙伴是成功实施联合采购的基础。建立良好的采购联盟伙伴关系有利于成本的降低,反应时间的缩短,联盟整体利润、联盟各成员利润的增加,以及新市场价值的创造等,其核心问题是如何选择理想的合作伙伴。如果合作伙伴选择不当,不仅联合采购策略不能实现,还有可能给企业带来战略机密泄露、客户关系管理失控、解除合作关系等风险。

3. 组建采购联盟

在互补、相容、共赢的原则下组建的采购联盟,制定联合采购实现机制,包括联盟的组织结构、会员的权利和义务、信息系统的建立、利益共享和风险分担机制、供应商的选择和管理等。

4. 绩效评估

企业的联合采购是多周期的,通过收集联合采购运行效果的数据对联合采购绩效进行评估,包括对供应商的评估和对成员企业的评估,并把评估结果反馈给各个阶段,以促进联合采购的改进与发展。

5. 改进与发展

通过动态考核并根据上一阶段反馈的信息,确定要改进的指标,分析问题,找出原因然后改进,融洽合作伙伴关系和提高联合采购绩效。

联合采购包括三个主体部分,即采购方、采购联盟及供应商,三方密切合作,缺一不可。采购联盟处于联合采购过程的核心位置,是联合采购运行的关键。联合采购联盟借助信息平台来实现采购方与供应商的沟通。首先,收集各企业的采购需求信息并进行分类、汇总,再根据成员企业内的库存情况进行平衡利库,若无库存的则向供应商发送采购清单,采取合适的采购方式选择最优的供应商。

(三) 联合采购模式

现行的联合采购模式主要有三种,即由行业协会组建的联合采购中心模式、由多家企业共同组建的联合采购联盟模式、由第三方组建和运行的联合采购模式。

由行业协会组建的联合采购中心模式:在区域行业协会的协调组织下成立区域性的行业协会采购中心,中小企业自愿参加,管理人员由各企业选聘,采购中心独立运作,不受行业协会的管辖。

由多家企业共同组建的联合采购联盟模式:由所有成员单位抽派专业人员共同组成联合采购工作小组,或者一家企业带头,多家企业响应。

由第三方组建和运行的联合采购模式:从国内外的联合采购案例来看,采购联盟运行到最后都会组建相应的第三方机构来进行日常的采购管理工作,第三方采购组织可利用其专业化的知识和能力,向中小企业提供从经营决策的建议到采购实施的专业化服务,相比企业的独立采购有着不可比拟的优越性。

【知识链接 4-2】

联合采购存在的缺点

联合采购存在诸多优点,但也存在一些缺点:企业需求千差万别,要实现采购条件的统一、标准化困难重重;为了与联合采购协调一致,需改变企业原有的采购周期,产生额外的成本;为了配合联合采购的实施,需改变企业的采购流程;为实现信息共享,可能泄露企业产品设计等重要信息,使企业失去竞争优势;协调成本可能过大,使企业得不偿失;联盟太大、太复杂以致功能紊乱、效率低下。这些都需要在具体的实施过程中采取有针对性的措施,加强协调、监控,以降低联合采购的风险。

任务三 掌握基于供应链的库存管理方式

长期以来,传统的供应链库存控制策略是各自为政,供应商、用户都保持一定的库存,且分别实施自己的库存控制策略。这往往不可避免地造成了需求信息的扭曲,从而产生了"牛鞭效应"。为了消除"牛鞭效应",不同性质的核心企业采取了许多先进的库存管理技术和方法。这些方法主要有:围绕处于供应链上游、实力较雄厚的制造商(或分销商)建立供应商管理库存系统(VMI);围绕零售业及连锁经营业中的地区分销中心(或在供应链上占据核心位置的大型企业)建立联合库存管理系统(JMI);围绕大规模生产组装型制造商建立多级库存管理系统;围绕各类核心企业建立协同规划、预测与补给系统(CPFR)。

一、供应商管理库存系统

(一)供应商管理库存的含义及特点

供应商管理库存(vendor managed inventory,VMI)是指供应商等上游企业基于其下游客户的生产经营、库存信息,对下游客户的库存进行管理与控制。供应商管理库存是为了适应供应链一体化而出现的一种全新的库存管理模式。VMI是指由供应商监控用户库存水平,并周期性地执行包含订货数量、出货及相关作业的补货决策。VMI是供应链集成管理思想的一种新型库存管理模式,如图4-4所示。

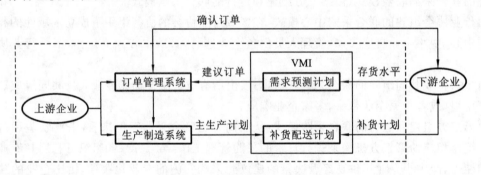

图4-4 VMI系统运作流程图

VMI的实施需要有先进的管理理念和管理技术作基础,是优化供应链性能的主要途径,也是今后供应链管理中的重要研究方向之一。引入VMI可以更好地实现供应链成员之间的信息交流与合作,加强互信,提高供应链集成化运作的可行性。供应链中常见的"牛鞭效应"也可以通过实施VMI而得到有效的降低。一些著名的零售公司(如沃尔玛百货有限公司),另外很多网站(如亚马逊网站)往往也通过VMI来管理自己的商品,实施VMI使得这些企业可以有效管理好成千上万种商品,并能与供应商保持一个非常良好的合作关系。VMI是一种在用户和供应商之间的合作性策略,具体来说,这是一种以用户和供应商双方都获得最低成本为目的的,在一个共同的协议下由供应商管理库存,并不断监督协议执行情况,修正协议内容,使库存管理得到持续改进的合作性策略。

同传统的库存控制方法相比,VMI 模式主要有以下几个特点。

(1) 合作性。VMI 的成功实施,客观上需要供应链上各企业在相互信任的基础上密切合作。其中,信任是基础,合作是保证。

(2) 互利性。VMI 主要考虑的是如何通过合作降低双方的库存成本,而不是考虑如何就双方的成本负担进行分配的问题。

(3) 互动性。VMI 要求各节点企业在合作时采取积极响应的态度,以快速的反应努力降低因信息不通畅所引起的库存费用过高的问题。

(4) 协议性。VMI 的实施,要求企业在观念上达到目标一致,并明确各自的责任和义务。具体的合作事项都通过框架协议明确规定,以提高操作的可行性。

这种库存管理策略打破了传统的各自为政的库存管理模式,体现了供应链的集成化管理思想,适应市场变化的要求,是一种新的有代表性的库存管理思想。

(二) VMI 实施方法

首先,供应商和批发商一起确定供应商的订单业务处理过程所需要的信息和库存控制参数,然后建立一种订单的处理标准模式,如 EDI 标准报文,最后把订货、交货和票据处理各个业务功能集成在供应商一边。其实施步骤如下。

第一步,建立顾客情报信息系统。通过建立顾客的信息库,供应商能够掌握需求变化的有关情况,把由批发商(分销商)进行的需求预测与分析功能集成到供应商的系统中。

第二步,建立销售网络管理系统。供应商要很好地管理库存,必须建立起完善的销售网络管理系统,保证自己的产品需求信息和物流畅通。为此,必须保证自己的产品条码的可读性和唯一性;必须解决产品分类、编码的标准化问题;必须解决商品存储运输过程中的识别问题。

第三步,建立供应商与分销商(批发商)的合作框架协议。供应商和销售商(批发商)一起通过协商,确定处理订单的业务流程、控制库存的有关参数(如再订货点、最低库存水平等)、库存信息的传递方式等。

第四步,组织机构的变革。过去一般由会计经理处理与用户有关的事情,引入 VMI 策略后,在订货部门产生了一个新的职能,负责用户库存的控制、库存补给和服务水平。

一般来说,以下情况适合实施 VMI 策略:零售商或批发商没有 IT 系统或基础设施来有效管理它们的库存;制造商实力雄厚并且比零售商市场信息量大;有较高的直接存储交货水平,因而制造商能够有效规划运输。

二、联合库存管理系统

(一) 联合库存管理系统的含义

联合库存管理(joint managed inventory,JMI)是一种上游企业和下游企业权力责任平衡和风险共担的库存管理模式。它把供应链系统管理集成为上游和下游链两个协调管理中心,库存连接的供需双方从供应链整体的观念出发,同时参与、共同制订库存计划,实现了供应链的同步化运作,从而部分消除了由于供应链环节之间的不确定性和需求信息扭曲现象导致的供应链的库存波动。基于协调中心的 JMI 流程如图 4-5 所示。

(二) JMI 的两种模式

第一种模式是集中库存控制模式。各个供应商的零部件都直接存入核心企业的原材料库

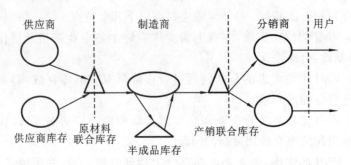

图 4-5 基于协调中心的 JMI 流程

中,即变各个供应商的分散库存为核心企业的集中库存。在这种模式下,库存管理的重点在于核心企业根据生产的需要,保持合理的库存量,既能满足需要,又要使库存总成本最小。

第二种模式是无库存模式。供应商和核心企业都不设立库存,核心企业实行无库存的生产方式。此时供应商直接向核心企业的生产线上进行连续小批量多频率的补充货物,并与之实行同步生产、同步供货。从而实现"在需要的时候把所需要的品种和数量的原材料送到所需要的地点"的操作模式。

(三)联合库存管理的实施策略

1. 建立供需协调管理机制

为了发挥联合库存管理的作用,供需双方应从合作的精神出发,建立供需协调管理机制,明确各自的目标和责任,建立合作沟通的渠道,为供应链的联合库存管理提供有效的机制。

2. 发挥两种资源计划系统的作用

为了发挥联合库存管理的作用,在供应链库存管理中应充分利用目前比较成熟的两种资源管理系统:制造资源计划系统(MRP)和配销需求计划系统(DRP)。原材料库存协调管理中心采用 MRP,而在产品联合库存协调管理中心则应采用 DRP。

3. 建立快速响应系统

快速反应(QR)系统的目的在于减少供应链中从原材料到用户这个过程的时间和库存,最大限度地提高供应链的运作效率。

4. 发挥第三方物流系统的作用

第三方物流系统(TPL)也叫物流服务提供者(LSP),它为用户提供各种服务,如产品运输、订单选择、库存管理等。把库存管理的部分功能代理给第三方物流系统管理,可以使企业集中精力于自己的核心业务,第三方物流系统起到了联系供应商和用户的桥梁作用,为企业获得诸多好处。如:减少成本;使企业集中于核心业务;获得更多的市场信息;改进服务质量;获得一流的物流咨询;快速进入国际市场。面向协调中心的第三方物流系统使供应与需求双方都取消了各自独立的库存,增加了供应链的敏捷性和协调性,并且能够大大改善供应链的用户服务水平和运作效率。

(四)应用第三方物流策略实施联合库存管理

第三方物流系统(3PL)是供应链集成的一种手段,它为客户提供各种服务,如产品运输、订单选择、库存管理等。把库存管理的部分功能委托给第三方物流系统管理,可以使企业集中精力于自己的核心业务,第三方物流系统起到了供应商和客户之间的桥梁作用(见图4-6)。

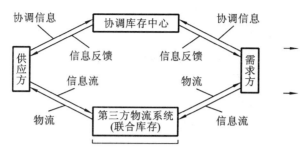

图 4-6 第三方物流管理库存图

协调库存中心的职能是负责供应链协调管理机制的建立。第三方物流企业的职能首先是负责从供方到需方的物流管理,尤其是联合仓库的管理;其次,在第三方物流公司和供方、第三方物流公司和需求方之间交流互通信息;最后,就交易规则同协调库存中心进行谈判,并定期和协调库存中心进行行为的协调。交易规则的内容由协调库存中心负责拟订。

三、多级库存管理系统

(一)多级库存管理系统的含义

多级库存的优化与控制是在单级库存控制的基础上形成的。多级库存系统根据不同的配置方式,可分为串行系统、并行系统、纯组装系统、树形系统、无回路系统和一般系统。

多级库存控制的方法有两种:一种是非中心化(分布式)策略,另一种是中心化(集中式)策略。非中心化策略是各个库存点独立地采取各自的库存策略,这种策略在管理上比较简单,但是并不能保证产生整体的供应链优化,如果信息共享程度低,多数情况产生的是次优的结果,因此非中心化策略需要更多信息共享。中心化策略,所有库存点的控制参数是同时决定的,考虑了各个库存点的相互关系,通过协调的办法获得库存的优化。但是中心化策略在管理上协调的难度大,特别是供应链的层次比较多,即供应链的长度增加时,更增加了协调控制的难度。

(二)供应链的多级库存控制应考虑以下几个问题

1. 库存优化的目标是什么——成本还是时间?

传统的库存优化无不例外地是进行库存成本优化,在强调敏捷制造、基于时间的竞争条件下,这种成本优化策略是否适宜?供应链管理的两个基本策略——ECR 和 QR,都集中体现了顾客响应能力的基本要求,因此在实施供应链库存优化时要明确库存优化的目标是什么,是成本还是时间?成本是库存控制中必须考虑的因素,但是,在现代市场竞争的环境下,仅优化成本这样一个参数显然是不够的,应该把时间(库存周转时间)的优化也作为库存优化的主要目标来考虑。

2. 明确库存优化的边界

供应链库存管理的边界,即供应链的范围。在库存优化中,一定要明确所优化的库存范围是什么。供应链的结构有各种各样的形式,有全局的供应链,包括供应商、制造商、分销商和零售商各个部门;有局部的供应链,分为上游供应链和下游供应链。在传统的所谓多级库存优化模型中,绝大多数的库存优化模型是下游供应链,即关于制造商(产品供应商)、分销中心(批发商)、零售商的三级库存优化。很少有关于零部件供应商、制造商之间的库存优化模型,在上游供应链中,主要考虑的问题是关于供应商的选择问题。

3. 多级库存优化的效率问题

简单的多级库存优化并不能真正产生优化的效果,需要对供应链的组织、管理进行优化,否则,多级库存优化策略效率是低下的。

4. 明确采用的库存控制策略

在单库存点的控制策略中,一般采用的是周期性检查与连续性检查策略,这些库存控制策略对于多级库存控制仍然适用。

(三) 供应链环境下的库存补货

对于单一品种的补货,可以采用拉动式库存管理法进行库存控制,其基本思想就是采用连续库存检测的补货对策进行补货。连续库存检测的补货对策目前已被国内外广泛研究和应用,再订货点法是其中一个重要内容。基于连续库存检测的再订货点法具有较好的理论研究价值和很好的实践指导意义,其基本思想如图4-7所示。

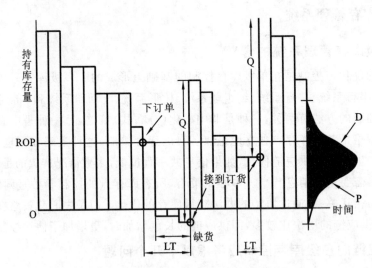

图 4-7 产品需求不确定下的再订货点库存图

ROP—再订货点;Q—订货批量;LT—平均提前期;D—提前期内的需求;P—提前期内的期望现货供应概率

目前对于多品种的库存补货方法有以下几种。

1. 联合补货法

联合补货法是通过对多种产品集中补货来降低库存成本的。从传统角度看,它是一个多阶段或多产品补货问题。多阶段的联合补货问题主要解决上下游库存之间补货渠道协同问题,减少整个库存系统成本,多产品联合补货则是协同不同产品之间补货,降低库存成本,实现成本优化。联合补货对策在许多行业已经得到了广泛的应用。

2. 协同规划、预测和补给的补货法

随着供应链库存管理技术的发展,出现了一种新的管理方法——协同规划、预测和补给(CPFR)的补货方法,CPFR既是一种理念,又是一系列的活动和流程。它是以提高消费者价值为共同目标,通过供应链上企业的相互协作,共享标准化的信息,制订有的放矢的计划,开展精确的市场预测,进行有效的库存管理,根据需求动态及时补货,以提高整个供应链的业绩和效率。通过整合供应链上需求和供应两方面的信息,让生产商、零售商等彼此分享,为供应链上各个企业降低库存成本、减少运营费用、创造更多的业务机会、提高销售额、提升满足消费者的需求、形成多方共赢的环境等提供一定的指导作用。

3. 定期盘点法

对于库存品的存货控制不需要做详细控制的商品,或为了方便快捷,减少库存控制环节,简化程序,常常采用定期盘点法在同一时间对多种产品的库存水平进行核查。使用定期盘点法会导致库存水平略有上升,但持有成本的上升幅度可能远远低于管理成本的降低幅度,也可能远远低于价格或采购成本的下降幅度。因此,它是一种简单实用的库存控制方法,在众多大型企业中有广泛的应用。对于多品种的季节性商品,应该根据商品自身的特点,以及企业的资产配置、人员结构、组织机能、资金实力和环境等选择以上几种方法之一或多种方法结合起来应用。

四、零库存管理

(一) 零库存管理的含义

零库存管理(zero inventory management/zero-stock management)并不是指以仓库储存形式的某种或某些物品的储存数量真正为零,而是通过实施特定的库存控制策略,实现库存量的最小化。所以零库存管理的内涵是以仓库储存形式的某些种物品数量为"零",即不保存经常性库存,它是在物资有充分社会储备保证的前提下,所采取的一种特殊供给方式。

实现零库存管理的目的是为了减少社会劳动占用量(主要表现为减少资金占用量)和提高物流运动的经济效益。如果把零库存仅仅看成是仓库中存储物的数量减少或数量变化趋势而忽视其他物质要素的变化,那么,上述目的很难实现。因为在库存结构、库存布局不尽合理的状况下,即使某些企业的库存货物数量趋于零或等于零,不存在库存货物,但是,从全社会来看,由于仓储设施重复存在,用于设置仓库和维护仓库的资金占用量并没有减少。因此,从物流运动合理化的角度来研究,零库存管理应当包含以下两层意义:一是库存货物的数量趋于零或等于零;二是库存设施、设备的数量及库存劳动耗费同时趋于零或等于零。后一层意义上的零库存,实际上是社会库存结构的合理调整和库存集中化的表现。

(二) 企业实行零库存管理的做法

零库存管理方式不仅在日本、美国广泛应用,其应用足迹也遍布世界各地。虽然零库存管理在美国、日本和欧洲等许多国家中已被普遍推广,但它充满了诱惑,也充满了风险。零库存能否真正实现取决于各方面的具体条件和情况,包括供应商、技术、产品、客户和企业自身决策层的支持,因此,建议企业做好以下工作。

1. 转变员工观念,树立全员对减少库存的认识

企业在推行零库存管理前,应对全体员工广泛宣传教育,对于不同专业的员工进行针对性宣传。做到人人了解推行零库存管理的意义,形成推行零库存管理的良好氛围。

2. 合理选择供应商,与供应商建立合作伙伴关系

由于零库存要求供应商在需要的时间提供高质量的原材料,因此对于原料库存、供应商的距离远近及运输方式的选择是关键因素。同时,注重与供应商建立长期的合作伙伴关系,分享信息,共同协作解决问题,保证对订货的及时供应。

3. 建立由销售定生产的观念

销售部门要致力于拓展销售市场，并保证销售渠道的稳定；生产部门要有灵活的应变能力，并以弹性的生产方式全力配合销售部门的工作，使企业能较均衡地进行生产，这对减少存货是有利的。

4. 严格奖惩制度

在零库存管理系统中，企业生产经营各环节、各生产工序的相互依存性空前增强。企业内部整条作业环节中的任何一个环节出现差错，都会使整条作业链出现紊乱甚至瘫痪。因而应严格奖惩制度，来保障生产经营活动顺利进行。

零库存实现的方式有许多，目前企业实行的零库存管理有：无库存储备、委托营业仓库存储和保管货物、协作分包方式、采用适时适量生产方式、按订单生产方式、实行合理配送方式。

【案例分析 4-4】

奥康的零库存管理

2004 年以前，奥康（浙江奥康鞋业股份有限公司）在外地加工生产的鞋子必须通过托运部统一托运到温州总部，经质检合格后方可分销到各个省级公司，再由省级公司向各个专卖店和销售网点进行销售。没有通过质检的鞋子需要重新打回生产厂家，修改合格以后再托运到温州总部。这样一来，既浪费人力、物力，又浪费了大量的时间，加上鞋子是季节性较强的产品，错过上市最佳时机，很可能导致这一季的鞋子积压。

经过不断探索与实践，奥康运用将别人的工厂变成自己仓库的方法来解决这一问题。在外地生产加工的鞋子，只需总部派出质检人员前往生产厂家进行质量检验，质量合格后生产厂家就直接从当地向各营销点发货。这样，既节省大量人力、物力、财力，又可以大量减少库存，甚至保持零库存。

分析

根据企业的现实情况，实时采用零库存管理，可以取得比较好的效果，特别是可以降低库存成本。

任务四　供应链配送管理

供应链环境下的物流配送是信息化、现代化、社会化的物流配送，通过采用网络化的计算机技术、现代化设备、软件系统和先进的管理手段，严格守信地按用户的订货要求，进行分类、编配、整理、分工、配货等工作，定时、定点、定量地交给没有范围限度的各类用户，满足其对商品的需求。

一、物流配送对供应链管理的重要作用

物流配送是对整个物流过程实行统一的信息管理和调度，按照用户订货要求，在物流基地进行理货工作，并将配好的货物送交收货人的一种物流方式。物流配送作为现代物流的一种有

效的组织方式,对降低物流成本、优化社会库存配置、提高服务质量、提高企业的经济效益及社会效益具有重要的作用。

(一) 物流配送能有效降低供应链管理的物流成本

从供应链管理的角度看,在整个交易的构成中,实体物品的运输费用占据了很大一部分,因此交易主体通过各种途径努力降低物流费用。信息的及时传递和正确地进行物流规划,可以尽量减少不必要的实物转移,从而降低物流费用,而借助于物流配送能有效地降低从一方转移到另一方的实物运输成本。

(二) 物流配送能提高供应链管理对客户需求的快速反应能力

配送中心不仅与生产企业保持紧密的伙伴关系,而且直接与客户保持联系,能及时了解客户的需求信息,即配送中心与企业和客户均进行直接沟通。对于现在这样一个信息高速流通、技术进步快、消费需求多样且多变的环境,消费者要求所选购的商品能快速获得,以便能获取时间效用;而对生产企业来说,快速满足消费者需求的同时,为了降低生产成本而采用零库存生产、敏捷制造等先进生产方式,更要求加快物流速度。缩短物流周期比缩短制造周期更重要,这就要求在物流整个供应链上,各环节之间信息传递畅通,衔接紧密且传递环节少,强调协作以提高整体协同效率。

(三) 物流配送是实现"以客户为中心"理念的保证

供应链环境下,要求为客户提供全方位的服务,既包括仓储、运输服务,还包括配货、分发及与各种客户需要配套的服务,因此物流成为连接生产企业与最终用户的重要环节。电子商务的出现最大程度上方便了最终消费者,他们可以在网上方便地搜索、查看、挑选、支付完成购物过程,但是,如果网上购买的商品迟迟不能送达,消费者必然会转向更可靠的传统购物方式。我国1999年轰动一时的"72小时网络生存测试"充分说明了这一点。欧洲的电子商务开展得比日本早,但它们的电子商务公司普遍不如日本好,就因为它们缺乏像日本流通网络中的24小时便利店这类送货网络的支持。供应链管理对发达的物流配送有强烈的需求,物流业可以说面临着巨大的机遇。

二、供应链物流配送的特征

(一) 物流配送信息化

具体表现为物流配送信息的商品化、信息搜集的数据化和代码化、信息存储的数字化、信息处理的电子化和计算机化、信息传递的标准化和实时化等,并通过条码技术、数据库技术、电子数据交换、电子订货系统、快速反应等技术来实现。没有物流配送的信息化,任何先进的技术设备都不可能很好地完成物流配送任务。

(二) 物流配送网络化

网络化的基础是信息化。物流配送网络化,一方面,是指物流配送系统的计算机通信网络,包括物流配送中心与供应商或制造商的联系,以及与下游顾客的联系都要通过计算机网络通信。另一方面,是指企业内部联成一个整体网络,实现组织的网络化,使总部与物流配送中心、各门店之间形成一个有机网络,及时作出反应,提高物流配送效率。

（三）物流配送自动化

自动化的基础也是信息化，具体表现在很多工序无须人工操作，节省大量人力，同时扩大了物流作业能力，提高了劳动生产效率，有效减少物流作业的差错。通过条码、语音、自动识别系统、自动分拣系统、自动存取系统、货物自动跟踪系统等，可以有效地发挥物流配送中心的功能，形成较好的软件优势。

（四）物流配送柔性化

根据消费者需求的变化来建立配套的物流配送系统，根据消费者"多品种、小批量、多批次、短周期"的特点，灵活调节进货和存货，组织和实施物流作业，真正做到以顾客为中心。柔性化的物流系统正是为适应这种多样化的需求而发展起来的一种新型物流模式。

（五）物流配送智能化

库存水平的确定、运输路径的选择、自动导向车的运行轨迹和作业控制、自动分拣机的运行、配送中心经营管理的决策支持等问题，都需要借助大量的知识来解决。这是物流配送自动化、信息化的一种高层次应用。

三、第三方配送模式

第三方配送模式是指交易双方把自己需要完成的配送业务委托给第三方来完成的一种配送运作模式，其包括专门从事商品运输、库存保管、订单处理、流通加工、包装、配送、物流信息管理等物流活动的社会化物流系统。

（一）第三方配送模式的特点

第三方配送模式之所以将成为现代工商企业和电子商务企业进行货物配送的首选模式与方向，是因为第三方配送模式具有优越于其他配送模式的特征，具体表现如下。

（1）企业能够集中精力于核心业务。企业应把自己的主要资源集中于自己擅长的主业，而把物流配送等辅助功能外包给其他专业的物流配送公司。

（2）灵活运用新技术，实现以信息换库存，降低成本。第三方配送公司能以一种快速、更具成本优势的方式满足更新自己的资源或技能的需求，而这些服务通常都是生产厂商一家难以做到的。

（3）减少固定资产投资，加速资本周转。企业自营配送需要投入大量的资金购买硬件设备，建设仓库和信息网络等专业配送设施。使用第三方配送公司不仅可以减少设施的投资，还能够免去仓库和车队等方面的资金。

（二）第三方配送模式的运作方式

1. 企业销售配送模式

企业销售配送模式是工商企业将其销售物流业务外包给独立核算的第三方物流公司或配送企业运作。企业采购和供应物流配送业务仍由供应物流管理部门承担。企业销售配送模式如图4-8所示。

2. 企业供应配送模式

企业供应配送模式是由社会物流服务商对某一企业或者若干企业的供应需求实行统一订货、集中库存、准时配送或采用代存代供等其他配送服务的方式。企业供应配送模式运行情况如图4-9所示。

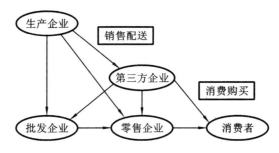

图 4-8　企业销售配送模式

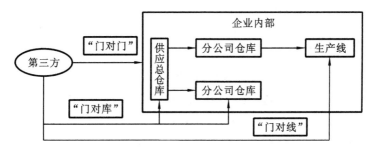

图 4-9　企业供应配送模式

企业供应配送模式按用户送达要求的不同可以分为以下几种形式。

(1)"门到门"供应配送:即由配送企业将用户供应需求配送到用户"门口",后续工作由用户自己去做。这种形式的供应配送在用户企业内部有可能进一步延伸成企业内的配送。

(2)"门对库"供应配送:由配送企业将用户供应需求直接配送到企业内部各个环节的仓库。

(3)"门到线"供应配送:由配送企业将用户的供应需求直接配送到生产线。显然,这种配送可以实现企业的零库存,对配送的准时性和可靠性要求较高。

3. 供应-销售物流一体化配送模式

供应-销售物流一体化配送是指第三方物流企业承担了用户企业的供应与销售物流。见图 4-10 所示。

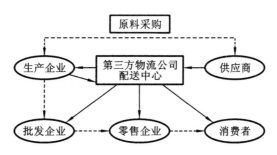

图 4-10　供应-销售物流一体化配送

随着物流社会化趋势,企业供应链管理的实施,除企业的销售配送业务社会化以外,企业供应配送也将社会化,即由第三方物流公司来完成。特别是工商企业和专职的第三方物流配送企业形成战略同盟关系后,供应-销售物流一体化配送所体现的物流集约化优势更为明显,即第三方物流在完成服务企业销售配送的同时,又承担用户物资商品内部供应的职能,也就是说,第三方物流既是用户企业产品销售的物流提供者,又是用户企业的物资商品供应代理人。这种供应-销售一体化的第三方物流配送模式是配送经营中的一种重要形式,它不仅有利于形成稳定的物流供需关系,而且更有利于工商企业专注于生产销售等核心业务的发展。同时,长期稳定的物流供需关系,还有利于实现物流配送业务的配送中心化、配送作业计划化和配送手段现代化,从而保持物流渠道的畅通稳定和物流配送运作的高效率、高效益、低成本。因而,现在的供应-销售物流一体化的第三方物流配送模式备受人们关注。当然,超大型企业集团也可自己运作供应和销售物流配送,但中小企业物流配送采用这个模式是绝对有利于企业降低供应成本、提升企业竞争力的。

【知识链接 4-3】

组 合 配 送

第三方物流企业的组合配送是指第三方物流企业根据采购方的小批量和多频次的要求,按照地域分布密集情况,决定供应方的取货顺序,保证JIT取货和配送。

适用情况与要求:拉式经营模式;小批量、多频次取货;"门到门"服务;运输时间代替仓储时间;组合后的最佳经济批量;GPS全程监控;订单处理增值服务。

根据供应商的分布和供应商的数量要求可分为三种运输方式:第一,对较小、较远且分布分散的供应商,确定一个聚合点,将小车里的零部件转配入大车,运送到工厂;第二,对较小、分布集中的供应商,采用多点停留,固定集配路线,将零部件集结运输;第三,对于主要供应商,即一天中需要多次运送的,直接送到工厂。

任务五 供应链环境下的营销管理

在传统的市场竞争法则中,达尔文"适者生存"的原则几乎更多地作用于企业的经营。不同零售商之间为市场统治权而争斗,批发商、制造商同样如此,甚至零售商、批发商和制造商这些产品供应的上下游环节也都把彼此视为对手,不断地讨价还价,要挟对方,以一种"互为成本"的关系存在。21世纪,企业虽仍旧立足于市场,但左右竞争的是价值、灵活性、速度和效率,这些都因为消费需求的影响而变得越发重要。取代企业个体之间相互竞争的是通过供应链联盟来增强竞争实力。实质上,随着企业间的对抗在供应链和供应链的基础上进行,竞争优势将由整个供应链获得。所以,实现供应链的一体化,再造供应链一体化营销管理新体系,成为每个企业无法回避的发展趋势。

一、供应链一体化营销管理的内容

以供应链一体化为基础的营销不是等待产品生产出来之后才开始寻找顾客并进行推销,而是以关键顾客和合适顾客的需要为起点,以顾客需求满足过程中的价值最大化为目标的全方位、全流程的互动活动。因此供应链一体化营销管理的内容可从如下几个方面体现:

1. 直面终端顾客,提供个性化服务,建立良好的顾客关系

首先通过顾客关系管理对顾客进行准确合理的分类和行为分析,然后根据企业合适顾客和关键顾客的需求特点进行产品的设计和服务,为了赢得顾客、赢得市场应该与顾客建立良好的关系,让顾客参与产品方案设计,知晓制造过程,进行顾客消费培训,对顾客的抱怨应及时响应,从而为他们提供个性化服务。直面终端顾客,提供个性化服务单靠一个企业是难以做到的,只有发挥供应链一体化的资源优势才能为顾客提供从产品设计到售后服务的全面服务。

2. 异业结盟,协同服务,实现顾客价值最大化

供应链的管理可降低整体物流成本和费用水平,加快资金周转率和信息传递,使供应链上的各项资源得到最大化的合理利用,因此全行业实行供应链管理是适应国际经济发展潮流、提高科学管理水平的最佳选择。在供应链管理环境下的企业各自都具有资源优势,它们也都愿意以自身的优势资源为其他企业提供支持和服务,追求以最低的成本、最快响应市场的速度,获得最大化的利益。因此它们不仅愿意与供应链中的企业结盟,而且也愿意与供应链之外的非同业结盟,组成异业同盟来实现营销目标。

3. 让供应链成为顾客化定制的生产线

以往产品的设计、生产、检测、包装、运输都是营销之前的事,营销只有等到产品出厂之后才开始。而供应链管理改变了产品设计、生产、储存、配送、销售、服务的方式,供应链一体化的营销是从产品的构思开始,根据顾客数据库的信息进行构思,与顾客开展"头脑风暴",让顾客参与设计、评价,围绕核心顾客进行生产和服务,而生产产品的其他品种和生产业务则通过业务外包形式分散到供应链上的其他有优势的企业去生产,从而使各企业都能通过供应链实现资源的最佳配置,保持库存最小化,以节约成本并提高效率。

4. 信息化库存使供应链成为库房

供应链一体化的物流管理的精髓是以信息代替库存,以供应链作为库房,实现物流的敏捷配送。信息化库存是依靠供应链一体化优势使产品开发、材料采购、生产计划、寻找供应商和生产商、融资、制造控制、包装、运输等在同一时间并行运作,从而使原材料能够准时送到加工厂,产品能够准时送到销售点,顾客能够便捷地购买到所需要的产品。在这个过程中,公司虽然没有建立庞大的库存厂房,但是信息化库存却使物流更具敏捷性,这样做的结果是公司节省了成本,顾客得到了最大收益。

5. 让供应链上的所有企业一齐为顾客服务

传统的营销模式中,供应链节点企业之间是一种基于价格与利润挤压的博弈关系,从供应商到终端顾客实质上是一条"博弈链",一方的获益往往是另一方的让利。但供应链一体化管理模式可以解决这种弊端,因为供应链的良好运作是以供应链成员企业间相互信任和相互合作为基础,供应链成员间形成的是信任与合作的双赢性战略联盟,其一方的成功是以自身的核心优势服务于另一方的成功,整个供应链的成功是以供应链上的每一个成员企业的成功为基础的,一方的失败或受损会导致其他企业甚至整个供应链的受损,它们是"一损俱损,一荣俱荣"的共生共赢的关系。如果供应链中的某企业违反供应链规则,压榨供应商或对顾客服务质量漠视,那么在现实环境下,将会被顾客所遗弃,这时供应链中的核心企业及其他成员将会采用一致行动,将其踢出供应链,因为它的存在可能造成供应链的崩盘。因此良性的供应链一体化应是通过供应链上各成员间的无缝连接,让所有企业一齐为顾客服务,使供应链中的每个成员在服务

好终端顾客中分享好处。

6. 通过现代信息技术提高顾客价值

现代信息技术是供应链一体化的纽带,利用现代信息技术能够使企业内部供应链顺畅连接,并且通过提供良好的在线顾客服务,让顾客能便捷地通过网络解决自己的问题。因此现代信息技术是提高顾客价值的一个重要方法。

二、供应链一体化对营销管理的影响

在全球市场竞争环境下,企业成功与否不再由"纵向一体化"的程度高低来决定,而是由企业积聚和使用的知识为产品或服务增值的程度来决定。企业在集中资源于自身核心业务的同时,通过利用其他企业的资源来弥补自身的不足,从而变得更具竞争力。但是,仍有不少的企业直到今天还认为降低库存成本、制造成本和运输成本与提高顾客服务质量之间是不可兼得的,因为它们认为降低成本可能意味着顾客的可得性降低;降低制造成本可能导致不能按照顾客个性化需求定制;降低运输成本意味着交货期延长,或不能按照顾客所要求的时间、地点准时交货。所有这些都是基于传统的"纵向一体化"管理模式的必然结论。事实上,在供应链环境下可以通过利用现代信息技术和选择合适的供应链设计来降低这些成本,且同时保持顾客服务水平不变甚至得到提高。也就是说在营销管理方面可通过供应链一体化的协调互动、资源优化配置和先进技术的应用来降低顾客成本,提高顾客价值,创造增值服务。具体表现在:

1. 改变传统价值标准,树立新的价值观念

客户满意度是衡量价值的标志,供应链管理要时时了解客户的价值标准,最大限度把满足客户的需求同提高企业的经营效益统一起来;应站在客户的立场,按照客户的需求,用客户的眼光看待生产经营,通过供应链一体化运作有机整合,合理分配,有序运作,为顾客提供个性化需求的高附加值的产品和服务;应跟踪客户需求,倾听市场的需求信息,发掘潜在客户,不断开拓市场,扩大市场份额;在供应链的每一个环节要杜绝一切无效流动与浪费,不增加不必要的开支;增加技术含量投入,增加服务投入,开展价值创新竞争;按照增值的要求进行企业业务流程重组。

2. 重视作为营销竞争主要手段的物流服务

物流作为一种先进的组织方式和管理技术,作为营销竞争的主要手段之一受到了前所未有的重视。目前,物流理论和实践得到了长足的发展。物流信息化管理通过条码和数控工具、GPS等现代管理工具与方法,已大大地提高了劳动生产效率,使营销成本因为物流效率的提高得到一定的降低。现代物流已被广泛认为是企业取悦顾客、强化价值主张的重要手段,并且是在降低物资消耗、提高劳动生产率以外的重要利润源泉。

3. 加强员工培训,实现营销目标

营销人员不仅仅是企业的员工,他们更是顾客的服务者。因此,企业应该聘请顾客喜欢的营销人员,顾客喜欢的营销人员就是企业的优秀员工。为使营销人员当好顾客消费方案的顾问,企业管理者的主要职责是培训员工为顾客服务的技巧,只有这样才能实现企业的营销目标。

4. 借助电子商务平台提高顾客服务质量

现代供应链管理最核心的本质是通过客户和供应商网络进行有效的协作。电子商务对于制造和分销的重要性无疑是先进的供应链管理。要想提高生产率、降低成本和增强客户服务,

必须加强对电子商务手段的有效利用。如果以高速、低成本与客户、供应商进行交流和协作是供应链管理成功的关键因素,那么完全电子化的供应链(e-chain)就是未来的发展方向,而eERP和电子商务平台的完美结合将是支持未来供应链管理的信息系统。

基本训练

1. 阅读理解
(1) 供应链物流配送的特征有哪些?
(2) 企业实行零库存管理的做法有哪些?
(3) 供应链管理环境下的生产计划有哪些特点?
(4) 什么叫联合采购?有哪几种模式?
(5) 简述供应商管理库存的含义及特点。

2. 判断题
(1) 中小企业物流配送走社会化之路,是绝对有利于企业降低供应成本、提升企业竞争力的。 ( )
(2) 实行零库存管理不需要改变员工观念。 ( )
(3) 供应商管理库存是为了适应供应链一体化而出现的一种全新的库存管理模式。 ( )
(4) 在供应链管理环境下,生产进度计划属于可共享的信息。 ( )
(5) 供应-销售物流一体化配送是指企业本身承担了用户企业的供应与销售物流。 ( )

3. 选择题
(1) 供应配送按用户送达要求的不同可以分为以下几种形式:(   )。
　　A. "门到门"供应配送　　　　　B. "门对库"供应配送
　　C. "门到线"供应配送　　　　　D. "门对户"供应配送
(2) 企业实行零库存管理,建议企业做好的工作是(   )。
　　A. 转变员工观念　　　　　　　B. 合理选择供应商
　　C. 建立由销售定生产的观念　　D. 严格奖惩制度
(3) 供应链管理环境下生产计划的制订过程中,主要面临三方面的问题:(   )。
　　A. 柔性约束　　　　　　　　　B. 生产进度
　　C. 生产能力　　　　　　　　　D. 市场需求
(4) VMI的主要特点是(   )。
　　A. 合作性　　　　　　　　　　B. 互利性
　　C. 互动性　　　　　　　　　　D. 协议性
(5) 目前,多品种的库存补货方法有(   )。
　　A. 随机补货　　　　　　　　　B. 联合补货法
　　C. 协同规划、预测和补给的补货法　D. 定期盘点法

4. 技能题(小项目)
实践训练:参观企业,请企业专家介绍本企业供应链管理情况。
实训目的:结合实际,了解企业在供应链管理环境下的生产运作管理、采购管理、库存管理

等方面的具体情况。

实训要求:熟悉实行供应链管理的企业在实际操作过程中的业务流程。

综合案例

案例1:希捷公司的库存策略

VMI(供应商管理库存)是建立需求驱动型供应链的关键组成部分,被越来越多的电子制造企业所采用。下面以全球著名的硬盘驱动器制造商希捷公司科技(简称希捷)作为研究案例,分析VMI的主要需求和实施方法,探讨通过成功实施这一策略所获得的潜在收益。

1. 希捷的VMI解决方案

希捷的制造策略是只关注给自己带来竞争力的关键技术和器件,而通过元器件和装配等由其供应商负责。希捷所面临的挑战是客户拥有广泛的产品线,而且这些产品的功能不断提升,产品生命周期越来越短。每周都有新产品推出,同时也有旧产品在不断淘汰。由此造成的结果是,希捷客户的需求变化越来越快,却很少提前通知,但是他们对希捷即时和准确出货仍抱有较高期望。

在传统按市场需求预测驱动的供应链里,这种需求波动导致库存过量、库存转移带来物流成本增加、高流程成本、高设施和相关资产投资成本等一系列问题。为解决这些问题,希捷开始建立需求驱动型供应链,并推行高效率的VMI项目。在这条供应链中,希捷设立了两个VMI中心,一个设在希捷与客户的供应链之间,成为JIT中心,由希捷自己负责管理;另一个设在希捷与其供应商之间,外包给第三方物流提供商管理。

通过推行需求驱动型供应链策略,希捷的供应链转变为拉动模式,完全根据客户实际需求制造和交付产品。实施VMI项目之后,希捷的信息和物品流动的方式发生了改变。在新的流程下,希捷客户发出提货信号,从希捷JIT中心提取硬盘产品,这个中心由希捷代表客户进行运作;当该中心库存量低于需求预测水平时,就会自动产生一个信号发给希捷工厂;希捷工厂向其VMI中心发出元件器件需求信号,而该VMI中心根据这一信号安排出货和向供应商发出新的采购需求;供应商根据采购需求交货到VMI中心,由VMI中心根据实际生产需求送往希捷的工厂生产成品;最后送到希捷JIT中心,根据客户订单进行交货。

2. 所获得的收益

由于实现客户订单信息在整条供应链中的实时传递,希捷可以完全根据客户的订单安排生产,从而为生产制造带来更多弹性,并大幅减少库存量。

在流程改善前,希捷需要30天的补货周期,包括:首先,每周将客户订单手工输入ERP系统,系统根据已有库存进行评估,手工进行计划安排;然后将更新之后的计划发送到那些需要了解订单最新变化的工厂主管,工厂对新信息进行响应,制定一个13周交货承诺时间表;最后,工厂根据新的时间表生产、包装和运输产品到库存中心。重新设计流程和实现运作自动化之后,希捷30天的补货周期减少了一半,同时,由于消除了手工操作,供应链团队不仅可以很快获得信息,而且减少了大量人工成本。比如流程改善之前,当希捷成品仓库收到一个客户订单信号时,希捷需要安排人员在ERP系统中输入销售订单的信息,并产生出货副本,为保证及时输入,希捷安排一个全职团队,将每周超过2万个客户提货需求输入到

ERP系统中,且耗费大量纸张生成出货副本以进行确认。借助自动化流程,希捷将人力和相关成本减少到50%以下。

通过采用需求驱动型供应链策略,希捷获得了令人瞩目的收益:在希捷将产量从每季度400万套增加到2 500万套的同时,供应链流程上的员工人数缩减了一半;年库存次数从8次增加到16次;很好地消除了关键元器件短缺的状况;客户整体满意度得以大幅提升。

这些收益归结为希捷有效地将供应链策略转变为以拉动式为基础的需求驱动策略,并执行了高效的VMI程序,实现了整个供应链端对端流程的自动化。希捷的供应商和客户有效地用信息代替了库存,他们团队将关注重点转移到异常管理,并持续优化这一程序,更进一步减少手工作业流程。

资料来源:沈莹《供应链管理》,134~135页,北京,北京交通大学出版社,2008。

问题

(1) 针对上述案例分析希捷公司库存管理策略。
(2) 围绕此案例说说学习库存管理的心得体会。

案例2:壳牌公司的采购外包管理

壳牌公司的加油站站点有850多个,出售各种品牌的汽油、食品和饮料,类似一个杂货店。当市场迅速膨胀时,许多后勤的日常事务和配送的流程提高了分立的程度和复杂性。每个星期一个网点从15个不同的分销商手中接收40次配送。可想而知,这样的协调工作,以及对许多网点列出共同管理的时间表,并进行控制和衡量是非常困难的。

壳牌公司的解决办法是分销的合理化。一个专门的后勤公司以5年10亿美元的报酬与壳牌公司订立了协议,该公司负责壳牌公司90%(即850个)的加油站点的非石油商品的配送。在合同中规定了该公司要确保每天7点左右,把商品送到加油站。这样每周比以前能节省8小时,一个加油站节省的金额相当于2%~3%的毛利。

问题

(1) 结合壳牌公司采购管理的变化,谈谈在供应链管理环境下采购有哪些特点?
(2) 在实行采购业务外包管理时,哪些业务可以外包?哪些不能外包?并简要说明理由。

综合实训

ERP沙盘模拟

一、训练目标

(1) 对企业经营管理有一个概略性的了解。
(2) 理解战略对于企业经营成败的重要性。
(3) 对企业的业务活动有明确的认识。
(4) 理解财务活动和业务活动之间的关系。
(5) 认识到每个职能角色在企业经营中所担负的职能及与其他职能部门间的关系。
(6) 作为组织中的一员,学会以全局的观点和共同的语言来处理问题。

二、训练方法

以模拟竞争体验为主,辅以引导、案例解析。

1. 有效引导

ERP沙盘模拟课程的讲授不同于传统的授课形式,整个课程分六个阶段展开,教师的角色随课程展开阶段不断变化,以有效引导教学进程。

2. 控制进程

课程以互动体验方式进行,由于受训知识、素质、性格特点本身的差异,会出现速度不均衡的情况,教师要按照教学进度要求控制企业经营活动的进行。

3. 现场案例解析

课程的精彩在于现场案例的抓取和解析,如果能够点到"痛"处,给受训者的感受是最强烈的。

三、培训设施及工具

1. 培训场地

培训场地:100~200平方米。

现场部署示意图如图4-11所示。

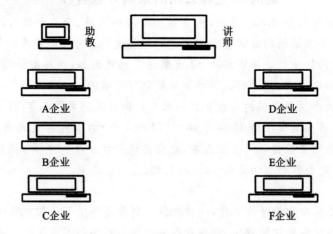

图4-11 现场部署示意图

2. 培训用品

学员需要6张桌子;教师需要1~2张桌子;外部合作单位需要1张桌子;另备茶水桌;教师用的创业者沙盘分析工具;教师授课需要的计算机和投影仪等相关电子设备;学生用的学员手册。其他工具见表4-2。

表4-2 培训用品

序号	品名	数量	序号	品名	数量
1	沙盘分析工具	1套	9	A4白纸	50张
2	投影仪	1台	10	签到表	1张
3	计算机	最好7~8台,最少2台	11	培训效果评估表	按学员人数准备
4	音响设备	1套	12	沙盘AV	1张

续表

序号	品　名	数　量	序号	品　名	数　量
5	白板	1个	13	学生手册	按学员人数准备
6	白板笔	红、蓝各1支	14	铅笔	按学员人数准备
7	学员用白板笔	每组1支共6支	15	演讲伙伴	1位
8	海报纸及铁夹	30张			

说明：计算机最好每组1台，讲师及助教各1台，共8台；如果条件不具备，应保证讲师及助教的2台。

四、培训内容大纲

1. 教学准备

(1) 组织方预先按要求准备好学员信息。

(2) 培训现场初始状态设置、课程导入：ERP沙盘模拟课程简介。

2. 企业组建

(1) 学员分组。

(2) 确定角色，明确角色职责。

3. 模拟企业概况

企业基本情况包括产品、市场、生产设施、股东期望、财务状况及经营成果等方面的情况。

4. 企业竞争规则

市场规则、订单竞争规则、产品研发、设备投资、产品加工、材料采购、企业融资、会计核算。

5. 企业运营流程

(1) 按企业运营流程进行教学年经营：年初→每季度→年末→报表编制。

(2) 企业运营：①企业总体规划；②订货会议；③监控企业运营进程；④企业经营过程记录。

(3) 现场案例讲评：①企业经营的本质；②企业生存的基本条件；③利润与现金流。

6. 课程总结

(1) 企业经营分析自我剖析。

(2) 课程价值分析。

项目五
供应链管理中信息技术的运用

GONGYINGLIAN
GUANLI
SHIWU

◎ 了解制造业、零售业供应链管理的特点
◎ 明确供应链管理信息技术支撑体系
◎ 熟知企业资源规划、流程再造的基本概念
◎ 掌握几种常用的供应链管理应用系统

◎ 分析供应链管理中的信息技术,构建各种供应链管理应用系统
◎ 基于供应链管理应用系统,掌握制造业和零售业供应链管理的特点与方法

引例

海尔:基于信息技术的一体化供应链管理

作为我国乃至世界上很有影响力的家电制造厂商,海尔(海尔集团)一直处于国内外同行业的激烈竞争中。降低制造成本的可能性已经非常有限,为了保证企业的生存和发展,物流能力的开发与提升成为海尔新战略的一个重要组成部分。

1999 年开始,海尔经历了专门的物流推进重组、供应链管理、物流产业化这三个发展阶段。到 2002 年,海尔集团平均每个月接到 6 000 多个销售订单,订单的品种达 7 000 多个,需要采购的物料品种达 26 万余种。海尔物流自整合以来,呆滞物资降低了 73.8%,仓库面积减少了 50%,库存资金减少了 67%。海尔国际物流中心货区面积为 7 200 平方米,其吞吐量相当于原来普通平面仓库的 30 万平方米。同样的工作量,海尔国际物流中心只有 10 个叉车司机,而按原来的模式,一般仓库至少要有上百人。短短两三年达到这样的成绩,都得益于海尔物流管理体系的发展。

在家电激烈竞争的环境下,海尔集团在战略上不断寻求新的、更有利的经营途径。在关键的物流与供应链管理环节,海尔结合信息技术实施统一采购、统一原材料配送等措施使内外部资源得以整合和优化,使采购、生产支持和物资配送实现战略一体化。

海尔在短短几年内取得了显著的成绩,也打响了海尔物流这一金字招牌,创出了名声,被中国物流与采购联合会授予首家"中国物流示范基地"称号以及"科学技术奖"一等奖,在我国的物流领域树立了海尔物流这面旗帜,对企业的发展起到了积极的作用。

资料来源:http://wenku.baidu.com/view/6403a353ad02de80d4d84049.html

从这一案例我们可以悟出:在企业内部以及与外部连接的平台上,各种先进的物流技术和计算机自动控制设备的运用不但降低了人工成本,提高了劳动效率,还直接提升了物流过程的精细化水平。计算机管理系统搭建了沟通海尔集团内外的信息高速公路,将电子商务平台获得的信息迅速转化,以信息代替库存,达到零营运资本的目的。

任务一 供应链管理与信息系统

一、信息技术的发展及其应用

(一) 信息技术的发展

信息技术(IT)奠定了信息时代发展的基础,同时又促进了信息时代的到来,它的发展及全球信息网络的兴起,把全球的经济、文化联结在一起。任何一个新的发现、新的产品、新的思想、新的概念都可以立即通过网络、通过先进的信息技术传遍世界。经济国际化趋势日渐显著,使得信息网络、信息产业的发展更加迅速,使各行业、产业结构乃至整个社会的管理体系发生深刻变化。现代信息技术是一个内容十分广泛的技术群,它包括微电子技术、光电子技术、通信技术、网络技术、感测技术、控制技术、显示技术等。21世纪,企业管理的核心必然是围绕信息管理来进行的。最近几年,技术创新成为企业改革的最主要形式,而信息技术的发展直接影响企业的改革和管理。不管是计算机集成制造(CIM)、电子数据交换(EDI)、计算机辅助设计(CAD),还是制造业执行信息系统(EIS),信息技术革新都已经成为企业组织变革的主要途径。

(二) 信息技术与供应链管理

信息技术在供应链管理中的应用可以从两个方面理解:一是信息技术的功能对供应链管理的作用,如 Internet、多媒体、EDI、CAD、CAM(计算机辅助制造)、ISDN(综合业务数字网)等的应用;二是信息技术本身所发挥的作用,如 CD-ROM、ATM、光纤等的应用。信息技术特别是最新的信息技术(如多媒体、图像处理和专家系统)在供应链中的应用,可以大大减少供应链运行中的不增值行为。

根据信息技术在供应链管理主要领域的应用,可以归纳出图 5-1 所示的应用领域。

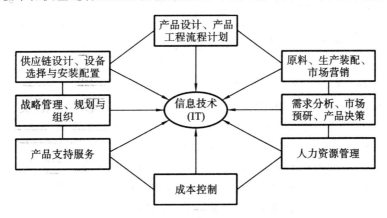

图 5-1 IT 在供应链管理中的应用示意图

从图 5-1 可以很容易地看出,供应链管理涉及的主要领域有产品、生产、财务与成本、市场营销、策略流程、支持服务、人力资源等多个方面,通过采用不同的信息技术,可以提高这些领域的运作绩效。

EDI是供应链管理的主要信息手段之一,特别是在国际贸易中有大量文件传输的条件下。CAD、CAE(计算机辅助工程)、CAM、EFT和多媒体的应用可以缩短订单流的提前期,如果把交货看作一个项目,为了消除物料流和信息流之间的障碍,就需要应用多媒体技术、共享数据库技术、人工智能、专家系统和CIM。这些技术可以改善企业内和企业之间计算机支持的合作,从而提高整个供应链系统的效率。

供应链管理强调战略伙伴关系的管理,这意味着要处理大量的数据和信息才能作出正确的决策去实现企业目标。如电话会议、网页浏览器、多媒体、网络通信、数据库、专家系统等,可以用以收集和处理数据。决策的准确度取决于收集的内、外部数据的精确度和信息交换的难易度。

EDI和EFT应用在供应链管理当中可以提高供应链节点企业之间资金流的安全性和交换的快速性。

生产过程中的信息量大而且繁杂,如果处理不及时或处理不当,就有可能出现生产的混乱、停滞等现象,MRPII、JIT、CIMS、MIS等技术的应用就可以解决企业生产中出现的多种复杂问题,提高企业生产和整个供应链的柔性,保证生产及供应链的正常运行。

供应链设计当中运用CIM、CAD、Internet、E-mail、专家支持系统等技术,有助于供应链节点企业的选择、定位和资源、设备的配置。决策支持系统(DSS)有助于核心企业及时和正确地进行决策。

【案例分析5-1】
联华战略联盟的供应链价值分析

瞄准国际化,打造国内领先的供应链管理体系,支撑联华跨地区发展战略的顺利实施。2009年4月5日,连续八年排名中国连锁业百强首席的联华超市与全球最大的IT公司IBM,以及台湾特力集团联手,就共同打造联华具有国际水准的供应链管理体系,正式签订战略合作协议书。

此番合作是目前中国零售业首创的战略合作项目。项目为期6年,总投资约1.2亿元,将按照建设进度逐步投入。项目主要依托IBM公司领先的信息技术及台湾特力集团丰富的零售经验及其成熟的供应链应用技术,建立联华超市旗下的大型综合超市业态的电子订单处理、网上对账及结算、数据分析及共享等供应链管理及其支撑体系,依据这样的平台向联华超市托管的世纪联华提供管理支撑,并进一步向超级市场和便利业态延伸。所构建的供应链管理系统可处理的交易金额将超过700亿元。此举所形成的持续性回报对联华超市未来的发展具有深远的战略意义。

早在几年前,联华超市就与光明乳业、可口可乐、达能和宝洁等一批品牌供应商在供应链协同方面进行探索性合作。而大型综合超市作为联华跨地区发展的主力业态,担当着全国拓展的战略任务,发展地域和管理跨度大,因此,建立强大、高效的供应链管理体系就显得尤为重要。该项目的建立可通过信息处理平台,整合所有卖场和供应商之间的交易数据,大大提高"下单—供货—对账"信息交换的准确性和及时性,对供应商提供完整的销售及库存信息,使商品从采购到销售终端的过程管理进一步透明化,提高双方对供应链的预测和优化能力,从而降低运营成本,提高效益,使工商关系得到改善,形成协同效应。IBM(中国)公司在中国建有完善的数据中心,能及时跟进联华的跨地区发展,为联华全国战略提供强有力的保障体系。

资料来源:http://www.docin.com/p-93863954.html

分析

零售行业的竞争已经深入到各个层面,利用信息技术建立统一的供应链管理平台,已经成为大型零售企业参与竞争的重要技术支撑。目前,国际大型零售集团如沃尔玛、家乐福都建有强大的供应链管理平台。此项战略合作项目的启动,标志着国内与国际零售商的竞争已经上升到针对各环节的管理竞争阶段。

二、供应链管理信息技术支撑体系

(一)基于 EDI 的供应链管理信息技术支撑体系

国际标准化组织(ISO)将 EDI 定义为:将商业或行政事务处理,按照一个公认的标准,形成结构化的事务处理或信息数据格式,从计算机到计算机的数据传输。图 5-2 为 EDI 系统原理与组成示意图。

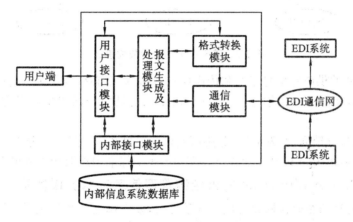

图 5-2　EDI 系统原理与组成

在供应链管理的应用中,EDI 是供应链企业信息集成的一种重要工具,一种在合作伙伴企业之间交互信息的有效技术手段,特别是在全球进行合作贸易时,它是在供应链中连接节点企业的商业应用系统的媒介。利用 EDI,可以快速获得信息,提供更好的服务,减少纸面作业,更好地沟通和通信,提高生产率,降低成本,并且能为企业提供实质性的、战略性的好处,如改善运作、改善与客户的关系、提高对客户的响应速度、缩短事务处理周期、减少订货周期、减少订货周期中的不确定性、增强企业的国际竞争力等。

供应链中的不确定因素是最终消费者的需求,必须对最终消费者的需求作出尽可能准确的预测,供应链中的需求信息都源于且依赖于这种需求预测。利用 EDI 相关数据进行预测,可以减少供应链系统的冗余性,因为这种冗余可能导致时间的浪费和成本的增加。通过预测信息的利用,用户和供应商可以一起努力缩短订单周期。

将 EDI 和企业的信息系统集成起来能显著提高企业的经营管理水平。如美国的福特公司把 EDI 视为精细调整 JIT 的关键,DEC 公司也把 EDI 和 MRP 连接起来,使 MRP 实现了电子化,公司库存因而减少 80%,交货时间缩短 50%。通用电器公司利用 EDI,使采购部门的工作效率提高了,节约了订货费用和人力成本。

基于 EDI 的信息集成后,供应链节点企业之间与有关商务部门之间也实现了集成,形成一个集成化的供应链,如图 5-3 所示。其基本过程是先将企业各子公司和部门的信息系统组成局域网(LAN),在局域网的基础上组建企业级广域网(WAN),http://www.bcl-computers.

com/相当于 Intranet,再和其他相关的企业和单位连接。和其他企业的通信连接方式通过增值网(EDI 中心)或 Internet 进行。随着 Internet 的发展,传统的客户/服务器模式 EDI 也将向 Browser/server 模式转变。

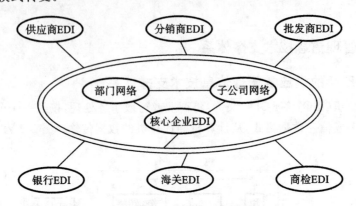

图 5-3 基于 EDI 的企业集成模式

建立基于 EDI 的供应链信息组织和传递模式,各企业都必须遵守统一的商业操作模式(标准),采用标准的报文形式和传输方式,目前广泛采用的是联合国贸易数据交换标准——UN/EDIFACT。

供应商和用户(分销商、批发商)一起协商确定标准报文,首先用户(分销商、批发商)提供商品的数据结构,然后由 EDI 标准专业人员在 EDIFACT 标准中选取相关的报文、段和数据元。

(二) 基于 Internet/Intranet 的供应链管理信息技术支撑体系

实施供应链管理的企业在构建管理信息系统时,要正确处理各种关系,并充分考虑各种因素的影响程度。根据企业所处环境、自身条件和营销策略,建立一种现代企业的管理信息系统,这包括企业经营观念、方式和手段的转变,它将产生新的深层次变革。一般企业可以通过高速数据专用线连接到 Internet 骨干网中,通过路由器与自己的 Intranet 相连,再由 Intranet 内的主机或服务器为其内部各部门提供存取服务。

根据该结构,我们可以在供应链企业中充分利用 Internet 和 Intranet 建立三个层次的管理信息系统。

1. 外部信息交换

企业首先应当建立一个 Web 服务器(Internet 和 Intranet 软件的主要部分)。通过 Internet,一方面完成对企业在不同地域的分销商、分支机构、合作伙伴的信息沟通与控制,实现对重要客户的及时访问与信息收集;另一方面可以实现企业的电子贸易,在网上进行售前、售中、售后服务及金融交易。这一层的工作主要由企业外部的 Internet 信息交换来完成。企业需要与交换对象签订协议,规定信息交换的种类、格式和标准。

2. 内部信息交换

管理信息系统的核心是企业的 Intranet,因为企业的事务处理、信息共享、协同计算都是建立在 Intranet 的基础上的,与外部交换信息也是以 Intranet 组织的信息为基础的。因此,企业建立硬件框架之后的关键工作就是要决定在 Internet 上共享信息的组织形式。信息处理系统主要完成数据处理、状态统计、趋势分析等任务。它们以往大部分由企业部门内部独立的个人计算机应用系统组成,主要涉及企业内部所有部门的业务流程。它们所处理的信息是企业内部 Intranet 信息共享的主要对象。

3. 信息系统的集成

在集成化供应链管理环境下,要实现企业内部独立的信息处理系统之间的信息交换,就需要设计系统之间信息交换的数据接口。以往企业各部门的信息系统往往由于系统结构、网络通信协议、文件标准等环节的不统一而呈现分离的局面,而通过 Internet 的标准化技术,Intranet 将以更方便更低成本的方式来集成各类信息系统,更容易达到数据库的无缝连接,使企业通过供应链管理软件使内外部信息环境集成为一个统一的平台整体。

当客户用浏览器浏览页面时,通过 Web 服务器 CGI 激活应用服务器,调用其中已定义好的应用处理(CGI 脚本或 PB60 应用等),处理完毕,执行结果以 HTML 格式返回 Web 服务器,Web 服务器再将 HTML 格式的文件发布给用户,客户端用浏览器接收结果。

任务二 供应链管理应用系统

一、经理信息系统

(一) 经理信息系统的定义

经理信息系统(executive information system,EIS)是用于提供经理决策所需要的信息的系统,也称为高级管理人员信息系统或主管信息系统。经理信息系统与智能子系统的关系如图 5-4 所示。

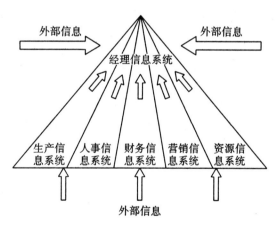

图 5-4 经理信息系统与智能子系统的关系

(二) 经理信息系统的特点

EIS 作为支持高层管理的计算机工具,要适合经理直接使用而不通过中间环节的要求,应具有以下特点:

(1) 能存取和集合大范围的系统内、外部数据;
(2) 能对数据进行提取、过滤和压缩,并能跟踪重要数据;
(3) 提供联机检索、趋势分析和非常规报表;
(4) 具有友好的人机界面,让用户易学易用甚至不学即用;

(5) 提供图表和文本信息;

(6) 提供其他功能,如支持电子通信(如电子邮件),有独立的数据处理分析工具(如电子表格)、其他办公计算工具等。

为实现 EIS 的基本功能,不仅要从企业内部数据库中提取数据,而且要广泛地收集企业外部环境信息。EIS 的数据提取模式如图 5-5 所示。

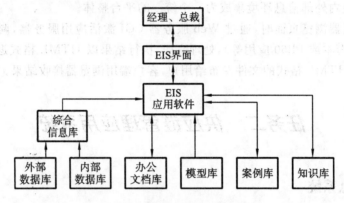

图 5-5　EIS 的数据提取模式

(三) 经理信息系统在企业中的作用

归纳起来,EIS 在企业中的作用主要体现在以下几个方面。

1. 方便数据的收集和加工

EIS 提供给高级经理的是数据加工工具,而不是事先约定一个专门的问题再给出答案。经理可以根据个人需要随意地对问题进行加工。在思考问题和做出决策时,经理把系统作为他们个人能力的延伸。EIS 不是做决策的系统,而是辅助高级经理做决策的工具。

2. 增强分析、比较、预测的能力

EIS 的一个最明显的优点是它的分析、比较及预测某种趋势的能力较强。用户可以很方便地利用图形输出结果,用较少的时间浏览更多的数据信息,而且这种方式比完全是数字的报告系统所提供的信息更清晰、内涵更多。如果不使用 EIS,经理要得到同样的一些数据信息,他的下属职员要花费几天甚至几周的时间。有了 EIS,就可以节省很多时间,经理和他的下属职员可以利用省下来的时间去做那些创造性的分析和决策工作,而且 EIS 所具有的"漫游"能力能够提高经理分析问题和做出决策的质量。

3. 监控组织运作

经理们还可以利用 EIS 在其责任范围内更有效地监控组织的运作情况。EIS 就好像是一个监视器,监视组织中的主要运行指标,它可以及时有效地获得数据,以便尽早发现问题,采取措施,使问题可以在其产生严重后果之前得以解决,同时也可以更早地发现机遇。

4. 下放决策权限,提高管理绩效

EIS 可以改变组织的工作方式,也可以非常及时地存取大量的数据,可以改善下属部门向经理汇报日常运行情况的方式,使经理能够更好地监控组织的运行情况。正是这种监控能力使决策可以分散进行,甚至可以发生在运作层。经理们通常也都愿意将决策工作逐级分解,让组织中的下属经理们也参与其中,EIS 能使这一切得到实现。一个好的 EIS 能够极大地改善管理

绩效,提高高层管理者的控制范围。

尽管如此,目前国内对经理信息系统基本上还停留在研究与讨论的阶段,少数报道的 EIS 例子与目标尚有较大的差距。究其原因,技术上,开发 EIS 难度很大,费用也很高;需求上,还没有被高层管理者普遍重视起来。但是有理由相信,随着信息化的普及和信息技术的迅速发展,EIS 必将成为有前途的增长领域。

二、决策支持系统

(一) 决策支持系统的定义

DSS(decision support system)即决策支持系统,是在半结构化和非结构化决策活动过程中,通过人机对话,向决策者提供信息,协助决策者发现和分析问题,探索决策方案,评价、预测和选择方案,以提高决策有效性的一种以计算机为手段的信息系统。

(二) 决策支持系统的功能

决策支持系统具有以下功能:

(1) 管理并随时提供与决策问题有关的组织内部信息;
(2) 收集、管理并提供与决策问题有关的组织外部信息;
(3) 收集、管理并提供各项决策方案执行情况的反馈信息;
(4) 能以一定的方式存储和管理与决策问题有关的各种数学模型;
(5) 能够存储并提供常用的数学方法及算法;
(6) 上述数据、模型与方法能容易地被修改和添加;
(7) 能灵活地运用模型与方法对数据进行加工、汇总、分析、预测,得出所需的综合信息与预测信息;
(8) 具有方便的人机对话和图像输出功能,能满足随机的数据查询要求;
(9) 提供良好的数据通信功能,以保证及时收集所需数据并将加工结果传送给使用者;
(10) 具有使用者能忍受的加工速度与响应时间,不影响使用者的情绪。

(三) 决策支持系统的基本模式与结构

决策支持系统的基本模式反映了 DSS 的形式及其与"真实系统"、人和外部环境的关系,其建立是开发中最初阶段的工作,它通过对决策问题与决策过程的系统分析来描述。决策支持系统的基本模式如图 5-6 所示,决策支持系统的结构如图 5-7 所示。

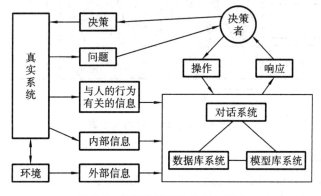

图 5-6 决策支持系统的基本模式

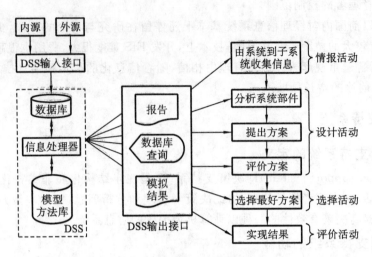

图 5-7 决策支持系统的结构

三、有效客户反应和快速反应

(一) 有效客户反应

ECR(efficient consumer response)即有效客户反应,它是在食品杂货分销系统中,分销商和供应商为消除系统中不必要的成本和费用,给客户带来更大效益而进行密切合作的一种供应链管理战略。具体地说,实施 ECR 需要将条码、扫描技术、POS 系统和 EDI 结合起来,在供应链之间建立一个无纸系统,以确保产品能不间断地由供应商流向最终客户,同时信息流能够在开放的供应链中循环流动。

ECR 的战略主要集中在以下四个领域,也被称为 ECR 的四大"支柱",如图 5-8 所示。

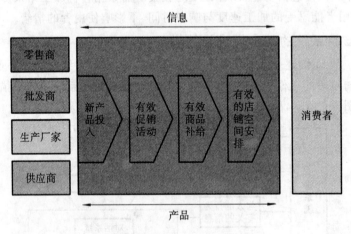

图 5-8 实施 ECR 的四大要素

(二) 快速反应

快速反应(quick response)是制造商为了在精确的数量、质量和时间的要求条件下为客户提供产品,将订货提前期、人力、物料和库存的花费降低到最小的一种供应链管理战略。同时

QR强调系统的柔性以便满足竞争市场的不断变化,要求供应商、制造商以及分销商紧密合作,通过信息共享共同预测未来的需求,并且持续监视需求的变化以获得新的机会。

【案例分析 5-2】

家乐福:从 VMI 中受益无穷

家乐福在引进 QR 系统后,一直努力寻找合适的战略伙伴以实施 VMI 计划。经过慎重挑选,家乐福最后选择了其供应商——雀巢公司。就家乐福与雀巢公司以前的关系而言,双方只是单纯的买卖关系,唯一特殊的是,家乐福对雀巢来说是一个重要的零售商客户。在双方的业务往来中,家乐福具有十足的决定权,决定购买哪些产品品种与数量。

两家公司经协商,决定由雀巢建立整个 VMI 计划的机制,总目标是提高商品的供应效率,减少家乐福的库存天数,缩短订货前置时间,以及降低双方物流作业的成本率等。

由于双方各自有独立的内部 ERP 系统,彼此并不相容,因此家乐福决定与雀巢以 EDI 连线方式来实施 VMI 计划。在 VMI 系统的经费投入上,家乐福主要负责 EDI 系统建设的花费,没有其他额外的投入;雀巢公司除了 EDI 建设外,还引进了一套 VMI 系统。经过近半年的 VMI 实际运作后,雀巢对家乐福配送中心产品的到货率由原来的 80% 左右提升至 95%(超过了目标值)。家乐福配送中心对零售店铺产品到货率也由原来的 70% 提升至 90% 左右,并仍在继续改善中;库存天数由原来的 25 天左右减少到 15 天以下,在订单修改方面也由 60%~70% 下降为现在的 10% 以下,而每日的商品销售额则上升了 20% 左右。总体而言,VMI 使家乐福受益无穷,极大地提升了其市场反应能力和市场竞争能力。

相对家乐福的受益而言,雀巢公司也受益匪浅。最大的收获便是在与家乐福的关系改善方面。过去雀巢与家乐福只是单向买卖关系,所以家乐福要什么就给它什么,甚至是尽可能地推销产品,彼此都忽略了真正的市场需求,导致好卖的商品经常缺货,而不畅销的商品却有很多存货。这次合作使双方愿意共同解决问题,从而有利于从根本上改进供应链的整体运作效率,并使雀巢容易获取家乐福的销售资料和库存情况,以更好地进行市场需求预测和采取有效的库存补货计划。

资料来源:http://www.docin.com/p—552145578.html

分析

VMI 是 QR 系统的一种重要物流运作模式,也是 QR 走向高级阶段的重要标志。VMI 的核心思想在于零售商放弃商品库存控制权,而由供应商掌握供应链上的商品库存动向,即由供应商依据零售商提供的每日商品销售资料和库存情况来集中管理库存,替零售商下订单或连续补货,从而实现对顾客需求变化的快速反应。VMI 不仅可以大幅改进 QR 系统的运作效率,即加快整个供应链面对市场的回应速率,较早地得知市场准确的销售信息;而且可以最大化地降低整个供应链的物流运作成本,即降低供应商与零售商因市场变化带来的不必要的库存,达到挖潜增效、开源节流的目的。

四、电子订货系统

(一) 电子订货系统的定义

电子订货系统(electric ordering system,EOS)是零售业与批发业之间通过增值网或互联网和终端设备以在线联结的方式将各种信息从订货到接单,用计算机进行处理的系统。

(二) 电子订货系统的运作方式

EOS 并非由单个的零售店与单个的批发商组成的系统,而是由许多零售店与许多批发商组成的大系统的整体运作方式。EOS 基本上是在零售的终端利用条形码阅读器获取准备采购的商品条形码,并在终端机上输入订货资料;利用电话线通过调制解调器传到批发商的计算机中;批发商开出提货传票,并根据传票同时开出拣货单,实施拣货,然后依据送货传票进行商品发货;送货传票上的资料便成为零售商的应付账款资料及批发商的应收账款资料,并接到应收账款的系统中去;零售商对送到的货物进行检验后,便可以陈列与销售了。

(三) 电子订货系统的基本框架

EOS 按应用范围可分为:企业内的 EOS(如连锁店经营中各个连锁分店与总部之间建立的 EOS);零售商与批发商之间的 EOS;零售商、批发商和生产商之间的 EOS。EOS 的基本框架如图 5-9 所示。

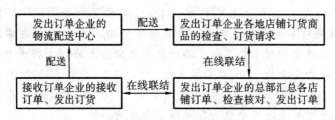

图 5-9　EOS 的基本框架

(四) 电子订货系统的作用

EOS 能及时准确地交换订货信息,它在企业物流管理中的作用如下。

(1) 对于传统的订货方式,如上门订货、邮寄订货、电话订货、传真订货等,EOS 可以缩短从接到订单到发出订货的时间,缩短订货商品的交货期,减少商品订单的出错率,节省人工费用。

(2) 有利于减少企业的库存水平,提高企业的库存管理效益,同时也能防止商品特别是畅销商品缺货现象的出现。

(3) 对于生产厂家和批发商来说,通过分析零售商的商品订货信息,能准确判断畅销商品和滞销商品,有利于企业调整商品生产和销售计划。

(4) 有利于提高企业物流信息系统的效率,使各个业务信息子系统之间的数据交换更加便利和迅速,丰富企业的经营信息。

(五) 电子订货系统的网络应用

EOS 能处理从新商品资料的说明直到会计结算等所有商品交易过程中的作业,可以说 EOS 涵盖了整个商流。在寸土寸金的情况下,零售业已没有许多空间用于存放货物,在要求供货商及时补足售出商品的数量且不能有缺货的前提下,更需要采用 EOS。EOS 包含许多先进的管理手段,因此在国际上使用非常广泛,并且越来越受到商业界的青睐。

电子订货系统的网络应用如图 5-10 所示。

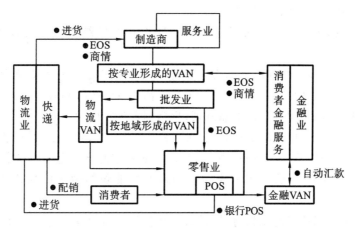

图 5-10 电子订货系统的网络应用

【小思考 5-1】

企业在应用 EOS 时应注意哪些问题?

答 企业在应用 EOS 时应注意以下几点。

(1) 订货业务作业的标准化,这是有效利用 EOS 的前提条件。

(2) 商品代码的设计。在零售行业的单品管理方式中,每一个商品品种对应一个独立的商品代码,商品代码一般采用国家统一规定的标准。对于统一标准中没有规定的商品则采用本企业自己规定的商品代码。商品代码的设计是应用 EOS 的基础条件。

(3) 订货商品目录账册(order book)的制作和更新。订货商品目录账册的设计和运用是 EOS 成功的重要保证。

(4) 计算机,订货信息输入、输出终端设备的添置,以及 EOS 设计是应用 EOS 的基本条件。需要制定 EOS 应用手册并协调部门间、企业间的经营活动。

五、销售时点信息系统

(一) POS 系统的概念

销售时点信息(point of sale,POS)系统是指通过自动读取设备(如收银机)在销售商品时直接读取商品销售信息(如商品名、单价、销售数量、销售时间、销售店铺、购买顾客等),并通过通信网络和计算机系统传送至有关部门进行分析加工以提高经营效率的系统。

POS 系统最早应用于零售业,以后逐渐扩展至其他如金融、旅馆等服务性行业,利用 POS 信息的范围也从企业内部扩展到整个供应链。下面以零售业为例对 POS 系统进行说明。

(二) POS 系统的运行步骤

POS 系统的运行由以下五个步骤组成。

第一步,店内销售商品都贴有表示该商品信息的条形码标签或 OCR 标签。

第二步,在顾客购买商品结账时,收银员使用扫描读数仪自动读取商品条形码标签或 OCR 标签上的信息,通过店铺内的微型计算机确认商品的单价,计算顾客购买总金额等,同时返回给收银机，打印出顾客购买清单和付款总金额。

第三步，各个店铺的销售时点信息通过 VAN 以在线联结方式即时传送给总部或物流中心。

第四步，在总部，物流中心和店铺利用销售时点信息来进行库存调整、配送管理、商品订货等作业。通过对销售时点信息进行加工分析来掌握消费者的购买动向，找出畅销商品和滞销商品，以此为基础，进行商品品种配置、商品陈列、价格制定等方面的作业。

第五步，在零售商与供应链的上游企业（批发商、生产厂家、物流业者等）结成协作伙伴关系（也称为战略联盟）的条件下，零售商利用 VAN 以在线联结的方式把销售时点信息即时传送给上游企业。这样上游企业可以利用销售现场的最及时准确的销售信息制订经营计划、进行决策。

例如，生产厂家利用销售时点信息进行销售预测，掌握消费者的购买动向，找出畅销商品和滞销商品，把销售时点信息（POS 信息）和订货信息（EOS 信息）进行比较分析，以把握零售商的库存水平，以此为基础制订生产计划和零售商库存连续补充计划（CRP）。

（三）POS 系统的特征

1. 单品管理、职工管理和顾客管理

零售业的单品管理是指对店铺陈列展示销售的商品以单个商品为单位进行销售跟踪和管理的方法。由于 POS 信息及时准确地反映了单个商品的销售信息，因此 POS 系统的应用使高效率的单品管理成为可能。

职工管理是指通过 POS 终端机上的计时器的记录，依据每个职工的出勤状况、销售状况（以月、周、日甚至时间段为单位）进行考核管理。

顾客管理是指在顾客购买商品结账时，通过收银机自动读取零售商发行的顾客 ID 卡或顾客信用卡来把握每个顾客的购买品种和购买额，从而对顾客进行分类管理。

2. 自动读取销售时点的信息

在顾客购买商品结账时，POS 系统通过扫描读数仪自动读取商品条形码标签或 OCR 标签上的信息，在销售商品的同时获得实时的销售信息是 POS 系统的最大特征。

3. 信息的集中管理

在各个 POS 终端获得的销售时点信息以在线联结方式汇总到企业总部，与其他部门发送的有关信息一起由总部的信息系统加以集中并进行分析加工，如把握畅销商品、滞销商品以及新商品的销售倾向，对商品的销售量和销售价格、销售量和销售时间之间的相关关系进行分析，对商品店铺陈列方式、促销方法、促销时间、竞争商品的影响进行相关分析等。

4. 连接供应链的有力工具

供应链参与各方合作的主要领域之一是信息共享，而销售时点信息是企业经营中最重要的信息之一，通过它能及时把握顾客的需求信息，供应链的参与各方可以利用销售时点信息并结合其他的信息来制订企业的经营计划和市场营销计划。

目前，领先的零售商正在与制造商共同开发一个整合的物流系统——CFAR（整合预测和库存补充，collaboration forecasting and replenishment）系统，该系统不仅分享 POS 信息，而且进行市场预测，分享预测信息。

(四) POS 系统的组成结构

商业 POS 系统分为硬件和软件两个部分。

硬件是一个计算机网络系统,既可以是集中式的大系统,也可以用微型机连成的局域网,这要视商场的规模、信息量、处理量和资金投入而定,但大致可分为以下三大组成部分(见图5-11)。

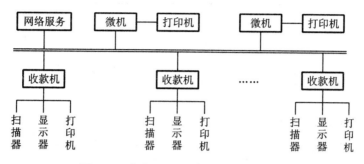

图 5-11　商业 POS 系统硬件组成示意图

(1) 前台收款机,可采用具有顾客显示屏和票据打印机、条形码扫描器的 POS 机型。条形码扫描器可根据商品的特点选用手持式或台式,以提高数据录入的速度和可靠性。

(2) 网络。目前我国大多数商场一般内部信息的交换量很大,而对外的信息交换量则很小,因此,计算机网络系统应采用以高速局域网为主、电信系统提供的广域网为辅的整体网络系统。

(3) 硬件平台。大型商业企业的商品进、存、调、销的管理复杂,账目数据量大,且需频繁地进行管理和检索,选择较先进的服务器结构,可大大提高工作效率,保证数据的安全性、实时性及准确性。

软件系统是商业 POS 系统的核心部分,从根本上说,它仍属于管理信息系统(MIS)的范畴。MIS 的三个层次(操作层、管理层、决策层)对于商业 POS 系统同样适用,但人们更习惯把商业 POS 系统的软件分为前台和后台两个部分(见图 5-12)。

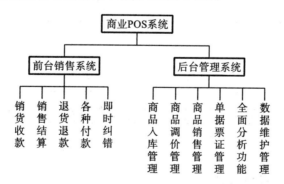

图 5-12　商业 POS 系统软件组成

前台销售系统具有销货收款、销售结算、退货退款、各种付款和即时纠错等功能。

后台管理系统应具有的功能:商品入库管理、商品调价管理、商品销售管理、单据票证管理、全面分析功能和数据维护管理。

【小思考 5-2】

POS 系统引入前后效益的比较

答 POS 系统引入前后效益的比较如表 5-1 所示。

表 5-1 POS 系统引入前后效益对比

	引 入 前	引 入 后
前台收款作业	人工作业,费时费力,质量低	用条形码进行商品分类管理
	输入错误率高	扫描器输入正确率高,收款速度快,服务质量稳定
	收款难免舞弊	培训成本低,对人员流动没有顾虑
	现金管理不易	现金管理周全,没有弊端
	商品多得无法掌握	保证了顾客满意的目标
销售管理作业	凭直觉判断畅销商品、滞销商品	前台可进行实时监控
	无法进行销售时段及顾客层次分析	后台可提供顾客层次、销售时段等分析
	运用变价及特价比较困难	可提供畅销商品、滞销商品的管理
	难以掌握顾客购买动向	变价方便
		节省人力,信息可及时反馈
库存管理作业	库存掌握困难	货架库存由计算机管理
	采购凭直觉	采购单由计算机直接提供
	成本及毛利计算模糊	提供成本与毛利管理
	损耗无法准确管理	可追踪分析损耗

任务三 制造业供应链管理信息系统

一、制造业供应链管理概述

(一)制造业供应链结构模型

随着经济全球化的加快和信息技术的发展,企业经营环境有了翻天覆地的变化,单个制造企业已经很难应对复杂和动态变化的竞争市场环境,任何制造企业都不可能在价值链中的所有环节取得绝对的竞争优势。制造企业开始注重与其上下游企业建立和改善长期的合作伙伴关系,以降低交易成本,供应链就这样产生了。

制造业供应链是以大型制造企业为核心,将众多的原材料供应商、中小型通用件制造企业和专用件制造企业、物流企业、分销商、零售商等经济活动主体连成的一个整体,其结构模型如图 5-13 所示。如汽车制造业供应链,以大型汽车制造企业为核心,众多的原材料供应商、中小型通用件制造企业和专用件制造企业为它提供上万种零部件配套,汽车分销商、汽车零售商和汽车物流企业将其总装的汽车送至用户。

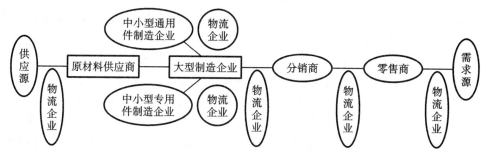

图 5-13 制造业供应链结构模型

在制造业中,制造商是位于中间商的上游企业,它在供应链中向下游中间商提供产品,而自身又根据中间商的订单向原材料供应商购买生产所需的原材料。

(二)制造业供应链管理的层次

制造业供应链管理以最终客户为中心,根据客户需求定制生产方式,制造产品,对整个生产制造全过程进行有效的管理,同时也注意减少库存、采购和物流成本。利用信息技术将设计、制造和物流的流程连接起来,从而使企业的制造流程和物流流程完全同步。制造业供应链管理的层次如图 5-14 所示。

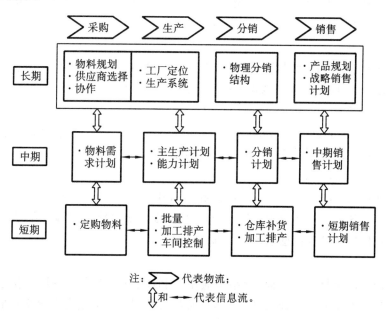

图 5-14 制造业供应链管理的层次

【案例分析 5-3】

东南汽车的资源管理

东南汽车（东南汽车工业有限公司）是国内知名的大型轿车生产厂商之一，2006年，其规模大约为年产30万辆轿车和40万台发动机。该公司坚持"以市场为导向、以质量为基础、以管理为载体、以效益为目的"的方针，倡导"忠诚、务实、拼搏、创新"的精神，努力实现"打造中国家用轿车第一品牌"的远景目标。目前已在全国建立了约300家销售服务网点，形成了覆盖全国的销售、服务、信息及物流四大网络。

公司物流包括备件物流、供应商物流和整车物流，其中：备件物流是指从其备件中心库向全国197个城市267个特约服务站的汽车备件配送；供应商物流是指全国226个供应商向该公司（武汉）总装线及备件库的备件供应；整车物流是指汽车成品向客户及销售服务站的送货。2003年9月初，该公司委托中邮物流为其提供备件物流门到门运输服务。中邮物流公司承诺，根据双方合作的业务进程及业务规模，将在备件运输上帮助该公司降低物流成本，并提高运输服务质量。

资料来源：http://wenku.baidu.com/view/3dc780bc1a37f111f1855bb5.html

分析

当今汽车制造企业如果想有更大的发展，与其他企业合作是一种趋势，企业集中资源做好企业的核心业务，才能更有竞争力，企业才能有更好的明天。

二、制造业供应链管理信息系统结构

（一）制造业供应链管理信息系统的体系结构

制造业供应链管理信息系统（management information system for manufacturing supply chain, MISMSC）体系结构由以下几个部分构成。

1. 企业级数据库

企业级数据库存储制造业供应链各成员企业的本地数据，包括原材料信息、产品信息和生产信息等，是制造业供应链分布式数据库的一部分。

2. 数据库管理系统

数据库管理系统（database management system, DBMS）负责制造业供应链各成员企业的本地数据的管理，包括数据库的建立、原始数据的输入等。

3. 企业级管理信息系统

企业级管理信息系统（enterprise management information system, EMIS）负责制造业供应链各成员企业本地各项业务活动的具体处理，主要是业务数据输入、查询、存储、打印及维护等，是分布式制造业供应链管理信息系统的一部分。

4. 浏览器

浏览器是众多的原材料供应商、中小型通用件制造企业、中小型专用件制造企业、物流企业、分销商、零售商的企业级MIS相互之间，以及与大型制造企业信息系统交互的界面。

5. 制造业供应链知识库

制造业供应链知识库存储制造业供应链的公共知识和供应链成员企业之间的合作协议，支持制造业供应链的工作流执行。

6. 知识挖掘工具

知识挖掘工具以制造业供应链知识库中的大量知识为基础,自动发现潜在的商业知识,并以这些知识为基础自动作出预测。知识挖掘工具发现的新知识可以用于指导制造业供应链成员各企业的业务处理,也可以立即补充到制造业供应链管理信息系统的知识库中。

7. 工作流管理系统

工作流管理系统(workflow management system,WMS)是制造业供应链管理信息系统的关键部分,负责商业过程的建模、执行与监控。基于制造业供应链各成员企业的命令,工作流管理程序按存储在知识库中的规则分析形成工作流,并利用工作流来协调完成制造业供应链各成员企业级管理信息系统之间的通信。

8. Web 服务器

当众多的原材料供应商、中小型通用件制造企业、中小型专用件制造企业、物流企业、分销商、零售商的 Web 浏览器连到大型制造企业的 Web 服务器上并请求文件时,Web 服务器将处理该请求(当需要用到制造业供应链知识库的知识时,通过知识挖掘工具访问制造业供应链知识库),并将文件发送到该浏览器上,附带的信息会告诉浏览器如何查看这些文件。

制造业供应链管理信息系统的体系结构如图 5-15 所示。

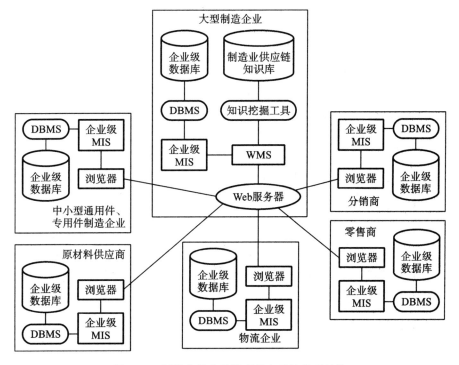

图 5-15 制造业供应链管理信息系统体系结构

(二)制造业供应链管理信息系统的功能结构

制造业供应链管理信息系统的功能结构包括以下几个部分。

1. 系统数据管理

系统数据管理包括企业级数据库管理、制造业供应链知识库管理，主要指制造业供应链管理信息系统对数据、模型、方法、规则的建立、修改、删除等维护性操作。

2. 供应商管理

供应商管理是指制造业供应链管理信息系统对制造业供应链众多的原材料供应商、中小型通用件制造企业、中小型专用件制造企业的供应能力及其提供的原材料、通用件和专用件的质量、价格、及时交货率等进行评价，对原材料供应商、通用件制造企业、专用件制造企业进行动态管理。

3. 销售商管理

销售商管理是指制造业供应链管理信息系统对制造业供应链众多的分销商、零售商的区位、营销能力、资信、财务状况等进行评价，对分销商、零售商进行筛选。

4. 订单与物流管理

订单与物流管理是指制造业供应链管理信息系统对制造业供应链中的第三方物流企业进行评价和筛选，对订单与合同涉及的物流进行跟踪管理和库存控制。

5. 财务管理与资产管理

财务管理与资产管理是指制造业供应链管理信息系统对现金流进行跟踪，及时进行制造业供应链成员企业之间的资金结算，管理固定资产的新置、折旧与更新换代。

6. 计划与研发管理

制造业供应链管理信息系统为供应链的所有业务编制计划，对供应链计划进行检查和调整，对制造业供应链的新产品的 R&D 活动进行管理。

制造业供应链管理信息系统的功能结构如图 5-16 所示。

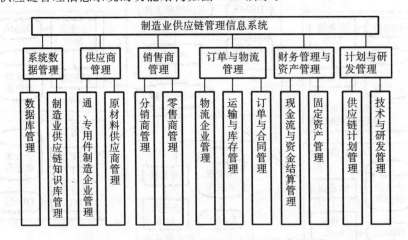

图 5-16　制造业供应链管理信息系统的功能结构

三、制造业供应链的演化

供应链管理思想自 20 世纪 80 年代提出到现在，其内涵在不断变化，企业对供应链管理思想的认知也在变化。比如：刚开始提出供应链的时候，企业问供应链"是什么"，现在变成"为什么实施"和"如何实施"供应链管理。从信息化讲，实施供应链管理必须有系统思维，整体不等于个体的简单加和，企业要转变思想。

供应链管理的内核就是"平顺思维"，对供应链上的物料流、信息流和服务流，以系统思维方式追求"流"的协调性，但实际情况是管理者以单一企业或者某一职能为对象的更普遍一些。近些年供应链管理发生了六大变化。

第一个变化是从跨部门整合到跨供应链整合。过去经常围绕一个企业，但是现在不行，要跨企业整合。第二个变化是从有形效率到市场调整。过去主要追求的目标是提高库存周转率，现在看来只做到这一点是很不够的，要跟整个市场的调节前后相呼应。第三个变化是从单独设计产品到合作设计流程。过去企业自己决定怎么做，现在需要把供应链的合作伙伴整合起来，跟供应商合作设计新的产品。第四个变化是从简单的消减产品成本到突破商业模式。早期很重要的一个目标是降低成本，但是成本降低有极限，不可能降到零。可以说，当今的生产技术加管理技术对成本的削减已经到了差不多接近极限的地步。下一步必须突破新的商业模式，新的商业模式找到了，成本就不成问题了。第五个变化是从大众化供应到个性化服务；第六个变化是从单体效率的管理到整个供应链的协同管理。

【知识链接 5-1】

传统与现代模式下制造业与零售业供应链角色的转变

在传统的生产销售模式中，制造商控制了生产的原料和技术，很容易成为供应链的主导力量。例如汽车制造企业可以自由选择在各个地区的经销商，制造商可以控制和决定市场的销售价格。相比之下，经销商影响价格的能力相对较小，经销商主要是通过自身的努力来增加销售量，从而增加自身收入的。与之相比的现代产业链中，大型的连锁销售企业的出现催生了下游的强势零售商。随着大型零售业的迅速发展，零售商在供应链中扮演着越来越重要的角色，在某些产品市场上已经开始充当渠道领袖的角色。零售商同时作为供应链中最接近消费者的一环，在以消费者为中心的市场中占据越来越重要的地位。

传统的以制造商为主导的供应链模式逐渐转变为现代的以零售商为主导的供应链模式。例如：沃尔玛、家乐福这样的大型超市占据了很大份额的日用品消费市场；国美、苏宁等在全国都拥有分店的大型电器零售商几乎垄断了家电销售市场。零售商对供应链拥有了巨大的影响力，而这些零售商也在尽可能地利用这种能力来领导供应链内的其他企业。

因此，零售商供应链是以一个实力强大的零售商为核心企业的，这个核心企业在整条供应链中居于主导地位，对供应链的其他企业发挥着领导作用。

【案例分析 5-4】

青岛啤酒的供应链管理

任务四 零售业供应链管理信息系统

一、零售业供应链概述

(一) 零售业供应链的定义

零售业供应链是指零售业主根据客户的需求,采购不同来源的货品提供给客户,以满足客户的需求,同时获得利润。

零售业供应链系统包含三个子系统:①零售商与供应商系统;②零售商内部管理系统;③零售商与客户关系系统。为了实现信息的共享和对客户的快速响应,这三个系统都建立在互联网的基础上。

(二) 零售业典型供应链的组成

零售业典型供应链的组成如图 5-17 所示。

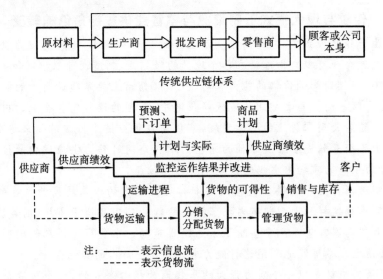

图 5-17 零售业典型供应链的组成

【小思考 5-3】

零售业供应链与制造业供应链有哪些区别?

答 零售商的主导地位表现在零售商在选择制造商的时候更加自由;而制造商更多地要依赖零售商的销售渠道。

在供应链中零售商是比较强势的一方。零售商可以先决定自己的订货函数,再将它告知制造商;制造商只能选择所能提供的转移价格和质量水平。

零售商在供应链中具有先动优势。制造商无法通过制定转移价格来诱使零售商选取订货量,零售商可以通过制定订货函数来筛选自己理想的转移价格和质量水平,最大化自己的利润函数。

零售业供应链与制造业供应链最明显的区别是零售业没有制造过程,所以就不可能有如制造业一样的生产管理系统,如MRP和MRPII。

另外,零售业供应链接近市场终端,所以它对市场最了解,而制造业供应链离终端市场较远,较易发生"牛鞭效应"。(营销过程中的需求变异放大现象被通俗地称为"牛鞭效应",指供应链上的信息流从最终客户端向原始供应商端传递的时候,由于无法有效地实现信息的共享,使得信息扭曲而逐渐放大,导致了需求信息出现越来越大的波动。)

(三)零售业供应链管理的实施

1. 识别零售业的商品需求特性

从商品的生产周期、商品的品种、商品的需求可预测性以及商品的市场导入期等方面来识别商品的需求特性。一般来说,功能性商品的生命周期较长(2年以上),创新性商品的生命周期较短(3个月~1年);功能性商品的品种较少(10~20种变形),创新性商品的品种较多(通常有上千万种变形);功能性商品的需求预测偏差较小(10%左右),创新性商品的预测偏差较大(40%~100%);功能性商品的市场导入期较长(6个月~1年),创新性商品的市场导入期较短(1天~2周);功能性商品的平均存货率较低(1%~2%),创新性商品的平均存货率较大(10%~40%);功能性商品的利润贡献率较低(5%~20%),创新性商品的利润贡献率较高(20%~60%)。利用这些判断标准可以有效地识别商品的需求特性。

2. 实施零售商品类别管理

零售商品类别管理是指零售商以某一商品类别作为战略经营单位进行管理,集中精力传递和实现消费者的价值,以取得更好的经营绩效。具体来说,零售企业对经营的所有商品按类别进行分类,确定和衡量每一类别商品的功能、收益性、成长性等指标,并将商品类型区分为功能性商品和创新性商品。在此基础上,结合考虑各类商品的库存水平和货架展示等因素,制订商品品种计划,对整个商品类别进行管理,提高服务水平,实现整个商品类别的整体收益最大化。

3. 按照商品类型分别采用相应的供应链战略

零售企业的商品类型可以根据市场需求的特性划分为功能性商品和创新性商品。

功能性商品是指那些用以满足基本需求、生命周期长、需求稳定且边际收益较低的商品,例如超市销售的各种日用百货、冷冻冷藏食品、常温加工食品等。功能性商品的生命周期长、需求稳定并可准确预测,从而使供求可以达到近乎完美的平衡,这使市场调节变得容易,其商流成本可以忽略不计。零售企业可以集中几乎全部精力来降低物流成本,通过与上游供应商的密切合作,加速库存周转,及时补充存货,采取高效率、低成本的采购,对供应商的选择侧重成本和质量,根据市场预测保证均衡有效地满足顾客的需求,实现整条供应链的库存最小化和效率最大化。显然,功能性商品要求效率过程,经营此类商品的零售企业应当采用效率型供应链。

创新性商品是指在设计或者服务等方面创新的商品,例如时装、时尚用品和奢侈品等。这些商品能够带来较高利润,但是由于其生命周期短暂和商品的多样化,需求却很难准确预测,并且大量仿制品的出现会削弱创新商品的竞争优势,企业不得不进行一系列的更加新颖的创新,从而使需求更加具有不可预见性。创新性商品具有的高度市场不确定性,增加了供求不平衡的风险,因此其主要成本是商流成本而非物流成本,需要零售企业根据市场的变化快速灵活地响应顾客需求。选择供应商要考虑的不是低成本,而是获得速度和柔性;库存和生产能力的关键决策不是使成本最小化,而是响应速度和灵活性,以最大限度地减少市场需求的不确定性给企业造成的损失。显然,创新性商品要求灵敏反应的过程,经营此类商品的零售企业应当采用反应型供应链。如果零售企业经营的商品是功能性商品却采用反应型供应链,或者经营的是创新性商品却采用了效率型供应链,其供应链战略就发生了根本性的错误,这时就需要重新设计供应链。

对于功能性商品应当侧重于降低物流成本,采用效率型供应链,实施有效客户反应(ECR)系统。从提高商品供应的效率入手,与上游供应商和制造商之间利用现代信息技术建立相互协调的供应模式,零售商总部利用 POS 系统提供的商品销售信息,以及对销售量的预测,利用电脑辅助订货系统向供应商订货,由供应商或区域配送中心向各零售商店提供即时补货,拉动制造商进行产品生产,形成销售和配送的同步运转,共享物流设施和仓库资源,降低配送成本,最大限度地减少生产流通环节可能产生的各种浪费。

对于创新性商品应当侧重于降低商流成本,采用反应型供应链,实施快速反应(QR)系统。从提高顾客响应的速度出发,与供应链各方建立战略伙伴关系和合作机制,采用电子数据交换(EDI)技术实现供应链各节点企业的分工协作和信息共享,缩短商品的设计和生产周期,实施 JIT 生产方式,进行多品种中小批量生产和高频度小批量配送,降低供应链的库存水平,迅速地满足顾客的个性化和定制化需求,提高整个供应链的反应能力。

二、零售业营销信息系统

1. 零售业营销信息系统的概念

零售业营销信息系统是由人员、设备和程序所构成的一个相互作用的连续符合体,其基本任务是及时、准确地搜集、分类、分析、评价和提供有用的信息,供市场营销决策者用于制订或修改市场营销计划,执行和控制市场营销活动。

2. 零售业营销信息系统的结构

零售业营销信息系统的结构如图 5-18 所示。

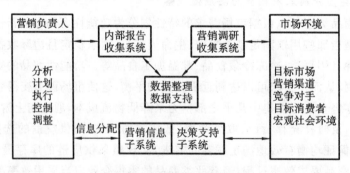

图 5-18 营销信息系统的结构

内部报告收集系统是最基本的信息系统,它向管理人员提供订单、销售额、存货水平、应收账款和应付账款等信息。内部报告收集系统的核心是订单-收款的循环:首先,销售代表、经销商和顾客将订单送交公司;然后,销售部门准备好发货清单并将副本分送各有关部门,对库存不足的重新订货,装运的则附上装运单和发票,同时也将副本分送各有关部门;最后,企业将货物及账单送至顾客手中。

营销情报收集系统是使企业获得日常关于营销环境发展的恰当信息的一整套程序和来源。内部报告收集系统为营销人员提供反映企业营销活动结果的数据，营销情报收集系统则是提供与企业正在进行的营销活动有关的数据。

【知识链接5-2】

企业营销情报资料的收集

企业可能从各种途径获得情报，通常通过阅读有关书籍、报刊和行业协会的出版物，或与顾客、供应商、中间商、其他外部人员及企业内部人员的接触、交谈来收集信息。这些做法往往带有偶然性。企业可从以下几个方面来改进营销情报的收集工作，以提高营销情报的质量。

（1）训练和鼓励营销人员收集情报。
（2）鼓励中间商及其他合作者提供重要情报。
（3）聘请专家或建立专门的内部信息中心收集情报。
（4）从专业营销调研公司等外部情报机构购买营销情报。
（5）通过多种方式收集竞争者的情报，如购买竞争者的产品、参加公开的商品展销会或展览会、阅读竞争者的出版物、出席股东大会等。

营销调研收集系统的任务就是系统和客观地识别、收集、分析和传递有关市场营销活动各方面的信息，提出与企业所面临的特定的营销问题有关的研究报告，以帮助营销管理者制定有效的营销决策。营销调研收集系统不同于营销信息系统，它主要侧重于企业营销活动中某些特定问题的解决。

营销调研收集系统通过对复杂现象的统计分析、建立数学模型，帮助营销管理人员分析复杂的市场营销问题，作出最佳的市场营销决策。

【知识链接5-3】

零售业营销信息系统的运用

1. 营销信息系统在营销决策中的运用

营销信息系统应配合营销决策系统，针对营销管理的需要而运作。一个企业的营销决策系统可视为企业决策者与营销信息系统的相互沟通，营销决策者向营销信息系统提出问题，营销信息系统则向决策者提供相应的信息。市场信息系统可通过经常性地提供有关市场的信息，来支持营销活动决策。

2. 营销信息系统在进行营销可行性分析中的应用

当企业考虑进行大规模营销活动时，一般都要进行可行性调研。决策这一调研成功与否的关键是能否得到高质量的有关市场的信息，以及在对各种信息分析基础上所产生的洞察力。而营销信息系统正是具有寻求市场机会、监测市场环境的功能和作用，因此将有利于企业做出是否进入某目标市场的决策。在可行性调研阶段，一个企业若有能力通过营销信息系统获得可信度高的信息，就会清楚地了解拟进入的目标市场的风险，以便合理地规避。

基本训练

1. 阅读理解

(1) 信息技术在供应链中的作用是什么？

(2) 实施 ECR 的要点是什么？

(3) 简述 EDI 的构成要素。

(4) POS 系统由什么组成，它的任务是什么？

(5) 如何理解 BRP？

2. 判断题

(1) 企业流程重构是在原有部门上的专业化划分，是对原有业务的计算机化。（ ）

(2) 供应链的业务流程是指为客户产生具体的价值输出的活动。（ ）

(3) QR 是指在供应链中，为了实现共同的目标，零售商和供应商建立战略伙伴关系。（ ）

(4) 店铺空间管理是对店铺的空间安排、各类商品的展示比例、商品在货架上的布置等进行最优化管理。（ ）

(5) POS 是供应链中零售端最接近客户的部分。（ ）

3. 选择题

(1) 对供应链流程进行集成以及重组的目的在于（   ）。

　　A. 满足顾客需求

　　B. 盈利能力最大化

　　C. 提升横跨供应链总体流程的高效性与有效性

　　D. 运行效率最大化

(2) 实施 QR 需要六个步骤，第一步是（   ）。

　　A. 条形码和 EDI　　　　　　　　B. 固定周期补货

　　C. 零售空间管理　　　　　　　　D. 联合产品开发

(3) 供应链管理应用系统不包括（   ）。

　　A. 经理信息系统　　B. 决策支持系统　　C. 电子订货系统　　D. 营销信息系统

(4) 组成 ECR 系统的技术要素不包括（   ）。

　　A. 信息技术　　B. 物流技术　　C. 营销技术　　D. 条码技术

　　E. 组织革新技术

(5) QR 是指在供应链中零售商和制造商建立战略伙伴关系。下面用配送方式连续补充商品，提高客户服务水平和企业竞争力的供应链管理方法是（   ）。

　　A. 定期　　B. 少批次大批量　　C. 多批次大批量　　D. 多批次小批量

4. 技能题（小项目）

(1) 参观 1~2 家制造企业，要求学生写一份参观报告，报告内容包括制造企业生产与运作流程模式、先进生产方式的使用、企业生产类型、生产过程组织、供应链管理系统等情况。

实训目的：要求学生了解典型制造企业的生产方式、生产类型、生产过程组织和供应链管理模式和信息系统。

实训要求：结合所学知识仔细观察，认真听讲解。

(2) 查阅供应链管理应用系统的知名网站,写出3～4个网址,对某一自己感兴趣的网页栏目的话题写一篇1 000字左右的关于生产与运作管理的体会。

实训目的:对供应链管理中的信息技术的重要性有进一步认识,掌握一些企业对供应链管理应用系统的使用经验。

实训要求:认真思考,结合所学知识,用自己的语言写出自己关于供应链管理应用系统的体会。

综合案例

福特汽车公司:供应链战略

供应链系统的主管特里·塔凯在她的日历上留出了一段时间来思考准备向其高级经理提出的建议。高级经理所提出的问题被普遍认为是对福特的前途具有极其重要意义的:公司该如何利用不断出现的信息技术(例如互联网技术)和来自高新科技行业的思想来变革与供应商之间的相互作用方式。对于这一问题,特里·塔凯领导的小组成员有着不同的观点。

一些人认为新技术不可避免地会使全新的商业模式得到盛行,福特需要从根本上重新设计其供应链及其他活动,否则的话,将面临落后的危险。这一群体赞成"虚拟一体化",参考如戴尔等公司的供应链构建福特的供应链,可通过大胆地利用信息技术,减少流动资金和降低库存过时的风险。该主张的支持者认为,由于历史原因及汽车产品的内在复杂性,汽车行业十分复杂,但是没有理由因此认为这种商务模式不能为福特公司应尝试的方向提供一个概念性的蓝图。

另一群体比较谨慎。这一群体认为汽车行业与相对较新的行业(如计算机制造业)之间的差别是很重要和巨大的。他们注意到,相对于戴尔计算机公司,福特的供应商网络具有更多的层次、涉及更多的公司,并且福特的采购组织历来就比戴尔的采购组织起着更加显著和独立的作用。在仔细分析的时候,这些差别及其他方面的不同引起了许多复杂的问题,因此很难确定合适和可行的流程重新设计的范围。如图5-19所示,福特汽车公司的传统模式与戴尔的直销模式。

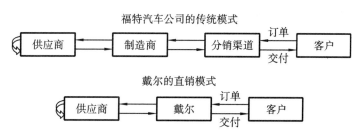

图5-19 福特汽车公司的传统模式与戴尔的直销模式

特里·塔凯在阅读她领导的小组所提供的文件时,想起了首席执行官雅克·纳塞最近在全公司范围内对股东价值和客户反应所做的强调。人们普遍承认,戴尔在这些方面已经取得了成功,但是同样的方法对于福特来说是否能够取得同样的结果呢?

在1998年年底时,福特汽车公司已经积聚了69亿美元的利润,公司员工享受了创纪录的利润分配,销售利润率(1997年为3.9%)有稳步的上升趋势。公司的卡车业务位于全球第一。福特汽车公司代替了克莱斯勒成为美国汽车工业单车利润(1 770美元)最高的企业,并且成为

1997年J.D.发动机首次质量研究中质量提高幅度最大的汽车制造商之一。在福特投资企业公司的指导下,福特在俄克拉荷马州的塔尔萨市开始了其福特零售网络(FRN)的第一份风险投资。成立福特投资企业的目的在于利用北美的零售汽车分销系统不断变化的局面,达成两个主要的目标:①成为零售分销方面最佳实践的试验地,并将那些实践在整个经销商网络中推广;②创建一个可选的分销渠道来与诸如汽车帝国等公共零售链进行竞争。

问题

(1) 谈谈你对现代信息技术(例如互联网技术)和高新科技对现在企业的影响。

(2) 你认为福特是否能取得戴尔的直销模式的成功?为什么?

(3) 你对福特的供应链战略的有何建议?

综合实训

供应链管理问题的解决

一、实训目的与要求

让学生了解支持供应链管理运行的信息支持技术,可以根据企业的特点,进行供应链系统设计识别与方案设计。掌握供应链管理中需要解决的问题,根据案例和现实需求来提供一个完整的解决方案,或者通过编程来实现供应链管理中的一个问题。

二、实训准备

了解供应链管理的产生和发展,以及供应链设计的方法和程序。阅读一些经典的供应链管理案例,总结分析其优势和劣势。

回答以下问题。

(1) 分析"马鞭效应"产生的原因,并且提出一些解决措施。

(2) 供应链设计的原则和策略有哪些?

(3) 如何提高供应链管理的绩效?

三、实训环境

运行Windows的PC机,有VS、VC等程序编译软件。

四、实训内容和步骤

(1) 结合预习的案例,对供应链管理问题进行系统的分析。

(2) 选择供应链管理中的一个问题,包括人员管理、采购管理、报表管理、采购管理、物流配送管理、库存管理等,设计一个完整的供应链管理的方案,进行系统分析,绘制相应的系统流程图和模块图。

五、实训要求

(1) 根据实验内容,结合自己的案例,对供应链管理问题进行分析。

(2) 对供应链管理中的一个问题,设计一个完整的供应链管理系统的方案,分析自己的系统是否满足供应链设计的原则和策略,是否提高了供应链管理的绩效。

项目六
供应链组织结构与业务流程重组

GONGYINGLIAN
GUANLI
SHIWU

◎ 了解传统企业的组织结构业务流程特征、业务流程重组的定义

◎ 明确业务流程重组的核心内容及特点

◎ 熟知支持业务流程重组的技术手段的变化,熟知供应链设计原则

◎ 掌握供应链管理的实质、基于产品的供应链设计

◎ 能构建供应链管理环境下跨企业业务的流程模型

◎ 在电子商务支持下构建供应链管理业务流程

电子商务价格战

2012年8月15日,京东商城CEO刘强东发表的一条微博引发了备受瞩目的电商价格战。在他前一天的微博中,这位以在网络上大嘴著称的电商大佬宣称"京东大家电三年内零毛利"、"京东所有大家电保证比国美、苏宁连锁店便宜至少10%以上"。这一挑战书,引起了竞争对手苏宁易购的强烈反应,国美电器、易迅网等电商也纷纷加入价格战,但争斗主要在京东商城和苏宁电器之间展开。京东表示,价格战的目标是苏宁电器。按门店数量计算,苏宁电器是中国第一大电子零售商。"京东与苏宁之间'6·18'的时候已经开火了,苏宁对京东的挑衅,超过京东的极限了,这是一次反击。"电商专家贾敬华表示。尽管口水战、价格战是电商界的常态,但是这一轮突如其来的价格战,仍显示出了电商之间在营销、资本和供应链等方面的争斗升级。业内人士认为,价格战还是双方对供应链控制的争夺。阿里巴巴秘书长邵晓峰谈到京东和苏宁的价格战时称:"他们争夺的根本不是电商,他们争夺的是未来三年以后对后端供应商的控制权,这是他们想要的东西。如果简单从电商这个角度看他们之间的价值之争,会理解偏的,他们也不是傻子,为什么要花那么大价钱?谁最终控制了供应商的管理,控制了整个主要的渠道,在这个行业里才能做老大,这已经超越了做电商一般的思考。"价格战当天,还传出海尔停止向京东供货的消息。虽然随后海尔否认了停止与京东的合作,不过,多个大家电供应商的负责人都表示,不支持不负责任的超低价竞争行为。一位业内人士指出,京东大家电的规模目前还比较小,破坏游戏规则,很难获得厂家的支持。据悉,国美、苏宁大家电的销售额达上百亿元的规模,京东大家电的销售额不足10亿元。

资料来源:http://wap.ea3w.com/article/133/1335741all.html

这一案例表明:供应链环境下的业务流程的控制与管理对当今企业的经营模式有着较大的影响,甚至关系到企业今后的生存与发展。其实,价格战的核心并不是价格,而是寻找合适的供应链结构和新的业务流程模式。

任务一　了解传统企业的组织结构与业务流程

一、传统企业的组织结构

（一）组织结构的含义

组织结构是在组织内部分工协作的基础上，由部门职责职权及相互关系所构成的结构体系。它是指构成组织的各要素的排列组合方式，是组织各要素之间排列顺序、空间位置、聚集状态、联系方式及其相互关系的一种模式，是人们实现组织目标的手段。组织结构犹如人体的骨架，起着支撑、保护的作用。传统的企业组织结构的形式主要有：直线制、职能制、直线-职能制、事业部制和矩阵制等。

直线制组织结构是一种最早也是最简单的组织形式，最初广泛应用于军事系统中，后来推广到企业管理中。

职能制组织结构，又称多线型或 U 型组织结构，它是按管理职能专业化的要求设计的组织结构形式。在职能制组织结构下，各级行政单位除主管负责人外，还相应地设立一些职能机构，如在厂长下面设立职能机构和人员，以协助厂长从事职能管理工作。

直线-职能制组织结构，也叫生产区域制组织结构，或直线参谋制组织结构。它是在直线制组织结构和职能制组织结构的基础上，取长补短，吸取这两种形式的优点而建立起来的。这种组织结构形式把企业管理机构和人员分为两类：直线领导机构和人员、职能机构和人员。

事业部制组织结构最早是由美国通用汽车公司总裁斯隆于 1924 年提出来的，故有"斯隆模型"之称，也叫"联邦分权化"，是一种高度（层）集权下的分权管理体制。它适用于规模庞大，品种繁多，技术复杂的大型企业，是国外较大的联合公司所采用的一种组织形式。

矩阵制组织结构是把按职能划分的垂直领导系统和按产品（项目）划分的横向领导关系组合在一起的结构。

传统的企业组织结构的共同点是它们都按职能的不同来划分部门，形成垂直型组织结构形式。正如明茨伯格所说的，每一位经理都处于他那个部门与其他部门的环境中；一个公司的总经理领导着他的公司，并面向着一个由竞争者、供货者及政府组成的环境；一个车间主任领导着他的车间，并面向着公司内部的其他车间主任和职能人员，以及公司外部的供货者等。传统的企业组织形式与工业经济时代需要高度的专业化分工协作，与实现规模经济效益的要求相吻合，适应工业经济时代信息传递的技术要求和企业高层管理者的要求。

（二）基于劳动职能分工的企业组织结构

传统企业的组织结构大都是基于职能部门的专业化模式，即按职能专业化处理企业业务流程的管理模式。专业化能够提高工作效率是因为通过分工使劳动者成为某一方面的专家，使处理某一问题的单位效率提高，但系统总的效率并不等于单个人的效率的简单汇总。同时，为了便于控制，这种分工还具有权力平衡、制约作用，因而在管理系统内，某一方面的任务需要由几个部门的人一起完成,以这个过程来相互制约,使失误率降低。

传统企业典型的金字塔形组织结构如图6-1所示。

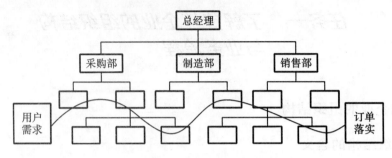

图6-1 传统企业典型的金字塔形组织结构

【知识链接6-1】

传统企业典型的金字塔形组织结构的缺陷

社会、科学、技术的迅速发展使企业的外部环境和内部生产方式发生了很大的变化,这使得传统企业典型的金字塔形组织结构落伍和过时,它存在致命的缺陷,具体如下。

(1) 金字塔式的层级组织使处于组织低层的人看不到自己的发展前景。

(2) 严格的等级系列使企业中的信息沟通困难。

(3) 管理幅度与管理层次是一对永远扯不清的矛盾。

(4) 传统的垂直组织使企业缺乏对外部环境变化的适应能力。

(5) 官僚组织使企业组织更加官僚化。

(6) 垂直式组织效率的提高是以降低顾客服务质量为代价的。

总之,传统企业典型的金字塔形组织结构是一个完全基于"物"的因素为基础形成的组织结构,它曾经是有效的,但如今面临着严峻的挑战。

(三) 传统企业组织的不适应性

传统企业组织的管理模式主要以劳动分工和职能专业化为基础,组织内的各部门划分非常细,各部门的专业化程度较高。这种组织适合于稳定的环境、大规模的生产、以产品为导向的时代,但是,在当今市场需求突变、经营模式发生变化的情况下,则显然不适应。在供应链管理的概念提出后,也发现传统的组织结构形式和运行管理在实施供应链管理的过程中显现出一定的不适应性。

随着信息社会的到来,在市场环境日趋不确定,顾客的要求越来越多样化,企业员工强调自我实现,企业不仅追求规模经济效益,更强调时间经济的情况下,这种片断化的企业流程越来越难以使企业满足多方面的要求,传统的组织结构显得越来越僵硬。一项任务要按一定顺序流经各职能部门,虽然各职能部门的专业化程度提高了,但由于要等上一个环节的工作完成后才能开始下一环节的工作,结果是一个完整的任务或项目所包含的各项作业在职能部门之间被分解得支离破碎,这既造成部门之间在衔接中的大量等待,又使各部门增加了很多重复劳动,大大延长了完成任务所花费的时间。

二、传统企业的业务流程

(一)订货流程

在传统的采购业务中,商品的选择费时费力:采购人员往往需要在众多供应商的产品目录里查询产品及其定价信息,由于信息来源的多样性——除供应商的宣传材料以外,还包括报纸、电视、杂志等,因此查询和选择很费时间。传统采购业务中,当商品和供应商确定后,企业要安排订货。以纸质文件为基础的订货意愿的提出,至订货过程结束,订单最终下出,这需要与供应商通过传真、电话多次联系或见面沟通。在传统采购中有很多不合规则的行为存在,如采购人员拿回扣,不按正常的采购程序采购,很多采购都是没有委托书的非授权采购等。造成这种现象的原因是采购人员与企业的管理者之间存在着信息不对称。管理者因为要全面负责,不可能时时外出采购,这就使采购人员面临着很大的道德风险,并最终产生"采购黑洞"。

(二)库存及物资配送流程

传统采购模式中,由于对市场未来变化难以把握,因此为了保证对市场的供应不会断档,一般的企业都宁愿增加库存,特别是大型百货类企业,甚至可能在不同地理位置设立多个仓库。在这种管理方式下,不同仓库都需要一定的安全储备,对于整个企业而言,就会形成数额巨大的不必要的安全储备,如果再考虑运输提前期和销售提前期而形成的超额储备,再加上超额存货的维护管理、追加的仓库投资和运输开支,这些均会导致巨额的存货资金沉淀。在传统方式下,仓储设施的投资、运输能力的规划、存货资金的预算等,大都是根据销售计划层层分解而得。然而,市场却在朝夕变化,考虑到商品结构,其变化更是无穷无尽,这就使得原计划下的存货安排穷于应付,要么存货积压,要么缺货,企业不断出现应急状态下的折扣出货或加急运输等,造成成本上升。

(三)生产或销售流程

传统销售模式中,企业无法提供个性化服务,只能提供大批量、少品种的销售方式。没有形成企业内部与外部环境的柔性销售体系。销售手段落后,大部分为人工销售,信息沟通效率较低。

(四)管理流程

传统的企业管理体制是分级、分层管理,企业组织结构的设置呈金字塔形。按这种管理体制所建立起来的经营模式,一般都表现为一套分级审批程序,但这种审批程序会造成严重的低效、费时、费力。

我国传统企业存在这样的观念:生产为中心,关注内部信息,习惯于面对确定的外部环境,偏重于日常业务活动,而且企业内部实行科层制组织模式。这些传统观念在信息经济时代将受到严重挑战,因为在经济全球化的背景下,外部信息的重要性日益凸显,顾客需求、产品生命周期、市场增长、技术更新速度、竞争规律或性质等,几乎没有一样是可以预料或保持不变的,而且企业内部的科层化会使企业失去变革的勇气和创业的活力,使企业的规模变成巨大的包袱,管理效率低下,运营成本增加,对外界变化和顾客要求无动于衷。因此,传统企业为了寻求持续的增长,势必借助于新的管理模式。于是,业务流程重组应运而生。

任务二　基于 BPR 的企业组织结构

一、业务流程重组的含义、内容及特点

（一）业务流程重组的含义

业务流程重组（business process reengineering，BPR）是20世纪90年代由美国麻省理工学院的教授迈克尔·哈默（Michael Hammer）和CSC管理顾问公司董事长詹姆斯·钱皮（James Champy）提出的。1993年，在他们联手著的《公司重组——企业革命宣言》一书中，哈默和钱皮指出，200年来，人们一直遵循亚当·斯密的劳动分工的思想来建立和管理企业，即注重把工作分解为最简单和最基本的步骤；而目前应围绕这样的概念来建立和管理企业，即把工作任务重新组合到首尾一贯的工作流程中去。他们给BPR下的定义是：为了飞跃性地改善成本、质量、服务、速度等现代企业的主要运营基础，必须对工作流程进行根本性的重新思考并彻底改革。BPR的基本思想就是必须彻底改变传统的工作方式，也就是彻底改变传统的自工业革命以来、按照分工原则把一项完整的工作分成不同部分、由各自相对独立的部门依次进行工作的工作方式。

BPR作为一种管理思想，它强调以业务流程为改造对象和中心，以关心客户的需求和满意度为目标，对现有的业务流程进行根本地再思考和彻底地再设计，利用先进的制造技术、信息技术及现代化管理手段，最大限度地实现技术上的功能储存和管理上的职能集成，以打破传统的职能型组织结构，建立全新的过程型组织结构，从而实现企业经营在成本、质量、服务和速度等方面的巨大改善。它的重组模式是：以客户为导向，以流程优化为重点，以改善经营绩效为目的，打破金字塔状的组织结构，使企业能适应信息社会的高效率和快节奏，适合企业员工参与企业管理，实现企业内部上下左右的有效沟通，具有较强的应变能力和较大的灵活性。其本质就在于根据新技术条件信息处理的特点，以事物发生的自然过程寻找解决问题的途径。

（二）分析企业业务流程重组的内涵应关注的四个核心问题

根据哈默与钱皮对BPR的定义，企业业务流程重组就是对企业的业务流程进行根本性的再思考和彻底性的再设计，从而获得可以用诸如成本、质量、服务和速度等方面的业绩来衡量的戏剧性的成就。分析企业业务流程重组的内涵应关注以下四个核心内容。

（1）根本性，即业务流程重组关注的是企业一系列的核心问题，例如：为什么要做现在的工作；为什么要用现在的方式做这份工作；为什么必须是由我们而不是别人来做这份工作等。通过对这些根本性问题的思考，企业有可能发现自己赖以存在或运转的商业假设是过时的，甚至是错误的。

（2）彻底性，再设计意味着对事物追根溯源，对既定的现存事物不是进行肤浅的改变或调整修补，而是抛弃所有的陈规陋习，以及忽视一切规定的结构与过程，创造和发明全新的完成工作的方法；它是对企业进行重新构造，而不是对企业进行改良、增强或调整。

（3）戏剧性，即意味着业务流程再造寻求的不是普通的业绩提升或略有改善、稍有好转等，而是要使企业业绩有显著的增长、极大的飞跃，业绩的显著增长是BPR的标志与特点。

(4) 业务流程,这是指一组共同为顾客创造价值而又相互关联的活动。业务流程重组关注的要点是企业的业务流程,即围绕业务流程展开重组工作。哈佛商学院教授 Michael Porter 将企业的业务过程描绘成一个价值链,竞争不是发生在企业与企业之间,而是发生在企业各自的价值链之间。只有对价值链的各个环节(业务流程)实行有效管理的企业,才有可能真正获得市场上的竞争优势。

【小思考6-1】

业务流程重组的流程和企业的功能结构之间有什么关系?

答 根据事务成本理论的建议,在等级体系和市场之间一定存在一种平衡,来最小化事务成本。同样的,在功能结构和流程结构之间也存在一种平衡。每个企业应该能够根据它特有的环境,在根本性、彻底性、戏剧性和业务流程四个核心内容的基础上,调整这种平衡。

(三) BPR 的特点

BPR 提供了价值链流程优化的可行手段,它具有如下特点。

1. 以流程为导向

绝大部分企业是以任务、人力资源或结构为向导的。企业实施 BPR 就要打破传统的思维方式,以活动流程为中心实施改造,并注意如下原则。

将分散在功能部门的活动整合成单一流程,以提高效率;在可能的情况下,以并行活动取代顺序活动;促进组织扁平化,以提高企业内的沟通效率。

从 BPR 的视点出发,无论企业采用流程重设计观、项目管理观,还是工作流自动化观,都必须关注企业业务流程的优化和自动化。

2. 目标远大

BPR 要求的绩效提升不是5%或10%,而是70%~80%,甚至是10倍以上的效率,这是BPR 与全面质量管理等现代管理技术的最大不同。宏伟的目标增加了 BPR 实施的难度和风险,使它成为一项复杂而长期的系统工程。

3. 打破常规

打破常规是 BPR 的一个本质特点。要从思想上破除劳动分工等一切传统的管理原则,建立新型的面向市场的管理体制。

4. 创造性地应用信息技术

信息技术是企业实施 BPR 的推动力。正是信息技术的发展与应用,使企业能够打破陈旧的制度,创建全新的管理模式,使远大的目标得以实现。信息技术的应用确实改善了人们的工作条件,提高了工作效率。信息技术的真正能力不在于它使传统的工作方式更有效率,而在于它使企业打破了传统的工作规则,并创造新的工作方式。因此,BPR 不等于自动化,它关注的是如何利用信息技术实现全新的目标,完成从未做过的工作。

创造性地应用信息技术的目的,在于利用信息技术寻找增值的机会。业务流程重组并不是进行局部修补,而是要从根本上优化业务流程。面对复杂的业务流程,首先需要分解流程,描述和评估流程,确认和分析流程缺陷。在分析流程缺陷的过程中,主要是寻找影响价值增值的关键点。根据流程中各个环节重要程度的大小,从大到小地进行重组,并及时评估重组后的流程。

明确了流程缺陷,还需要进一步寻找弥补缺陷的技术。信息技术作为业务流程重组技术发展的外在动力,不仅使业务流程构造的价值链获得了增值的空间,而且,也不断暴露出信息技术自身的缺陷。可以认为,弥补信息技术缺陷的过程就是业务流程重组的过程。

从本质上讲,分析企业的基本特征和业务流程重组的关键成功因素,就是寻找信息技术缺陷的过程。企业的业务流程就是在寻找缺陷和消除缺陷的交替过程中得到不断优化的。因此,业务流程重组应该是一个动态过程。这个动态系统不仅缺乏可参照的衡量标准,而且缺乏有效的调控手段,因此有较高的失败率。

【案例分析6-1】

IBM 信用卡公司业务流程重组

IBM 信用卡公司(IBM Credit Corporation)通过业务流程重组工程,使信用卡发放周期由原来的7天缩减到4个小时,生产能力有了很大的提升;柯达公司对新产品开发实施企业业务流程重组后,将35毫米焦距一次性照相机从产品概念到产品生产所需要的开发时间缩减了50%,从原来的38周降低到19周;美国的一家矿业公司通过业务流程重组,实现了总收入增长30%,市场份额增长20%,成本压缩12%以及工作周期缩短25天的好成绩;欧洲的一个零售组织通过业务流程重组,将工作周期缩短了50%,并使生产率提高15%;一家北美化学公司通过业务流程重组,订单传递时间缩短了50%还多,所节约的成本超过300万美元。

分析

BPR 的核心思想是要打破企业按职能设置部门的管理方式,代之以业务流程为中心,重新设计企业管理过程。BPR 的实践对企业的管理效果产生了巨大影响。

(四) BPR 的基本内容

(1) 以顾客需求为中心,考虑企业经营目标和发展战略,并对企业经营过程、组织管理模式和运行机制进行根本性的重新考虑。

(2) 围绕着企业经营战略,对企业经营过程进行根本性的反省和彻底的再设计。

(3) 企业实施 BPR 的目的在于能够使企业绩效产生巨大提高。

(4) 实施 BPR 的核心是信息技术、人与组织管理技术。

BPR 的基本内容包括人的重构、经营过程重构、技术重构、组织结构重构和企业文化的重构。BPR 的关键技术包括:基准研究、建模与仿真技术、工作流系统技术等。BPR 模型如图6-2所示。

二、基于 BPR 的企业组织结构

(一) 基于 BPR 的企业组织结构内容包括以下几个方面

1. 企业是流程型组织

将属于同一个企业流程内的工作合并为一个整体,使流程内的步骤按自然顺序进行,工作应是连续的而不是间断的。整个企业组织结构应以关键流程为主干,彻底打破旧的按职能分工的组织结构。

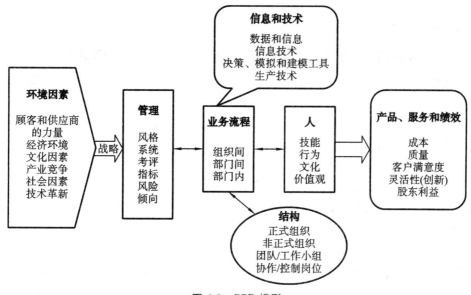

图 6-2 BPR 模型

2. 发挥流程经理的作用

所谓流程经理就是管理一个完整流程的最高负责人。对流程经理而言,不仅要有激励、协调的作用,而且应有实际的工作安排、人员调动、奖惩的权力。

3. 职能部门也应存在

在新的组织结构中,职能部门的重要性已退居于流程之后,不再占有主导地位。它主要起到为同一职能、不同流程的人员提供交流的机会。不过,即使职能部门不再占主导地位,其还是应当存在的。

4. 突出人力资源部门的重要性

在基于 BPR 的企业组织结构中,在信息技术的支持下,执行人员被授予更多的决策权,并使多个工作整合为一个,以提高效率。

5. 发挥现代信息技术的支持作用

BPR 本身就是"以信息技术使企业再生",也正是由于现代信息技术使得多种工作整合、迅速决策、信息快速传递、数据集成与共享成为可能,才彻底打破原有模式,推动组织创新。

(二)基于 BPR 的企业组织结构

基于 BPR 的企业组织结构示意图如图 6-3 所示。

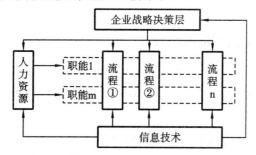

图 6-3 基于 BPR 的企业组织结构示意图

【案例分析 6-2】
福特汽车公司北美财会部运用"reengineering（再造）"

福特汽车公司北美财会部原有 500 多人负责账务与付款事项，原有付款流程如图 6-4 所示。

改革之初，他们准备将人员减少 20%。后来，当他们发现日本一家汽车公司的财务部只有 5 人时，就决定采取更大的改革动作。福特汽车公司通过工作合理化和安装新的计算机系统，分析并重新设计了付款流程。原付款流程表明，当采购部的采购单、接收部的到货单和供应商的发票三张单据验明一致后，财会部才予以付款，因此，财会部要花费大量时间核实采购单、接收单、发票上共 14 个数据项是否相符。重新设计付款流程后，由计算机将采购部、接收部和财会部联成网络，采购部每发出一张采购单，就将其输入联网的实时数据库中，无需向财会部递送采购单复印件。当货物到达接收部后，由接收人员对照检查货号和数据库中的采购单号，相符后也输入数据库。最后由计算机自动检查采购记录和接收记录，自动生成付款单据。新的付款流程如图 6-5 所示。实施新流程后，财会部的人员减少了 75%，实现了无发票化，且提高了准确性。

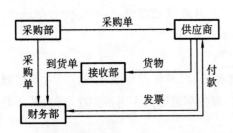

图 6-4 福特汽车公司原有付款流程

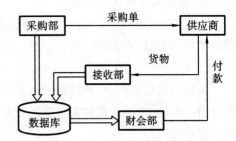

图 6-5 福特汽车公司新的付款流程

分析

福特汽车公司北美财会部运用"reengineering（再造）"的实际经验给我们很深刻的启示。实施新流程后，成本大大降低，财会部的人员减少了 75%，实现了无发票化，而且还提高了准确性。

任务三 供应链管理环境下的企业组织与业务流程

一、供应链管理环境下的企业组织

自从 BPR 提出后，适应供应链管理的组织结构变化逐渐从过去的注重功能集合转向注重流程的重构上来，人们要将流程的整合作为新的工作中心。供应链管理环境下的企业业务流程的主要特征如下。

（一）制造商与供应商之间业务流程发生变化

在供应链管理环境下，制造商与供应商、制造商与分销商、供应商与其上游供应商之间一般要借助 Internet 或 EDI 进行业务联系,由于实施了电子化商务交易,就省去了过去很多依靠人工处理的环节。

例如,过去供应商企业在接到制造商的订货要求后,进行生产准备工作,等到零部件生产出来时已消耗很多的时间。这样一环环传递下去,导致产品生产周期很长。而在供应链管理环境下,合作企业之间可通过 Internet 方便地获得需求方生产进度的实时信息,从而主动地做好供应或出货工作。

(二) 企业内部业务流程发生变化

从国外成功经验看,实施供应链管理的企业都有良好的计算机辅助管理基础,借助于先进的信息技术和供应链管理思想,企业内别的业务流程也会发生很大的变化。

例如,生产部门和采购部门的业务关系,过去在人工处理条件下,生产管理人员制订出生产计划后,再由物资供应部门编制采购计划,还要层层审核,才能向供应商发出订货单。由于流程长,流经的部门多,因而会出现脱节、停顿、反复等现象,导致一项业务要花费较多的时间才能完成。在供应链管理环境下,有一定的信息技术作为支持平台,数据可以实现同步共享,并且可以实现并发处理,因而可能使原有的工作模式发生变化。

(三) 支持业务流程的技术手段的变化

供应链管理环境下企业内部业务流程和外部业务流程的变化不是偶然出现的。一般至少有两个方面的原因:一是"横向一体化"管理思想改变了管理人员的思维方式,把企业的资源概念扩展了,更倾向于与企业外部的资源建立配置联系,因此加强了企业间业务流程的紧密性;二是供应链管理促进了信息技术在企业管理中的应用,使并行工作成为可能。

(四) 物流一体化组织结构

20 世纪 80 年代初,物流一体化组织结构的雏形出现了。这种组织结构是在一个高层经理的领导下,统一所有的物流功能和运作,目的是对所有原材料、制成品的运输和存储进行战略管理,以使企业产生最大利益。这一时期计算机管理信息系统的发展促进了物流一体化组织结构的形成。这时的物流一体化组织将厂商定位为可以处理采购、制造和物资配送之间利益协调的机构,有利于从整体把握全局。物流一体化组织结构如图 6-6 所示。

一体化的物流组织已是供应链管理的基本形态。在过去的一段时间内,物流组织完成了从分隔到物流一体化的转化,使功能渐趋整合。

(五) 供应链联盟网络组织结构

供应链联盟是企业为了扩大自身业务能力和市场覆盖范围而与其他企业建立的稳定的、长期的合作关系。它是通过各种协议、契约而结成的优势互补、风险共担、利益共享的松散型网络组织,是介于独立企业与市场交易关系之间的一种组织形态。供应链企业联盟主要由盟主企业和成员企业构成,其网络组织结构如图 6-7 所示。

二、供应链管理环境下的企业组织业务流程

(一) 供应链管理环境下的企业业务流程的变化

供应链管理环境下的业务流程有哪些特征,目前还是一个有待于进一步研究的问题。我们

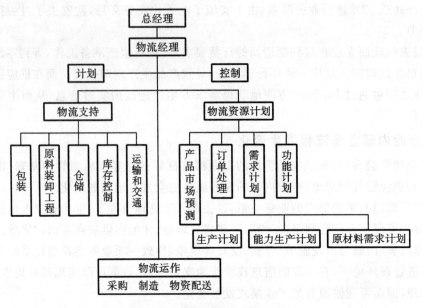

图 6-6 物流一体化组织结构

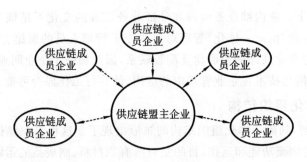

图 6-7 供应链联盟网络组织结构

从企业内部业务的变化、制造商与供应商之间的业务关系的变化及信息处理技术平台三个方面,讨论给企业业务流程带来的变化。

1. 制造商与供应商之间业务流程的变化

过去供应商企业总是在接到制造商的订货要求后,再进行生产准备等工作,等到零部件生产出来,已消耗很多的时间。这样一环一环地传递下去,导致产品生产周期很长。而在供应链管理环境下,合作企业间可以通过 Internet 方便地获得需求方的实时信息,从而可以主动地做好供应或出货工作。例如,供应商企业可以通过 Internet 了解提供给制造商配件的消耗情况,在库存量即将到达订货点时,可以在没有接到制造商的订货单之前做好准备工作,从而大大缩短供货周期。由于这种合作方式的出现,原来那些为处理订单而设置的部门、岗位和流程就可以考虑重新设计了。

2. 企业内部业务流程的变化

在供应链管理环境下,有一定的信息技术作为支持平台,数据可以实现共享,并且可以实现并发处理,因而使原有的顺序工作的方式有可能发生变化。举例来说,生产部门制订完生产计划后,采购供应部门就可以通过数据库读取计划内容,计算需要消耗的原材料、配套件的数量,迅速制订出采购计划。通过查询数据库的供应商档案,获得最佳的供应商信息,就可以迅速向有关厂家发出订货单。更进一步地,可以通过 Internet 或 EDI 直接将采购信息发布出去,直接由供应商接收处理。

【知识链接 6-2】

电子数据交换

EDI 是英文"electronic data interchange"的缩写,中文可译为"电子数据交换"。它是一种在公司之间传输订单、发票等作业文件的电子化手段。EDI 是 20 世纪 80 年代发展起来的一种新颖的电子化贸易工具,是计算机、通信和现代化管理相结合的产物。EDI 的应用领域很广泛,涵盖工业、商业、外贸、金融、运输等,这些领域的应用一般是互为联系的、交叉的,理想的状况是各行各业均通过互通的 EDI 网络联系在一起。目前,EDI 在欧美等发达国家已得到了普遍应用,而在我国的发展还处在起步阶段。据统计,在全球排名前 1 000 家的大型跨国企业中,有 95% 的企业应用 EDI 与客户、供应商联系。

3. 支持业务流程的技术手段的变化

供应链管理环境下企业内部业务流程和外部业务流程的变化不是偶然出现的。至少有两方面的原因。一是横向一体化的管理思想改变了管理人员的思维方式,把企业的资源概念扩展了,更倾向于与企业外部的资源建立配置联系,因此加强了对企业间业务流程的紧密性。二是供应链管理促进了信息技术在企业管理中的应用,使并行工作成为可能。在信息技术比较落后的情况下,企业间或企业内部各部门之间的信息传递都要借助纸质媒介,制约了并行处理的工作方式。

(二) 供应链联盟网络组织的工作流程

供应链联盟网络组织的工作流程如图 6-8 所示。

(三) 供应链管理环境下企业业务流程重组的仿真分析

1. 供应链管理环境下企业业务流程重组的原则

用合适的工具和方法设计业务流程,以满足一定的战略业绩目标;应用连续改善的技术促进企业提高业绩水平;采用有效的变化管理方法以调整供应链企业的人力和文化,从而适应新的工作流程;正确应用信息技术。企业要根据实际情况发展信息技术,同时要根据信息技术与供应链管理集成的特点进行企业业务流程重组;最高领导层的参与及领导的重视至关重要。

2. 供应链管理环境下企业业务流程重组的仿真分析

在供应链环境下,企业间的信息可以通过 Internet 传递,上下游企业间的供需信息可以直接从不同企业的网站上获得,这样可以简化业务流程。

与一般情况下的企业与用户方的业务交往不同的是,处于供应链上游的企业(如某供应商)不是被动地等待需求方(如用户或供应链下游的企业)提出订货要求再来安排生产,而是可以主

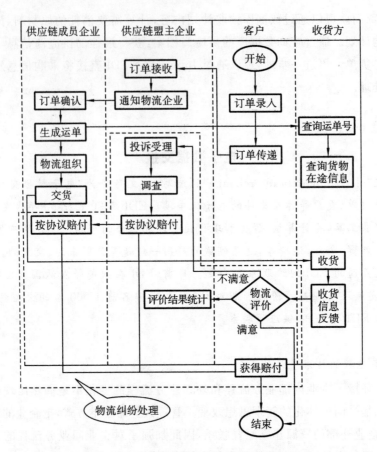

图 6-8 供应链联盟网络组织的工作流程图

动地通过 Internet 了解下游企业的需求信息,提前获取它们的零部件消耗速度,这样一来就可以主动安排好要投入生产的资源。在这种情况下,生产管理部门具有一定的主动权,销售部门不是生产部门的上游环节,而是和生产部门处于同一流程的并行环节。在这种流程模式下,减少信息流经的部门,因而减少时间消耗。此外,由于流程环节少了,也降低了信息的失真度。在本流程模型中,销售部门所获取的信息作为发货和资金结算的依据。

采用这种模式的企业提高了对需求方的响应速度,因此比潜在的竞争对手更有竞争力。由于可以对需求方提供及时、准确的服务,节省了需求方向供应商发出订货信息而花费的人力和时间,因而大受下游企业的欢迎。这方面已有成功的例子。美国一家为其他公司提供零部件的企业,为了增强竞争力,采取了通过 Internet 了解下游企业零部件消耗速度的方法,可以及时、准确掌握需求方对零部件的需要时间和数量,本企业在没有接到下游企业订货单的情况下,就能事先做好准备工作,并且及时生产出来,在需求方需要的时候已经出现在生产第一线,深受需求方企业的欢迎,更重要的是双方共同提高了竞争力。

供应链管理环境下的企业间完成供需业务的流程也同样发生了变化,如图 6-9 所示。制造商和供应商之间通过 Internet 实现信息共享,双方又已建成战略合作伙伴关系,每个企业在整个供应链中承担着不同的责任,完成各自的核心业务。

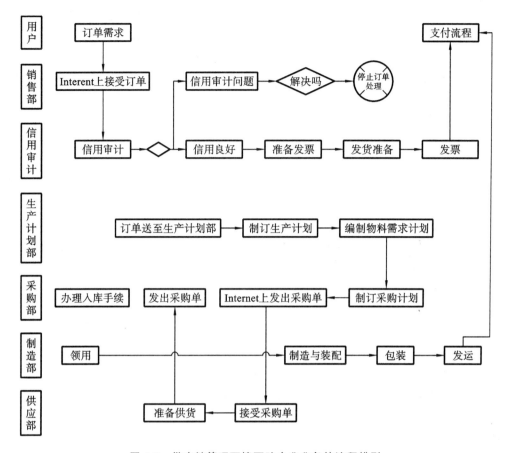

图 6-9 供应链管理环境下跨企业业务的流程模型

任务四 设计供应链

一、供应链设计概述

(一) 供应链设计的定义及内容

1. 供应链设计的定义

供应链设计(supply chain design)是指以用户需求为中心,运用新的观念、新的思维、新的手段从更广泛的四维空间——企业整体角度去勾画企业蓝图和服务体系。供应链设计通过降低库存、减少成本、缩短提前期、实施准时制生产与供销、提高供应链的整体动作效率,使企业的组织模式和管理模式发生重大变化,最终达到提高用户服务水平、达到成本和服务之间的有效平衡以及提高企业竞争力的目的。

2. 供应链设计的内容

战略层面的供应链设计的主要内容包括:①供应链的成员及合作伙伴的选择;②设计网络结构;③设计供应链运行的基本规则。

(1) 供应链成员及合作伙伴的选择。一个供应链是由多个供应链成员组成的。供应链成员包括为满足客户需求,从原产地到消费地,供应商或客户直接或间接地相互作用的所有公司和组织。这样的供应链是非常复杂的。

(2) 设计网络结构。供应链网络结构主要由供应链成员、网络结构变量和供应链间工序连接方式三方面组成。为了使非常复杂的网络更易于设计和合理分配资源,有必要从整体出发进行网络结构的设计。

(3) 设计供应链运行的基本规则。供应链上节点企业之间的合作是以信任为基础的。信任关系的建立和维系除了各个节点企业的真诚和行为之外,必须有一个共同平台,即供应链运行的基本规则,其主要内容包括:协调机制、信息开放与交互方式、生产物流的计划与控制体系、库存的总体布局、资金结算方式、争议解决机制等。

(二) 供应链设计的原则

在供应链的设计过程中,应遵循一些基本的原则,以保证供应链的设计能使得供应链管理思想得以实施和贯彻。

(1) 自上而下的设计和自下而上的设计相结合的设计原则。在系统建模设计方法中,存在两种设计方法,即自上而下和自下而上的方法。

(2) 简洁性原则。简洁性是供应链的一个重要原则。为了能使供应链具有灵活快速响应市场的能力,供应链的每个节点都应是简洁而有活力的,能实现业务流程的快速组合。

(3) 互补性原则。供应链的各个节点的选择应遵循强强联合的原则,从而达到实现资源外用的目的。每个企业只集中精力致力于各自的核心业务,就像一个独立的制造单元,这些单元化企业具有自我组织、自我优化、面向目标、动态运行和充满活力的特点,能够实现供应链业务的快速重建。

(4) 协调性原则。供应链绩效好坏取决于供应链合作伙伴关系是否和谐,取决于供应链动态连接合作伙伴的柔性程度。

(5) 动态性原则。不确定性在供应链中随处可见,这是在研究供应链运作效率时经常提到的问题。不确定性导致需求信息扭曲,因此需要预见各种不确定因素对供应链运作的影响,减少信息传递过程中的信息延迟和失真。

(6) 创新性原则。要产生一个创新的系统,就要敢于打破各种陈旧的思维框框,用新的角度、新的视野审视原有的管理模式和体系,进行大胆的创新设计。

(7) 战略性原则。供应链的建模应有战略性观点,通过战略性观点考虑减少不确定的影响。从供应链的战略管理的角度考虑,我们认为供应链建模的战略性原则还体现在供应链发展的长远规划和预见性上。

【小思考 6-2】

如何进行创新设计呢?

答 进行创新设计,一是创新必须在企业总体目标和战略的指导下进行,并与战略目标保持一致;二是要从市场需求的角度出发,综合运用企业的能力和优势;三是发挥企业各类人员的创造性,集思广益,并与其他企业共同协作,发挥供应链整体优势;四是建立科学的供应链、项目评价体系和组织管理系统,进行技术经济分析和可行性论证。

(三)设计供应链的步骤

1. **分析核心企业的现状**

这个阶段的工作主要侧重于对核心企业的供应需求管理现状进行分析和总结。如果核心企业已经有了自己的供应链管理体系,则对现有的供应链管理现状进行分析,以便及时发现在供应链的运作过程中存在的问题以及那些已出现或可能出现不适应时代发展的方式,同时挖掘现有供应链的优势。本阶段的目的不在于评价供应链设计策略中哪些更重要或更合适,而是着重于研究供应链设计的方向或者说设计的定位,同时将可能影响供应链设计的各种要素分类罗列出来。

2. **分析核心企业所处的市场竞争环境**

通过对核心企业现状分析,了解企业内部的情况;通过对市场竞争环境的分析,确定哪些产品的供应链需要开发,现在市场需求的产品是什么,有什么特别的属性,对已有产品和需求产品的服务要求是什么;通过对市场各类主体(如用户、零售商、生产商和竞争对手)的专项调查,了解产品和服务的细分市场情况、竞争对手的实力和市场份额、供应原料的市场行情、供应商的各类状况、零售商的市场拓展能力和行业发展的前景,以及诸如宏观政策、市场大环境可能产生的影响等。这一步的工作成果是有关产品的重要性排列、供应商的优先级排列、生产商的竞争实力排列、用户市场的发展趋势分析以及市场不确定性的分析评价的基础。

3. **明确供应链设计的目标**

基于产品和服务的供应链设计的主要目标在于获得高品质的产品、快速有效的用户服务、低成本的库存投资、低单位成本的费用投入等几个目标之间的平衡,最大限度地避免这几个目标之间的冲突。同时,还需要实现以下基本目标:①进入新市场,拓展老市场;②开发新产品,调整老产品;③开发分销渠道;④改善售后服务水平,提高用户满意程度;⑤建立战略合作伙伴联盟;⑥降低成本,降低库存,提高工作效率。在这些设计目标中,有些目标很大程度上存在冲突,有些目标是主要目标、有些目标是首要目标,这些目标的实现级次和重要程度随企业的具体情况而有所区别。

4. **分析组成供应链的各类资源要素**

本阶段要对供应链上的各类资源,如供应商、用户、原材料、产品、市场、合作伙伴与竞争对手的作用等进行分析。在这个过程中要把握对供应链设计可能产生影响的主要因素,同时对每一类因素产生的风险进行分析,给出风险规避的方案,并将这些方案按照所产生作用的大小进行排序。

5. **提出供应链的设计框架**

分析供应链的组成,确定供应链上主要的业务流程和管理流程,描绘出供应链物流、信息流、资金流、作业流和价值流的基本流向,提出组成供应链的基本框架。在这个框架中,供应链中各组成成员(如生产制造商、供应商、运输商、分销商、零售商及用户)的选择和定位是这个步骤中必须解决的问题,另外,组成成员的选择标准和评价指标应该基本上得到完善。

6. **评价供应链设计方案的可行性**

供应链设计框架建立之后,需要对供应链设计的技术可行性、功能可行性、运营可行性、管理可行性进行分析和评价。这不仅是供应链设计策略的罗列,而且还是进一步开发供应链结构、实现供应链管理的关键的、首要的一步。在供应链设计的各种可行性分析的基础上,结合核心企业的实际情况,以及对产品和服务发展战略的要求,为开发供应链中技术、方法、工具提供支持。同时,这一步还是一个方案决策的过程,如果分析认为方案可行,就可继续进行下面的设计工作;如果认为方案不可行,就需要重新设计。

7. 调整新的供应链

供应链的设计方案确定以后,通过这一步可以设计出与以往有所不同的新供应链。因此,这里需要解决以下关键问题:①供应链的详细组成成员(如供应商、设备、作业流程、分销中心)的选择与定位、生产运输计划与控制等;②原材料的供应情况,如供应商、运输流量、价格、质量、提前期等;③生产设计的能力,如需求预测、生产运输配送、生产计划、生产作业计划和跟踪控制、库存管理等;④销售和分销能力设计,如销售份销网络、运输、价格、销售规则、分销管理、销售服务等;⑤信息化管理系统软件平台、硬件平台的设计;⑥物流通道和管理系统的设计等。在供应链设计中,需要广泛地应用许多工具和技术,如归纳法、流程图、仿真模拟、管理信息系统等。

8. 检验已产生的供应链

供应链设计完成以后,需要对设计好的供应链进行检测。通过模拟一定的供应链运行环境,借助一些方法、技术对供应链进行测试、检验或试运行。如果模拟测试结果不理想,就返回第五步重新进行设计;如果没有什么问题,就可以实施了。

9. 比较新、旧供应链

如果核心企业存在旧的供应链,通过比较新、旧供应链的优势和劣势,结合它们运行的现实环境的要求,可能需要暂时保留旧的供应链上某些不科学或不完善的作业流程和管理流程,待整个市场环境逐步完善时再用新供应链上的规范流程来取代。同样的,尽管新的供应链流程采用科学规范的管理,但在有些情况下,它们取代过时的陈旧的流程仍需要一定的过程。所以,比较核心企业的新、旧供应链,有利于新供应链的有效运行。

10. 完成供应链的运行

供应链的出现必然带来供应链的管理问题。不同的供应链其管理特征、内涵、方法及模式均有所不同。

【知识链接 6-3】
设计供应链主要解决的问题

(1) 供应链的成员组成(供应商、设备、工厂、分销中心的选择与定位、计划与控制)。

(2) 原材料的来源问题(包括供应商、流量、价格、运输等问题)。

(3) 生产设计(需求预测、生产什么产品、生产能力、供应给哪些分销中心、价格、生产计划、生产作业计划和跟踪控制、库存管理等问题)。

(4) 分销任务与能力设计(产品服务于哪些市场,以及产品运输、价格等问题)。

(5) 信息管理系统设计。

(6) 物流管理系统设计等。

在供应链设计中,要广泛地应用到许多工具和技术,包括:归纳法、集体解决问题、流程图、模拟和设计软件等。第三方物流的选择与定位、计划与控制,确定产品和服务的计划、运送、分配和定价等需要每个节点企业参与交流,以便以后的有效实施。

二、基于成本核算的供应链设计

(一) 供应链成本分析

基于成本核算的供应链设计就是根据供应链中的总成本优化原则来选择供应链中的节点企业。总成本优化时应考虑物料、劳动力、运输、设备和其他变动成本等因素,同时考虑经验曲线对劳动力成本的影响、相关国家的汇率和通货膨胀率等影响因素。

供应链成本结构如图 6-10 所示。

(二) 基于成本核算的供应链设计流程

基于成本核算的供应链设计流程如图 6-11 所示。

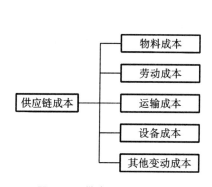

图 6-10 供应链成本结构图

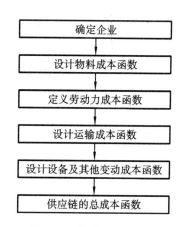

图 6-11 供应链设计流程

三、基于多代理的集成供应链设计

集成供应链的设计包括基于信息流、基于过程优化、基于商业规则、基于案例分析的综合设计,实现实物环境中人与人、人与组织、组织与组织的集成和计算机虚拟环境中的信息集成,同时,在实物环境与计算机虚拟环境之间实现人机集成。

(一) 基于多代理的集成供应链模式

随着信息技术的发展,供应链不再是由人、组织简单组成的实体,而是以信息处理为核心,以计算机网络为工具的人—信息—组织集成的超智能体。

基于多代理集成的供应链模式,它是涵盖两个世界三维集成模式,即实体世界的人与人、组织与组织集成;软体世界信息集成(横向集成);实体与软体世界的人-机集成(纵向集成)。

(二) 基于多代理的集成供应链动态建模基本思想

动态建模需要多种理论方法的支持,其基本流程为:多维系统分析→业务流程重构→建模→精简/集成→协调/控制,在建模中并行工程思想贯穿于整个过程。

(三) 基于多代理的集成供应链动态建模方法

基于多代理集成供应链的建模方法主要有基于信息流的建模方法、基于过程优化的建模方法、基于案例分析的建模方法以及基于商业规则的建模方法这几种。

四、基于产品的供应链设计

基于产品就是指根据产品特点来设计供应链结构。不同的供应链系统具有不同的特点。有的供应链系统成本控制能力较强,主要适合于一些相对稳定的产品结构;而有的供应链系统响应能力较强,比较适合于创新速度较快的产品。供应链的差异是由供应链内部的企业特点、企业关系、资源配置等所决定的,因此需要根据产品特点来选择供应链中的企业,并协调这些企业的关系。只有与产品特点相匹配,供应链才能具有较高的运行效率。

(一) 功能性产品与革新性产品

功能性产品与革新性产品的对比如表 6-1 所示。

表 6-1 功能性产品与革新性产品的对比

需求特征	功能性产品	革新性产品
产品寿命周期(年)	>2	1~3
边际贡献率(%)	5~20	20~60
产品多样性	低	高(每一目录上千种产品)
预测的平均边际错误率(%)	10	40~100
平均缺货率(%)	1~2	10~40
季末降价率(%)	0	10~25
按订单生产的提前期	6个月~1年	1天~2周

(二) 基于产品的供应链设计策略

根据供应链特点设计产品,供应链中产品的生产和流通成本与产品本身的特点密切相关,因此,在产品开发初期就考虑相关的供应链特点,可以使产品更好地与供应链匹配运行。

可利用表 6-2 设计供应链与产品类型策略矩阵为企业选择理想的供应链策略。

表 6-2 供应链设计与产品类型策略矩阵

	功能性产品	革新性产品
有效性供应链	匹配	不匹配
反应性供应链	不匹配	匹配

若用有效性供应链来提供功能性产品,可采取如下措施:
(1) 削减企业内部成本;
(2) 不断加强企业与供应商、分销商之间的协作,从而有效降低整条供应链上的成本;
(3) 低销售价格,这是建立在有效控制成本的基础之上的,但一般不轻易采用,需要根据市场竞争情况而定。

用反应性供应链来提供革新性产品时,应采用如下策略:

(1)通过不同产品拥有尽可能多的通用件来增强某些模块的可预测性,来减少需求的不确定性;

(2)通过缩短提前期与增加供应链的柔性,企业就能按照订单生产,及时响应市场需求,在尽可能短的时间内提供顾客所需的个性化的产品;

(3)当需求的不确定性已被尽可能地降低或避免后,可以用安全库存或充足的生产能力来规避其剩余的不确定性,这样当市场需求旺盛时,企业就能尽快地提供革新性产品,从而减少缺货损失。

(三)基于产品生命周期各阶段的供应链设计策略

基于产品生命周期各阶段的供应链设计策略如表 6-3 所示。

表 6-3 产品生命周期各阶段的供应链设计策略

产品生命周期	特　　点	供应链设计策略
引入期	无法准确预测需求量; 大量的促销活动; 零售商可能在提供销售补贴的情况下才同意储备新产品; 订货频率不稳定且批量小; 产品未被市场认同,夭折的比例较高	供应商参与新产品的设计开发; 在产品投放市场前制订完善的供应链支持计划; 原材料、零部件的小批量采购; 高频率、小批量发货; 保证高度的产品可得性和物流灵活性; 避免缺货发生; 避免生产环节和供应链末端的大量储存; 安全追踪系统,及时消除安全隐患或追回问题产品; 供应链各环节信息共享
成长期	市场需求稳定增长; 营销渠道简单明确; 竞争性产品开始进入市场	批量生产,较大批量发货,较多存货,以降低供应链成本; 作出战略性的顾客服务承诺以进一步吸引顾客; 确定主要顾客,并提供高水平服务; 通过供应链各方的协作增强竞争力; 服务与成本的比例合理化
成熟期	竞争加剧; 销售增长放缓; 一旦缺货,将被竞争性产品所代替; 市场需求相对稳定,市场预测较为准确	建立配送中心; 建立网络式销售通路; 利用第三方物流公司降低供应链成本,并为顾客增加价值; 通过延期制造、消费点制造来改善服务; 减少成品库存
衰退期	市场需求急剧下降; 价格下降	对是否提供配送支持及支持力度进行评价; 对供应链进行调整以适应市场的变化,如供应商、分销商、零售商等数量的调整及关系的调整等

(四)基于产品和服务的供应链设计步骤

基于产品和服务的供应链设计步骤可以概括性地归纳为以下十个步骤,如图 6-12 所示。

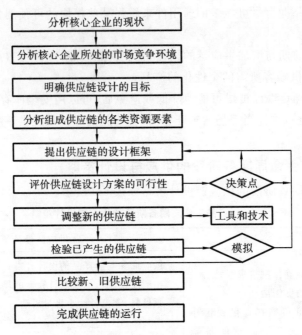

图 6-12 基于产品和服务的供应链设计步骤

【小思考 6-3】

供应链上的商务活动

大街上经常看到很多消费者携带着各式各样的牛质皮包,商场里也有琳琅满目的牛质皮包出售。那么,从畜牧场的牛到消费者手中的皮包,这之间经历了哪些商务活动呢?

答 从上游提供牛皮的供应商到下游购买皮包的消费者,这是一条很典型的供应链。其中伴随了物资的流动、信息的流动和资金的流动等活动。同时,在由上游向下游传递过程中都伴随着运输、加工及其他的人类活动,而这每一项活动都要支付成本,并要求获得一定的利润。因此,购买牛皮等原材料的价格较低,而消费者最终购买的牛质皮包价格则会偏高。

基本训练

1. 阅读理解
(1) 新的企业运作管理中需要转变哪些思想?
(2) 简述供应链设计的原则。
(3) 简述 BPR 的特点。
(4) 供应链环境下企业内部业务流程有哪些变化?

2. 判断题
(1) 用有效性供应链来提供功能性产品,不可采取削减企业内部成本措施。 (   )
(2) 处于成长期的产品可以采用服务与成本的比例合理化的策略。 (   )
(3) 比较核心企业的新、旧供应链,有利于新供应链的有效运行。 (   )

(4) BPR本身就是"以信息技术使企业再生",也正是由于现代信息技术使得多种工作整合、迅速决策、信息快速传递、数据集成与共享成为可能,彻底打破原有模式,推动组织创新。
（　　）

(5) 供应链管理环境下的企业间完成供需业务的流程相比传统企业的业务流程而言,不一定发生了变化。（　　）

3. 选择题

(1) BPR的核心内容是(　　)。
　　A. 根本性　　　　B. 彻底性　　　　C. 戏剧性　　　　D. 业务流程

(2) 战略层面的供应链设计的主要内容包括(　　)。
　　A. 供应链的成员及合作伙伴选择　　B. 设计网络结构
　　C. 设计供应链长度　　　　　　　　D. 设计供应链的基本规则

(3) 下面不属于供应链设计原则的是(　　)。
　　A. 自上而下的设计和自下而上的设计相结合的设计原则
　　B. 简洁性原则
　　C. 互补性原则
　　D. 系统性原则

(4) BPR提供了价值链流程优化的可行手段,它的特点有(　　)。
　　A. 以流程为导向　　　　　　　　　B. 目标远大
　　C. 打破常规　　　　　　　　　　　D. 创造性地应用信息技术

(5) 供应链企业联盟主要的构成是(　　)。
　　A. 盟主企业　　　B. 成员企业　　　C. 供应商　　　D. 客户

4. 技能题(小项目)

在一个理发店里有两位理发师,身边各有一把理发椅。此外还有四把椅子供顾客等候就座。为便于顾客等候时消遣时间,椅子旁边的书架上备有杂志。出纳员平时在前台负责收钱。顾客进门时,若理发师空闲,顾客可直接走到理发师前的空位上理发;否则,就要等候。在等候的时间内,顾客可以从书架上取杂志阅读。然而,若理发师都忙着,且店内没有空位可坐,顾客就会失望地离开。顾客理完头发后,在离店前要付钱。

实训目的:试构建该理发店的运作流程。

实训要求:通过分析,画出业务流程图,指出流程中不完善的地方,并试图优化该流程。

综合案例

案例1:以市场链为纽带重构业务流程

2002年,从生产规模看,海尔有10 800多个产品品种,平均每天开发1.3个新产品,每天有5万台产品出库。海尔一年的资金运作进出达996亿元,平均每天需做2.76亿元结算,1 800多笔账。随着业务的全球化扩展,海尔集团在全球有近1 000家分供方(其中世界500强企业44个),营销网络53 000多个,海尔还拥有15个设计中心和3 000多名海外经理人,如此庞大的业务体系,依靠传统的金字塔式管理模式或者矩阵式管理模式,很难维持正常运转,业务流程重组势在必行。

总结多年的管理经验，海尔探索出一套市场链管理模式。海尔认为，在新经济条件下，企业不能再把利润最大化当作目标，而应该以用户满意度的最大化、获取用户的忠诚度为目标。这就要求企业更多地贴近市场和用户。市场链简单地说就是把外部市场效益内部化。过去，企业和市场之间有一条鸿沟；在企业内部，人员相互之间也只是上下级或同事关系。如果产品被市场投诉了，或者滞销了，最着急的是企业领导人。下面的员工可能也很着急，但是使不上劲。而海尔不仅让整个企业面对市场，而且让企业里的每一个员工都去面对市场。由此，海尔也把市场机制成功地导入企业的内部管理，把员工相互之间的同事和上下级关系转变为市场关系，形成内部的市场链机制。员工之间实施SST（索赔、索酬、跳闸），即如果你的产品和服务好，下道工序给你报酬，否则会向你索赔或者"亮红牌"。

结合市场链模式，海尔集团对组织机构和业务流程进行了调整，把原来各事业部的财务、采购、销售业务全部分离出来，整合成商流推进本部、物流推进本部、资金流推进本部，实行全集团统一营销、采购、结算；并把原来的职能管理资源整合成创新订单支持流程3R（研发、人力资源、客户管理）和基础支持流程3T（全面预算、全面设备管理、全面质量管理），3R和3T流程成立相应的独立经营的服务公司。

整合后，海尔集团商流本部和海外推进本部负责搭建全球的营销网络，从全球的用户资源中获取订单；产品本部在3R流程的支持下不断创造新的产品来满足用户需求；产品事业部将商流本部获取的订单和产品本部创造的订单执行实施；物流本部利用全球供应链资源搭建全球采购配送网络，实现JIT订单加速流转；资金流搭建全面预算系统。这样就形成了直接面对市场的、完整的核心流程体系以及3R、3T等支持体系。

商流本部、海外推进本部从全球营销网络获得的订单形成订单信息流，传递到产品本部、事业部和物流本部，物流本部按照订单安排采购配送，产品本部和事业部组织安排生产。生产的产品通过物流的配送系统送到用户手中，而用户的货款也通过资金流依次传递到商流本部、产品本部、物流本部和分供方手中。这样就形成了同步的横向网络化的业务流程。

问题

海尔是如何以市场链为纽带重构业务流程的？

案例2：九州通医药集团供应链管理

九州通医药集团（简称九州通）医疗器械销售的产品主要分为三类：医疗耗材、家庭护理用品和计生用品，如注射器，电子血压计、安全套等。共享物流平台，医疗器械业务快速发展。九州通医疗器械总监龚翼华介绍，九州通的医疗器械发展得比一般企业快，很大程度上是因为利用了原来九州通药品营销网络优势。和竞争对手相比，九州通医疗器械业务本身拥有一个舞台，医疗器械与药品客户重合度比较高，在中国，几乎所有的市场化民营医院、诊所、药店都是九州通的客户。新医改也为九州通的业务延伸更多大型医院创造了条件。九州通医疗器械业务可以对这些客户二次开发。

九州通成为北京大学人民医院的医用耗材供应商，正是充分利用九州通平台的结果。当时，北大人民医院招标院内物流供应商。简单地说，院内物流就是医院里的药品和医疗器械直接配送到每个科室的过程。九州通在与几家大型国有企业竞争后，成功中标，成为北京大学人民医院唯一的耗材供应商。之所以中标,一方面,因为九州通利用自身物流信息技术,与医院的HIS系统对接,为医院各科室提供非常完善的自动补货服务,提升医院各科室工作效率;另一方面,九州通器械利用自身供方资源,不到2个月的时间,满足了医院2 000多个品规的产品需求。龚翼华说,遍布全国的九州通医药分公司,为医院供方资源的获取提供了条件。作为医用耗材供应商,九州通要为该医院准备1 000万元耗材库存,加上送到医院的货品价值1 500万元,仅此一家医药需要2 500万元的周转资金,一般的小企业无力竞争。

对于经营性的公司来说,自己不生产产品,因此供应商资源管理至关重要,没有好产品就不会有好的销售。九州通是一家优秀的药品配送企业。在中国上万家医药商业企业中,九州通位列第三,民营企业中排名第一,年销售额200多亿元。九州通原来给人的品牌印象主要是医药物流。2007年,当九州通开始着力经营医疗器械时,很多供应商还不相信其经营器械的能力,不愿意供货。很多厂商问龚翼华:"九州通不是做药品的吗,怎么在做器械?"九州通医疗器械团队反复与每一个供方沟通:"九州通的药品已经做得很好,器械是基于客户基础发展的新业务,请供应商上网查询并到公司实地考察。"龚翼华说:"随着九州通医疗器械宣传力度的加强,参加各种器械博览会,销售量的持续增加,让一大批供应商开始相信九州通,开始了良好的合作。然而,这仅仅解决了部分问题。"医疗器械行业发展多年,一些品牌医疗器械厂商早有自己的固定经销商,他们一般在一个地区限定一两家经销商。怎么办?

九州通首先解决货源问题,一方面寻找知名产品的同类产品代理,另一方面直接从厂商代理商处拿货。欧姆龙(欧姆龙集团)正是九州通"日久生情"的供应商。起初,欧姆龙和其他厂商一样,也没有给予九州通经销权。2007年11月,九州通开始与欧姆龙接触。当时,欧姆龙并不了解九州通。在后来的各种场合,九州通邀请欧姆龙到公司做客、参观。事实上,当时九州通已经在销售欧姆龙的产品,只不过是从欧姆龙各地代理商进货。厂商与经销商之间利益博弈经常表现在"串货",即一个地区市场的专供货品,经销商在另外一个地区销售,获得总量提高,获得厂商"返利"。龚翼华说,一直以来,九州通遵守游戏规则,坚持当地进货,当地销售。调研九州通是否"串货",欧姆龙并没有失望。由于九州通从欧姆龙的代理商进货量越来越大,甚至超过过去代理商的销量,使得欧姆龙更加关注九州通。通过对九州通整个公司财务状况、营销网络、人员配置的充分调研,2009年年初,欧姆龙正式给予九州通代理权。如今,不仅欧姆龙,江苏鱼跃(江苏鱼跃医疗设备股份有限公司)、强生等大型医疗器械企业,都与九州通建立了良好的合作,而且九州通已成为他们中国最大的客户。通过类似努力,目前九州通器械已经拥有1 200多家供应商资源。虽然九州通器械充分挖掘了药品的客户资源,但并不意味着销售就能快速增长。在九州通医疗器械网站可以看到,一个小木人举着一块牌子:专业让服务更加卓越。在九州通看来,对医疗器械专业性销售才能赢得客户的信任、放心。医疗器械与一般药品销售最大区别就是医疗器械属于服务式、教育式和培训式的营销。B超如何使用,相关参数如何解读,需要专业知识。顾客使用电子血压计,测不准血压,并不一定是血压计本身的问题,绝大部分是因为操作方法不正确。轮椅车的轮子磨坏了,需要有人提供更换服务。这样,九州通要求每一位服务人员都熟练掌握医疗器械专业知识,为客户提供无微不至的贴心售后服务。无论是血压计还是血糖仪,顾客说什么问题,服务人员都回答得非常清楚:哪里有问题;问题出现在什么地方;要怎样去使用;要注意些什么事项,等等。九州通一位叫刘成的员工,为了教客户正确使用血压计,模拟顾客,拿着一支烟匆匆跑进药店,要求服务员测血压,并且把手举得老高,用视频录像记录整个过程。然后,用这一段视频培训各终端药店的销售店员,让他们指出测量过程中有哪些错误。这比起讲纯理论,效果明显得多,同时向药店和顾客展示了专业性。作为连接上下游的公司,九州通一直把服务当作看家本领,良好服务已成为企业文化的一部分。新兴业务医疗器械在这方面也不例外。今年刚过春节,一位上海顾客在九州通的下游药店购买了血压计。按常理,产品出了问题,在哪里买就到哪里寻求售后服务。当顾客打电话反映问题时,九州通医疗器械售后服务人员半个小时后上门,恰逢顾客搬家。于是,该售后服务人员马上帮顾客搬家,然后沟通血压计的使用。该客户讲,我们买过很多器械产品,但没有看到过像九州通这样提供服务的。九州通很快发现,这些被感动的顾客,会在自己小区的邻里之间互相推荐。口碑形成后,明显拉动销售。

问题

九州通公司是如何构建医疗器械供应链运作业务流程的?通过此案例对供应链流程管理有哪些启示?

综合实训

供应链管理业务流程重组方案

一、实训目的

在学习本章相关知识后,让学生进行更高层次的能力训练,使学生学会运用所学的理论知识和技能,分析、研究和解决企业供应链管理实际问题。通过撰写某个企业供应链管理业务流程重组方案,使学生巩固、扩大和深化所学知识,学会如何检索和分析处理数据资料,提高学生在实际工作中发现问题、分析问题和解决问题的能力。

二、实训内容

撰写供应链管理业务流程重组方案。

三、实训资料

实训选定目标企业资料。

四、实训准备

学生分组:每6~7人一组,每组选出一名小组长。

五、实训步骤

(1) 根据资料分析企业组成及运作现状。

(2) 利用所学理论知识分析其供应链运作现状的优势和缺陷,写出调研分析。

(3) 在调研分析的基础上,针对其存在的缺陷提出改进方案,撰写一份某个企业供应链管理业务流程重组方案,作为实训报告上交。

六、实训考核

(1) 供应链管理业务流程重组方案是否符合规范的格式要求?

(2) 相关资料是否通过上网和实地调查获得的,调查资料是否翔实、准确和具体?

(3) 关于所调查供应链运作现状的分析观点是否正确?谈谈你的独到见解。

(4) 所提改进方案和措施是否合理并有独到之处?

项目七

认识和理解供应链成本管理

GONGYINGLIAN
GUANLI
SHIWU

知识目标

◎ 理解供应链成本的概念及组成
◎ 认识供应链成本管理的特点及原则
◎ 掌握供应链成本管理的含义
◎ 掌握供应链成本管理的方法

技能目标

◎ 能用所学知识对供应链成本管理状况进行分析
◎ 能结合企业具体情况提出供应链成本管理的一些措施
◎ 运用供应链成本管理方法分析实际问题

A 公司的成本管理

  A 公司在世界主要工业地区有分部，如日本、韩国、中国、新加坡等。分部不但要为客户及时提供技术支持，而且要提供零配件，因为缺料会导致客户机台停转，损失动辄几十万元。该公司的零配件储备是典型的多阶段仓储模式，即在美国有主仓库，各地区有分仓库。几年来，该公司推行外包战略，整条供应链从仓库到运输到报关、清关，都由第三方物流公司负责。最近有分部发现，总部从发出配货命令，到配货完毕待运，原来在 24 小时内即可完成，现在却动辄得 2 天，有时候甚至要更长时间。别的地区也发现类似的问题：原本应该已经在飞机上的货，现在却经常还待在总部。空运又不是天天有，因为货量较低，为节省运费，公司的航运只定在周一、周三、周五。这意味着总部迟配货 1 天，分部可能迟 3 天拿到货。如果适逢周末，便是 5 天。

  假定该公司的库存周转率为 10 天，这意味着公司要保持 36 天的库存（365 除以 10）。货每迟发一天，分部就得多备一天的货，总库存即增加 2.8%（1 除以 36）。假定各分部总库存为 3 000 万美元，库存增量为 84 万美元（3 000 万美元乘以 2.8%）。假定库存成本为 25%（包括仓库成本、人工费、保险费、折旧费等），那么，迟发一天的代价就是 21 万美元一年。这还不算客户因缺料带来的损失。这只是理论计算。实际案例中，分部过激反应，要求多备一周的货。那么，整个供应链条的总成本就超过百万美金。货迟发一天的影响如此，质量问题、断货、运输延迟、清关延误等的影响就更大。这些因素一起导致供应链库存居高不下。量化这些影响，有利于引起各方面注意，从而采取切实行动。

  A 公司的案例表明：供应链上的每个节点企业都很重要，每个企业的每一项作业都很重要。如库存管理不善，会导致周转率低，进而会导致供应链总成本的上升。由此可见，供应链成本管理的重要性。

任务一　认识和理解供应链成本及供应链成本管理

一、供应链成本的概念及组成

(一) 供应链成本的概念

供应链成本是指供应链在整个运作流程和周期内的成本,包括企业在采购、生产、销售过程中为支撑供应链运转所发生的一切物料成本、劳动成本、运输成本、设备成本等。

(二) 供应链成本的构成

在供应链运营过程中,必然要占用和消耗一定的活劳动和物化劳动,这些活劳动和物化劳动的货币表现,即为供应链成本,也称为供应链费用。供应链成本包括供应链各项活动的成本与费用之和,也是供应链系统的总投入。一般来说,供应链成本由以下几个部分构成。

1. 供应链总运营成本

供应链总运营成本包括供应链通信成本、供应链总库存费用及各节点企业外部运输总费用。供应链通讯成本包括各节点企业之间的通信费用,如 EDI、Internet 的建设和使用费用;供应链信息系统开发和维护的费用等。供应链总库存费用包括各节点企业在制品库存和成品库存费用,以及各节点企业之间在途库存费用。各节点企业外部运输总费用等于供应链所有节点企业之间运输费用总和。

2. 供应链核心企业产品成本

供应链核心企业的产品成本是供应链管理水平的综合体现。根据核心企业产品在市场上的价格确定出该产品的目标成本,再向上游追溯到各供应商,确定出相应的原材料、配套件的目标成本。只有当目标成本小于市场价格时,各企业才能获得利润,供应链才能得到发展。

3. 供应链管理总成本

供应链管理总成本包括订单管理成本、物料采购成本、库存持有成本、与供应链相关的财务和管理信息系统成本。订单管理成本和物料采购成本大约占整个供应链管理成本的三分之二,订单管理成本与面向顾客的供应链的一端相关,而物料采购成本则与面向供应商的一端相关。由于这些成本表现在属于不同组织的供应链系统之间的接口点,所以,他们构成整个供应链管理费用的一大部分也是合理的。在一个供应链中,与订单管理和物料采购成本几乎同样重要的是库存持有成本,其中包括损坏、贬值、运营资金的机会成本。

供应链成本的构成如图 7-1 所示。

(三) 供应链成本的影响因素

根据供应链管理的整体性原则,影响供应链成本的因素还可能包括以下几个方面。

产品的过程成本或买入价;制造劳动力和库存间接成本;过时成本——由于市场变化所引起的产品价值的损失部分;库存的国家税、财产税和保险税;保险——库存像其他资产一样要投保,通常这是公司保险政策的一部分;缺货成本——如果订货时没有客户所需要的物料可供发

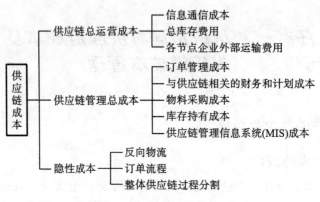

图 7-1 供应链成本的构成

货,就可能失去销售的机会或可能增加额外的费用,通常称这种费用为缺货成本。

缺货成本是衡量采购价值和销售服务水平的一项重要指标。要明确地计算缺货成本却是一项非常困难的工作。在缺货成本中包括由于发货量小而产生的额外的、较高的货运费用,由于降低客户满意度造成的损失等因素。

产品设计对供应链成本起着相当重要的作用,设计不合理的产品将会大大增加供应链的复杂程度,同时必须具备一个更为精细复杂的系统用于跟踪。产品设计的不合理还会导致产品的多余和更多的不确定因素。使用不需要的零部件,生产的难度和装配的难度会大大增加,存在缺陷的产品由此也大为增加,导致复杂的退货流程。信息共享,从合作而非技术和挑战的角度说服供应链伙伴共享信息;供应链伙伴合作的次数和程度如何?联系是否广泛——是否延伸到买方和卖方以外的其他角色?传统的过于狭窄的供应链将会对未来的信息共享造成阻碍。企业企业信息化的资金投入将构成供应链管理成本的很大一部分。

二、供应链成本管理概述

(一)供应链成本管理的概念及特点

1. 供应链成本管理的概念

供应链成本管理可以说是以成本为手段的供应链管理方法,是有效管理供应链的一种新思路。供应链成本管理是一种跨企业的成本管理,其视野超越了企业内部,将成本的含义延伸到了整个供应链上企业的作业成本和企业之间的交易成本,其目标是优化、降低整个供应链上的总成本。

2. 供应链成本管理的特点

(1)顾客满意是供应链成本管理的前提。供应链管理实质上是由顾客驱动的需求链管理。顾客的需求通过供应链逐级传递给供应链的节点企业,每个下游的节点企业都可看作是上游节点企业的顾客;而顾客的价值和需求又是通过供应链的下游节点企业逐级上传和保证,直至最终顾客。因此,顾客的需求是通过顾客价值增值水平体现的,即"价值增值=用户价值－用户成本"。在供应链网络中,每个成员企业既是其上游供应商的顾客,又是其下游顾客的供应商。因此,只有各成员企业在供应链成本管理过程中都坚持增加顾客价值的观念,避免因自己或下层企业对供应链成本的过度压缩而导致顾客满意度降低,这样才能实现最终顾客的价值增值。

(2) 作业是供应链成本管理的基础。供应链是为满足最终顾客需要而形成的一系列作业的集合体,这个集合体构成了一个虚拟的企业。其中,每个成员企业都可看作是为最终顾客提供产品或服务的一项作业,每一项作业的完成都要消耗一定的资源,而作业的产出又形成一定的价值,转移到下一项作业,依次转移,直到形成最终产品。基于供应链形成的虚拟企业为了寻求持续的竞争优势,必须提高作业的产出,减少作业的耗费,而要做到这一点,就必须从整体的、战略的角度对各项作业进行分析。在供应链中,每个成员企业的作业又是其内部各项子作业的集合体,各项子作业的耗费构成了供应链的总成本。因此,供应链总成本的管理,必须深入到作业层次,作业是供应链成本构成的基本单位。

【案例分析 7-1】

AAFES 加强协作以降低客户成本

The Army and Air Force Exchange Service(AAFES)是美国一家军事机构,主营业务是以颇具吸引力的价格向现役军人、保安人员、预备队成员、退伍军人及其家属销售军用商品并提供各种服务。AAFES 将其收入的三分之二投资于提高军队士气,并资助福利和退休计划。该机构将所赚的每一分钱都用于提高军队成员及其家属的生活质量,多年来它也一直致力于寻找新方法以求降低运营成本。在 2007 年,一个宝贵的合作机会令其非常高兴,即与同行 FMWRC(Family and Morale,Welfare and Recreation Command)组织共享服务模型,从而达到双赢的局面。这两家机构拥有相同的客户群,而且产品分类也很相似。从 European Theater 开始,两家机构组建了一支联合团队,调查总运输成本,并确定采购、分销和运输等环节中的合作机会。例如,团队发现,AAFES 首先将货物送达 FMWRC 仓库,所有货物都卸载并存储在这些仓库中,然后被分别运往各 FMWRC 场所。现在,这些货物直接被运往各 FMWRC 场所,省去运往 FMWRC 仓库的环节。通过这类协作,两家机构通过提高运输量降低了单位交货成本,无须再运输价值为 230 万美元的库存,人力成本降低了 80 万美元。

分析

智慧的供应链具有与生俱来的灵活性。这种供应链由一个互联网络组成,连接了供应商、签约制造商和服务提供商,它可随条件变化作出适当的调整。为实现资源的最佳配置,未来的供应链将具备智能建模功能。通过模拟功能,供应链管理者可以了解各种选择的成本、服务级别、所用时间和对质量的影响。

(二)供应链成本管理的基础理论

供应链成本管理虽然是 20 世纪 90 年代提出的一种新的成本管理模式,但追溯其理论渊源,与前人关于成本管理的各种研究理论是分不开的。供应链成本管理理论基础主要包括价值链理论、委托代理理论、交易成本理论和组织间成本管理理论等。

1. 价值链理论

某一个价值链单元是否创造价值,关键是看它是否提供了后续价值链单元的所需,是否降低了后续价值链单元的成本。同时,任何一个企业均处于某行业价值链的某一段,价值链的上游是它的原材料或产品的供应商,下游是其分销商或最终顾客。这种价值链的相互联系成为降低价值链单元的成本及最终成本的重要因素,而价值链中各个环节的成本降低则是企业竞争优势的来源。价值链分析对于成本管理理论的最大贡献就在于它拓展了成本管理的视角,将成本管理的重心延伸到了组织边界,不只是局限于企业内部,而是包括了价值链伙伴。

2. 委托代理理论

委托代理理论的核心是解决在利益相冲突和信息不对称情况下,委托人对代理人的激励问题,即代理问题,包括提高代理效果和降低代理成本。从广义上说,存在合作的地方就存在委托代理关系,而供应链成本管理强调的就是关系管理,也就是合作与协调,因此委托代理理论为其提供了分析的理论基础和方法框架。根据委托代理理论来分析处于供应链中的企业,处于上游的企业所扮演的是代理方的角色,而下游企业所扮演的是委托方角色。存在委托代理关系就必然要发生代理成本,包括激励成本、协调成本和代理人问题成本等。供应链成本管理中需要对这些成本进行分析,以期降低代理成本,优化代理效果,使链条间企业的关系成本最低的同时达到良好的合作效果。

3. 交易成本理论

交易成本又称交易费用,最早由罗纳德·科斯在研究企业性质时提出,是指交易过程中产生的成本。交易成本包括"发现相对价格的工作"、谈判、签约、激励、监督履约等的费用。毫无疑问,利用外部资源将带来大量的交易成本。这就需要一种围绕核心企业,通过信息流、物流、资金流的控制,从采购原材料开始,制成中间产品及最终产品,最后由销售网络把产品送到消费者手中的,将供应商、分销商、零销商,直到最终用户连成一个整体的功能性网链结构模式,这就是供应链。为了降低整个供应链的交易成本,企业之间应该建立紧密的合作伙伴关系,彼此信任,通过信息网络技术实现信息共享。

4. 组织间成本管理理论

组织间成本管理(interorganizational cost management,ICM)是对供应链中有合作关系的相关企业进行的一种成本管理方法,目标是通过共同的努力来降低成本。为了完成这个目标,所有参与的企业应该认同这个观点:"我们同坐一条船",并且要鼓励所有参与企业增加整个供应链的效率而不是企业自身的效率。如果整个供应链变得更加高效,那么所有参与企业分得的利润也就更多。因此,组织间成本管理是一种增加整个供应链利润的方法。由于它在很大程度上依赖于协调,所以它只适用于精细型供应链,因为在精细型供应链中,买卖双方互相影响,信息共享程度也很高。

供应链成本管理理论基础除了上述理论之外,还包括博弈论、约束理论、生命周期成本理论等。

(三)供应链中成本管理的原则

1. 成本效益原则

供应链中成本管理的目的是以适当的成本实现高质量的顾客服务。不能无限度地提高服务水平,否则成本上升的速度太快,而服务效率造成的销售收入水平的提升所带来的效益并不能弥补增加的成本,从而影响供应链的整体效益。为了克服过分追求高水平服务的错误思想,避免过高的物流成本和过剩服务,企业可采用市场导向型物流服务战略,根据销售部门的反馈信息和参与竞争企业的服务标准,在充分了解市场需求和承受能力的基础上,相应制定本企业的物流服务水准,控制物流成本。

2. 客户需求导向原则

供应链中的成本管理是一种需求拉动型的成本管理模式。这种模式下,将顾客需求及客户订单作为生产、采购的拉动力,以控制资金占用成本。需求拉动生产,即有市场需求才组织生产,企业的产、供、销等经济活动都要适时适量,从而达到减少存货占用资金、仓储费用及存货损失和价值损失等目的。

3. 从供应链联盟的整体出发控制成本的原则

传统的成本理论,强调企业之间的竞争,而忽略合作。成本管理也较重视交易过程的价格比较,通过供应商的多头竞争,从中选择价格最低者作为合作者。供应链的整体性体现在企业自身流通环节的整合和与上、下游各节点企业间的整合两个方面。供应链成本管理,就是要摒弃传统的、部门分割的管理思想,把企业内部及节点企业之间的各种业务看作一个整体功能过程,形成集成化供应链管理体系。集成化供应链管理思想要求企业通过整合,使供应链整体成本最优。

4. 供应链成本管理手段应多样化原则

供应链管理的有效实现,主要利用信息技术和供求信息在企业间的整合,建立客户管理系统、供应链管理系统、合作伙伴关系管理系统、全球采购系统和电子商务系统等技术支撑体系,改善企业传统业务标准,降低成本。

5. 加强合作、信息共享原则

在传统模式下,采购方很难参与供应商的生产组织过程和有关质量控制活动,相互间工作是不透明的,这就加大了验收时的质量控制难度。在采购过程中,采购一方处于有利位置,往往截留部分需求信息,人为设置沟通障碍,同时供应商们也隐瞒部分信息,采购双方都限制了有效的信息沟通。信息不对称,加大了采购双方的成本。信息共享对于供应链合作伙伴来说是至关重要的,无论是生产商还是经销商,都应随时获得反映供应链运行情况的信息。这种信息共享建立在体系更深层次的合作关系之上,这要求各合作伙伴之间要有更深层次的信任,而不是简单的数据关系。

任务二 掌握供应链成本管理的方法

供应链的成本控制是供应链管理的本质要求和表现形式,是企业经济决策的核心,直接影响企业的获利能力。目前比较常用的供应链成本控制方法有作业成本法、目标成本法、平衡计分法和生命周期成本法等。

一、作业成本法(ABC法)

(一)作业成本法的原理

作业成本法(activity-based costing,ABC)自20世纪80年代以来,在理论和实践上产生了重要的影响。作业成本管理是一种战略成本管理模式,它是在满足顾客需要的前提下,通过优化企业整体价值链,而达到增强企业竞争优势的一种成本管理方法。作业成本法基本理念是"作业消耗资源,产品或服务耗费作业",如图7-2所示。作业成本法的目标是将成本动因引起的资源耗费更恰当地分配到产品或服务中,如图 7-3 所示。作业成本法不仅仅是会计工具,也是确定企业竞争优势和战略地位的战略工具。

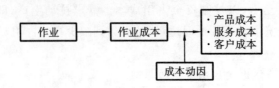

图 7-2 作业成本的概念

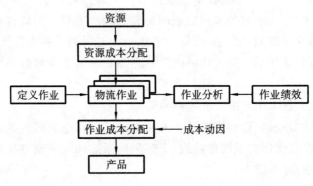

图 7-3 资源成本分配

【知识链接 7-1】

ABC 分类法

ABC 分类法又称巴雷托分析法、主次因分析法、ABC 分析法、分类管理法、重点管理法。它以某一具体事项为对象,进行数量分析,以该对象各个组成部分与总体的比重为依据,按比重大小的顺序排列,并根据一定的比重或累计比重标准,将各组成部分分为 A、B、C 三类,A 类是管理的重点部分,B 类是管理的次重点部分,C 类是管理的一般部分。ABC 分类法的原理是按巴雷托曲线所示意的主次关系进行分类管理。广泛应用于工业、商业、物资、人口及社会学等领域,以及物资管理、质量管理、价值分析、成本管理、资金管理、生产管理等许多方面。它的特点是既能集中精力抓住重点问题进行管理,又能兼顾一般问题,从而做到用最少的人力、物力、财力,实现最好的经济效益。

ABC 分类法的主要程序是:①收集数据,列出相关元素统计表;②统计汇总和整理;③进行分类,编制 ABC 分析表;④绘制 ABC 分析图;⑤根据分类,确定分类管理方式,并组织实施。

(二)作业成本法在供应链成本管理中的运用

1. 作业成本法应用于供应链成本管理的要求

运用作业成本法进行供应链成本管理,要求供应链中的各节点企业以系统理论和信息技术为基础,运用作业成本管理的思想,对供应链的流程进行重新设计和重点控制。一方面,将成本管理的重心深入到供应链作业层次,尽可能消除非增值作业,改进增值作业,优化作业链和价值链,从成本优化的角度改造作业和重组作业流程;另一方面,对供应链中的各项作业进行成本-

效益分析,确定关键作业点,从而有针对性地重点控制供应链成本。

在供应链成本中,直接成本易于辨别并归集分配到成本对象中去,对间接费用的正确分配则有一定的难度,而企业的柔性化生产,间接费用占越来越大的比重。作业成本法在间接费用的确认、分配上有较大的优越性,它提供了正确的分析工具和信息,使供应链管理者用少量的资源进行有效的经营管理。成本动因是引起作业成本变化的因素,任何成本的发生都是受成本动因驱动的。作业分析和成本动因分析是作业成本法正确计算和分配成本的基础。

供应链作业成本是从供应链的视角,以作业和交易为基础,通过分析间接费用来优化产品的总成本。因此,在供应链作业成本中,需要分析传统企业层的间接费用(作业成本)和供应链层的间接费用(交易成本),交易成本要根据与客户、供应商、合同谈判等交易来分析。在供应链中,所有参与的企业和部门共同确定交易和作业,以及相关的成本动因。因此,从供应链的视角,成本动因的分析不能局限在企业内部发生的作业,而要与供应商和客户的合作等作业活动联系起来。更重要的是,对成本动因的正确理解能使管理者更好地决策,提高组织业绩。

2. 作业成本法在供应链成本管理的运用步骤

作业成本法应用于供应链成本核算,其理论基础是:产品消耗作业,作业消耗资源并导致成本的发生,把成本核算深入到作业层次,以作业为单位收集成本,并把作业成本按作业动因分配到产品。因此,应用作业成本法核算供应链物流并进行管理,可分为如下四个步骤。

(1) 界定供应链物流系统中所涉及的各个作业。作业是工作的各个单位,作业的类型和数量会随着供应链的不同而不同。

(2) 确认供应链物流系统中涉及的资源。资源是成本的源泉,资源包括直接人工、直接材料、生产维持成本(如采购人员的工资成本)、间接制造费用以及生产过程以外的成本(如广告费用)。资源的界定是在作业界定的基础上进行的,每项作业必涉及相关的资源,与作业无关的资源应从物流核算中剔除。

(3) 确认资源动因,将资源分配到作业。作业决定着资源的耗用量,这种关系称作资源动因。资源动因联系着资源和作业,它把总分类账上的资源成本分配到作业。表 7-1 是资源费用表的一个实例。

表 7-1 各类资源费用及分类

分　　类	说　　明
直接活动成本	员工工资、燃油费、路桥费
间接活动成本	订单处理、折旧费、保险费、车辆维修费、其他相关费用

(4) 确认成本动因,将作业成本分配到产品或服务中。作业动因反映了成本物件对作业消耗的逻辑关系,例如,问题最多的产品会产生最多顾客投诉的电话,故按照投诉电话次数的多少(此处的作业动因)把解决顾客问题的作业成本分配到相应的产品中去。表 7-2 即活动及相应成本分析的实例。

表 7-2 活动及相应的成本动因

活 动 名 称	成 本 动 因
订单处理作业	订单量、人工工时
生产作业	人工工时

续表

活动名称	成本动因
质检作业	人工工时
分拣作业	人工工时
首次配送作业	自营物流车辆数
分拨配送作业	外包物流车辆数

【案例分析7-2】

作业成本法在库存成本计算中的运用

库存成本在间接成本中占很大比重,约四分之一。传统的成本计算是将所有存货都以单要素为基准(如重量、数量等),按统一标准——例如每千克1元的平均储存成本分配。作业成本法则是将库存分成存放和整理两种作业。存放成本动因是装满某种存货的货箱占用的场地成本。单位存货的存放成本是指全年存放总成本除以货箱的占位个数,每个占位的年租金除以365天得出日租金。结合各存货平均周转天数计算该存货的停留天数,用它乘以每公斤存货的日租金额得到每公斤存货的存放成本。整理成本是整理、摆放及挪动货箱的成本(总整理成本除以货箱的个数,再根据每种货箱的承载重量计算每公斤产品的整理成本)。根据原材料和产品单位重量的存放和整理成本得出各产品单位重量的储存成本。

分析

作业成本法计算的存货的储存成本更合理,有利于管理者对存货进行有效管理,科学控制库存。

(三)供应链作业成本法的主要优点

(1)供应链作业成本为管理者进行供应链决策提供了更容易、更准确的成本信息,帮助提高企业竞争优势。管理者能洞察作业完成情况。

(2)供应链作业成本提供可靠和有效的相关作业成本的计量,通过价值增值,有助于提高产品和过程决策。

(3)供应链作业成本提供给供应链管理者更相关、更丰富的产品成本,更好地计算利润,更好地进行供应链价格、市场和资本投资决策。

实践证明,作业成本法是供应链成本管理中非常重要的方法,它使得企业能够辨别引起间接费用发生的多数作业,从而能更准确地计算相应的成本,并更有效地分析和控制。

(四)作业成本法的实例分析

如表7-3、表7-4所示,A企业配送部门经作业界定、活动资源及资源动因确定,明确每种作业活动在一周中的总成本,再经统计一周内每种作业活动项目的数量,就可明确A企业每一作业活动的单位成本,将作业活动成本分配到不同的产品或服务中,即可进一步明确在每一次不同的服务中企业花费的成本,帮助企业进行决策分析。

表7-3 作业活动及费用表

资源成本＼作业活动	拣选	检验	贴标签	包装	合计
人工费/(元/周)	30 000	20 000	10 000	10 000	70 000
空间费/(元/周)	20 000	5 000	5 000	10 000	40 000
设备费/(元/周)	10 000	5 000	5 000	2 000	22 000
材料费/(元/周)			1 000	5 000	6 000
合计	60 000	30 000	21 000	27 000	138 000

表7-4 活动及成本表

作业活动项目	挑选	检验	贴标签	包装
作业活动成本/(元/周)	60 000	30 000	21 000	27 000
作业活动项目数量/(箱/周)	12 000	3 000	10 500	3 000
单位作业活动成本/(元/箱)	5	10	2	9

正确的物流成本核算只是进行物流成本管理的基础,更重要的是要对成本核算得到的数据加以利用,以进行物流管理。B企业配送中心为3个客户提供某种产品的配送服务,3个客户在一个月内为中心带来的销售额相同,订货需求如表7-5所示。

表7-5 订货需求表

	X客户	Y客户	Z客户
订货总数/个	100	100	100
订货次数	5	4	10
每次平均订货数	20	25	10

若B企业配送中心内该货物的包装单位为20个/箱,则不同的订货需求产生不同的配货服务内容如表7-6所示。

表7-6 不同的订货需求产生不同的配货服务内容

	X客户	Y客户	Z客户
挑选散货数	0	20	100
整箱挑选次数	5	4	0
移动次数	5	4	10

B企业配送中心每个散货挑选的单位成本为1元;每箱商品挑选的单位成本为1.5元;移动的单位成本为5元,则B企业在为3个客户服务时支付的成本如表7-7所示。

表7-7 企业在为3个客户服务时支付的成本

	X客户	Y客户	Z客户
散货挑选费用/元	0	20	100
整箱挑选费用/元	7.5	6	0

续表

	X 客户	Y 客户	Z 客户
移动费用/元	25	20	50
费用合计/元	32.5	46	150

由此可见，尽管 X、Y、Z 三个客户带来的销售额相同，但由于订货内容不一样，物流成本有着明显的甚至数倍的差异。显然，这种差异在传统成本核算中是无法了解的。运用作业活动成本法，可以明确每一种服务的成本，也就便于企业控制和选择。

按照上述核算结果，企业为 X 客户进行服务的成本是最低的，但服务水平是高于为 Y 客户提供的，因为它更有利于客户存货投资成本的降低。因此，企业与 X 客户的沟通应不存在任何问题。对于 Z 客户虽然提供的是最高水平的服务，但无疑成本也是最高的，想要改善，B 企业配送中心就需要与供应商进行沟通，争取让供应商提供 10 个一箱的小包装，这一改善也许会在不增加太多成本的基础上提高客户的满意度；或者，干脆提高向 Z 客户的收费，进行服务水平和成本的平衡。

【小思考 7-1】
物流企业运用活动分析法要注意哪些问题？

答 物流企业运用活动分析法要注意以下几点。

（1）物流企业应正确识别及合理划分活动项目。活动的划分要明确和适当，划分的范围太大难以发现成本管理的问题所在，划分得太细则会加大核算和管理的成本，不符合成本效益原则。

（2）物流企业应合理选择成本动因。成本动因的选择要遵循会计核算的基本原则，同时也要考虑其他方面的因素，比如成本数据取得的难易程度、成本动因所计算出的活动与实际活动的相关程度、由成本动因所引起的行为作用大小等。

（3）物流企业应该逐步推行活动分析法。活动分析法的具体计算过程非常复杂，需要精确而高效的成本管理系统和相关数据支持。企业可采取循序渐进的形式，根据企业情况完善数据系统，然后一步一步实现活动分析法。

二、目标成本法

（一）目标成本法的原理

目标成本法是日本制造业创立的成本管理方法，这一方法目前已经得到了广泛采用。目标成本法的目的在于将客户需求转化为所有相关流程的强制性竞争约束，以此来保证将来的产品能够创造出利润。目标成本法以给定的竞争价格为基础决定产品的成本，以保证实现预期的利润，即首先确定客户会为产品及服务付多少钱，然后再回过头来设计能够产生期望利润水平的产品和服务的运营流程。目标成本法使成本管理模式从"客户收入＝成本价格＋平均利润贡献"转变成"客户收入－目标利润贡献＝目标成本"。在日本，目标成本计算与适时生产系统（JIT）密切相关，它包括成本企划和成本改善两个阶段。

目标成本法的流程主要包括三个部分。第一个部分，市场驱动型成本核算是确定产品的准许成本,这是产品在预期销售价格下销售,并且保证一定利润水平时所能产生的最高成本,准许成本是由目标销售价格减去目标利润得到的。第二个部分是确定可完成的产品层次的目标成本。第三个部分是设定产品包含的每个组件的目标成本。

【知识链接 7-2】

购货方与供应商共同合作的动因

购货方的组件层次的目标成本决定了供应商的销售价格,从而将它面临的市场竞争压力转嫁给了供应商。这种压力是通过组件转移的,因此为供应商降低成本指明了方向。其结果是购货方与供应商合作,共同进行成本管理工作。正是因为这种携手合作对于目标成本法效果的重要性,导致了目标成本法真正成为一种跨企业成本管理的技术。其中,"跨企业"主要体现在以下三个方面。第一,购货方必须设定可完成的组件层次的目标成本。如果供应商认为组件层次的目标成本无法完成,就会降低他们努力的积极性。第二,购货方必须选择适当的方法对供应商应用目标成本法。这个问题的核心在于他们在设置成本降低目标和如何完成该目标时,是否给予供应商足够的自由空间。第三,购货方可以设置激励系统来激发供应商的创新能力,提高成本降低率。

(二)目标成本法在供应链成本管理中的运用

1. 目标成本法在供应链成本管理中的应用原理

为了更有效地实现供应链成本管理的目标,使客户需求得到最大程度的满足,成本管理应从战略的高度分析,与战略目标相结合,使成本管理与企业经营管理全过程的资源消耗和资源配置协调起来,因而产生了适应供应链管理的目标成本法。

目标成本法是一种全过程、全方位、全人员的成本管理方法。全过程是指供应链产品生产到售后服务的一切活动,包括供应商、制造商、分销商在内的各个环节;全方位是指从生产过程管理到后勤保障、质量控制、企业战略、员工培训、财务监督等企业内部各职能部门各方面的工作,以及企业竞争环境的评估、内外部价值链、供应链管理、知识管理等;全人员是指从高层经理人员到中层管理人员、基层服务人员、一线生产员工这所有人。目标成本法在作业成本法的基础上来考察作业的效率、人员的业绩、产品的成本,弄清楚每一项资源的来龙去脉,每一项作业对整体目标的贡献。总之,传统成本法局限于事后的成本反映,而没有对成本形成的全过程进行监控;作业成本法局限于对现有作业的成本监控,没有将供应链的作业环节与客户的需求紧密结合。而目标成本法则保证供应链成员企业的产品以特定的功能、成本及质量生产,然后以特定的价格销售,并获得令人满意的利润。

目标成本法是由三大环节形成的一个紧密联系的闭环成本管理体系:①确定目标,层层分解;②实施目标,监控考绩;③评定目标,奖惩兑现。

与传统成本管理方法的明显差异在于,目标成本法不是局限于供应链企业内部来计算成本。因此,它需要更多的信息,如企业的竞争战略、产品战略及供应链战略。一旦有了这些信息,企业就可以从产品开发、设计阶段到制造阶段,以及整个供应链物流的各环节进行成本管理。在目标成本法引用的早期,通常企业首先通过市场调查来收集信息,了解客户愿意为这种产品所支付的价格,以及期望的功能、质量,同时还应掌握竞争对手所能提供的产品状况。公司根据市场调查得到的价格,扣除所需要得到的利润,以及为继续开发产品所需的研究经费,这样计算出来的结果就是产品在制造、分销和产品加工处理过程中所允许的最大成本,即目标成本,用公式表示是:产品目标成本＝售价－利润。

一旦建立了目标成本,供应链企业就应想方设法来实现目标成本。为此,要应用价值工程等方法,重新设计产品及其制造工艺、分销物流服务体系。一旦供应链企业寻找到在目标成本点满足客户需求的方法,或者企业产品被淘汰以后,目标成本法的工作流程也就宣告结束。

目标成本法将客户需求置于供应链企业制定和实施产品战略的中心地位,将满足和超越在产品品质、功能和价格等方面的客户需求作为实现和保持产品竞争优势的关键。

2. 目标成本法的三种形式

供应链成员企业间的合作关系不同,所选择的目标成本法也不一样。一般说来,目标成本法主要有三种形式,即基于价格的目标成本法;基于价值的目标成本法;基于作业成本管理的目标成本法。

(1) 基于价格的目标成本法。这种方法最适用于契约型供应链关系,而且供应链客户的需求相对稳定。在这种情况下,供应链企业所提供的产品或服务变化较少,也就很少引入新产品。目标成本法的主要任务就是在获取准确的市场信息的基础上,明确产品的市场接受价格和所能得到的利润,并且为供应链成员的利益分配提供较为合理的方案。在基于价格的目标成本法的实施过程中,供应链成员企业之间达成利益水平和分配时间的一致是最具成效和最关键的步骤:应该使所有的供应链成员都获得利益,但利益总和不得超过最大许可的产品成本,而且,达成的价格应能充分保障供应链成员企业的长期利益和可持续发展。

(2) 基于价值的目标成本法。通常,市场需求变化较快,需要供应链有相当的柔性和灵活性,特别是在交易型供应链关系的情况下,往往采用这种方法。为了满足客户的需要,要求供应链企业向市场提供具有差异性的高价值的产品,这些产品的生命周期多半不长,这些都增大了供应链运作的风险。因此,必须重构供应链,以使供应链成员企业的核心能力与客户的现实需求完全匹配。有效地实施基于价值的目标成本法,通过对客户需求的快速反应,能够实质性地增强供应链的整理竞争能力。然而,为了实现供应链成员企业冲突的最小化,以及减少参与供应链合作的阻力,链上成员企业必须始终保持公平的合作关系。基于价值的目标成本法以所能实现的价值为导向,进行目标成本管理,即按照供应链上各种作业活动创造价值的比例分摊目标成本。这种按比例分摊的成本成为支付给供应链成员企业的价格。一旦确定了供应链作业活动的价格或成本,就可以运用这种目标成本法来识别能够在许可成本水平完成供应链作业活动的成员企业,并由最有能力完成作业活动的成员企业构建供应链,共同运作,直到客户需求发生进一步的变化需要重构供应链为止。许多供应链成员企业发现它们始终处于客户需求不断变化的环境中,变换供应链成员的成本非常高。要使供应链存续与发展,成员企业必须找到满足总在变化的客户需求的方法。在这样的环境条件下,基于价值的目标成本法仍可按照价值比例分摊法在供应链作业活动间分配成本。但是,供应链成员企业必须共同参与重构活动,以保证每个成员的价值贡献正好与许可的目标成本相一致。

(3) 基于作业成本管理的目标成本法。这种方法适用于紧密型或一体化型供应链关系,要求供应链客户的需求是一致的、稳定的和已知的,通过协同安排,实现供应链关系的长期稳定。为有效运用这种方法,要求供应链能够控制和减少总成本,并使得成员企业都能由此而获益。因此,供应链成员企业必须尽最大的努力以建立跨企业的供应链作业成本模型,并通过对整体供应链的作业分析,找出其中不增值部分,进而从供应链作业成本模型中扣除不增值作业,以设计联合改善成本管理的作业方案,实现供应链总成本的合理化。目标成本法的作用在于激发和整合成员企业的努力,以连续提升供应链的成本竞争力。因此,基于作业成本管理的目标成本法实质上是以成本加成定价法的方式运作,供应链成员企业之间的价格由去除浪费后的完成供应链作业活动的成本加市场利润构成。这种定价方法促使供应链成员企业剔除基于自身利益的无效作业活动。诚然,供应链成员企业通过利益共享获得的利益必须足以使它们致力于供应链关系的完善与发展,而不为优化局部成本的力量所左右。

三、平衡计分卡

(一)平衡计分卡的原理

在供应链成本控制系统下,企业的管理思想发生了巨大变化,更加强调组织之间的协调、合作和运营的管理。平衡计分卡(balanced score card,BSC)的核心思想反映在一系列指标间形成平衡,即短期目标和长期目标、财务指标和非财务指标、滞后型指标和领先型指标、内部绩效和外部绩效之间的平衡。

平衡供应链计分卡是一种新型的供应链绩效评价方法。它根据供应链运作特点,参考平衡计分卡的角度和指标,提出了四个评价角度——顾客导向、财物价值、内部流程、未来发展,在一个实时的基础上对所有关键指标进行监测。这四个角度与客户、供应链企业的利益紧密相关,从整体上把握供应链战略和供应链运作的内在关系,变单纯的绩效评价为绩效管理,如图7-4所示。

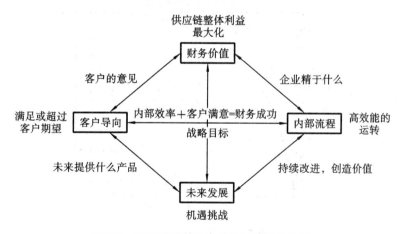

图7-4 平衡供应链计分卡的四个评价角度

(二)应用平衡供应链计分卡时所要注意的关键因素

(1)客户导向方面应尽最大努力满足顾客期望。建立和保持客户的密切关系;快速响应并满足客户的特定需求;提高供应链客户群的价值。

(2)供应链内部运作方面应在合理的成本下以高效率方式进行生产。实现较低的流程运作成本;实现较高的柔性-响应性;提高供应链中增值活动的比率。

(3)未来发展方面应注重改进创新,抓住发展机遇。加强信息共享,减少信息不对称,消除信息失真;与合作伙伴共赢,稳定战略联盟;进行生产、管理方面的技术开发。

(4) 财务方面应整合供应链，谋求供应链价值最大化。保证各合作伙伴在供应链中充分发挥各自的作用；系统严密地控制成本，使现金流得以更好的优化，获得更高的收益和资本回收率；提高供应链资本收益率，该指标由客户的利润除以在此期间使用的供应链的平均资产所得，反映了使用其资产的增值性绩效的大小。

四、生命周期成本法

（一）生命周期成本法的原理

生命周期成本法源于20世纪60年代美国国防部对军工产品的成本计算。随着价值工程、成本企划等先进管理模式的诞生，生命周期成本法在成本管理中越来越多地被运用，它可以满足企业定价决策、新产品开发决策、战略成本管理、业绩评价等方面的需要。

目前，对于生命周期成本还没有达成统一的定义，大多是依据Blanchard和Wolter J. Fabrycky对生命周期成本法的定义：生命周期成本是指在系统的生命周期中与该系统相关的所有成本。在生命周期成本法系统中，产品使用者承担的成本（包括使用成本和周期结束成本）负责补充传统上由产品生产商所承担的成本。并且，除了考虑实物流程及其相关物资和能源流动的成本外，还要考虑劳动力、使用知识（如专利）的成本及交易成本（如信息流）。例如，在生命周期中需要考虑产品的开发成本。采用生命周期成本法可以确定产品开发、生产、使用、周期结束所产生的所有成本，并据此识别生命周期和供应链中的成本驱动因素的关系，以开发和生产总成本最小的产品，如图7-5所示。

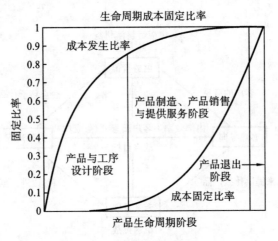

图7-5 产品生命周期成本

（二）基于供应链管理的生命周期成本法

供应链管理的精髓可以概括为三个方面：一是从最初的原材料的获取到最终产品的交付为止的产品整个生命周期的作业管理和流程管理，这就是供应链管理的流程视角，这与1997年供应链协会（Supply Chain Council）发布的供应链参考模型（supply chain refernce model，SCOR）是一致的；二是强调供应链节点企业之间的关系，尤其是企业与供应商之间的伙伴关系；三是供应链企业之间的信息流动与共享。

应该说，这三个方面都与成本管理密切相关。Cooper & Slagmulder(1999)基于供应链管理的上述思想将供应链成本管理划分为产品和关系两个维度，并根据生命周期成本法的思想将每个维度具体划分为构建和运营两个阶段,这样便形成了如图 7-6 所示四个区域的产品-关系供应链成本管理矩阵。

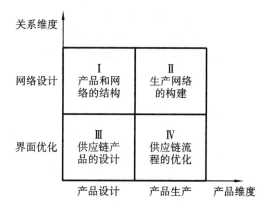

图 7-6　产品-关系供应链成本管理矩阵

第一个区域由产品设计和网络设计组合而成,要解决两个方面的问题。一个是生产什么样的产品。这个问题的前提当然首先涉及为谁生产,即最终顾客是谁,其消费偏好和价值主张是什么,因此,在一定程度上也涉及供应链的组成。另一个是由谁参与产品的生产,即供应链的组成企业有哪些,包括内部结构如何,内部各节点企业的权力、利益分配及信息共享关系如何处理,一般认为供应链企业之间结成的伙伴关系比传统松散的市场关系具有优越性,能带来关系性租金。

第二个区域由产品生产和网络设计组合而成,即在产品主要功能和结构设计完成以后,选择哪些企业组成参与供应链完成产品的生产,这个过程的关键问题就是供应商的选择。传统的供应商选择是采用比价采购的方法,即哪个供应商的报价低,就选用哪个供应商。随着采购管理和全面质量管理的采用,单纯的比价采购受到诟病,而综合考虑质量、成本、交货期的多目标决策模型得到广泛采用,尽管这些模型在理论上受到推崇,但在实务中采用甚少。随着作业成本法的广泛应用,全部所有权成本在供应商选择和评价中得到了广泛应用。

第三个区域由产品设计和界面优化组合而成,即在供应链组成结构基本确定的情况下进行的产品设计,这部分的内容主要包括两个方面:一个方面是零部件设计作业的自营和外包,即一部分设计和开发属于自己的核心能力,而另一部分则可以外包给主要合作伙伴,由主要供应商具体设计零部件的内部功能和结构;另一个方面是在整体产品设计的过程中,让供应商和零售商参与,以便听取他们的意见,并利用其相关技术。

第四个区域由产品生产和界面优化组合而成,即在产品结构和供应链结构都已选定条件下的成本管理。其主要聚焦点在于各节点企业之间的网络界面优化和生产过程中的流程优化,其主要工具有作业成本法和改善成本法。因此,这一阶段成本管理的实质是在接受现有供应链结构和产品结构的前提下,寻找现有结构下交易和流程改进潜力,如何缩短产品生产周期、改善效率、降低库存成本,即在解决了生产什么样的产品和由谁生产的前提下,如何高效生产的问题。

【知识链接 7-3】

供应链成本管理的三维分析模型

Stefen Seuring 进一步将供应链成本的三个组成部分加入到上述产品-关系二维分析框架

中,得到供应链成本管理的三维分析模型(见图7-7)。

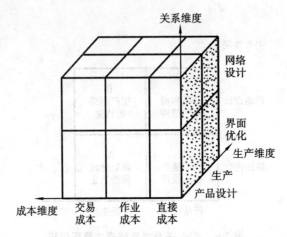

图7-7 供应链成本管理的三维分析模型

从直接成本到作业成本、交易成本,体现了成本划分层次的进一步拓展。按照Seuring的观点,交易成本主要是企业之间的作业和活动产生的成本,因此,交易成本跨越了不同企业。而传统作业成本法下的作业成本,主要是企业内部支持性作业产生的间接成本,作业成本不构成产品的直接内容,因此,作业成本局限于本企业内部,但可以跨越不同的部门,而且一般发生在生产辅助部门和企业管理部门。直接成本主要包括直接材料和直接人工的成本,构成产品价值的直接内容,直接成本局限于生产部门内部。

二维模型将成本发生的时间和空间分布整合在一起,为供应链成本分析提供了一个系统的分析框架,即供应链成本管理不仅要在不同时间阶段进行成本管理与权衡,而且要在不同企业之间统一筹划。三维模型则进一步提出了要在不同成本内容之间进行统一筹划与权衡的要求。应该说,三个维度之间也是有一定的关联关系的,除了三类成本动因的不同空间分布外,交易成本和作业成本主要发生在网络设计和产品设计阶段,而直接成本主要发生在产品生产阶段。由于时间发生的不同,成本性态表现和管理的重点也不同:交易成本表现为固定性和沉没性,同时表现为很强的风险性,需要进行早期管理;而直接成本表现为变动性,具有持续改善的要求,除了有设计阶段的事前规划外,后期生产阶段的管理也很重要。

基本训练

1. 阅读理解

(1) 简述供应链成本及供应链成本管理的含义。

(2) 供应链成本管理的特点有哪些?

(3) 简述作业成本法、目标成本法的原理。

(4) 生命周期成本的含义是什么?

(5) 平衡计分法的核心思想是怎样的?

2. 判断题

(1) 基于作业成本管理的目标成本法适用于紧密型或一体化型供应链关系的供应链管理目标在于降低成本的情况。（　　）

(2) 劳动成本不属于供应链成本。（　　）

(3) 产品设计对供应链成本起着相当重要的作用，产品设计不合理将会大大增加供应链的复杂程度。（　　）

(4) 顾客满意不是供应链成本管理的前提，信息多源化是供应链管理环境下的主要特征。（　　）

(5) 供应链作业成本是从供应链的视角，以作业和交易为基础。（　　）

3. 选择题

(1) 应用平衡供应链计分法所要注意的关键因素有（　　）。
　　A. 客户导向方面应尽最大努力满足顾客期望
　　B. 供应链内部运作方面应在合理的成本下以高效率方式进行生产
　　C. 未来发展方面应注重改进创新，抓住发展机遇
　　D. 财务方面应整合供应链，谋求供应链价值最大化

(2) 供应链成本的构成包括（　　）。
　　A. 供应链总运营成本　　　　　B. 库存成本
　　C. 供应链核心企业产品成本　　D. 供应链管理总成本

(3) 供应链成本管理的基础理论（　　）。
　　A. 价值链理论　　　　　　　　B. 委托代理理论
　　C. 交易成本理论　　　　　　　D. 组织间成本管理

(4) 供应链成本管理的原则包括（　　）。
　　A. 成本效益原则
　　B. 客户需求导向原则
　　C. 从供应链联盟的整体出发控制成本的原则
　　D. 目标一致原则

(5) 目标成本法是由三大环节形成的一个紧密联系的闭环成本管理体系，这三大环节分别是（　　）。
　　A. 确定供应链企业　　　　　　B. 确定目标，层层分解
　　C. 实施目标，监控考绩　　　　D. 评定目标，奖惩兑现

4. 技能题

到一大型企业收集物流企业的成本数据。

实训目的：通过和企业近距离接触和亲自动手收集数据，利用供应链成本管理方法进行分析，得出相应的结论，并提出相应的成本管理措施。

实训要求：认真观察，了解财务数据的收集过程，将课本所学知识用到实践中去。若有可能，亲自动手收集数据。收集完数据，利用所学方法进行成本分析，然后针对分析结果，以小组为单位进行讨论，得出解决问题的措施。

案例分析

从成本中心到利润中心

在物美配送中心落成之时,一家叫作鼎立三通的物流公司浮出水面。在物美内部人看来,鼎立三通是物美的配送中心,但在外人看来,它则是一个独立的第三方物流企业。这反映出物美集团构建供应链方面的一个理念:将企业物流做成物流企业,实现由成本中心向利润中心的转变。鼎立三通不仅给物美做配送,甚至将配送业务延伸到了一些竞争对手的卖场。

作为企业物流,总部对鼎立三通的考核指标主要有送货及时率、配送额指标、送货满足率、库存周转率等几项。但是作为独立运作的物流公司,考核它的指标,在这几项之外还要加上税前净收益。"我们之所以将物流作为单独的公司纳入考核,是因为在这之前有了一定的实践和摸索。"于剑波博士告诉《中国经营报》记者。据于剑波博士介绍,物美位于北京市朝阳区的百子湾配送中心,在2009年下半年实现了盈利。随着新物流中心的落成,百子湾物流中心关闭。"如果你的配送能力达到一定程度,配送效率高,配送成本低于供应商配送的成本,你就可以实现盈利。那时候供应商很愿意将自己的物流交给你来做。"于剑波博士说。据于剑波博士介绍,物美便利店的配送比率达到了90%以上。大卖场和标准超市的配送比率约为60%。"你要知道大卖场部分生鲜商品是联营商来运作的,把这部分除去,70%的比率已经很高了"。于剑波博士表示。物美集团之所以提高配送比率,主要是为了控制门店的到货满足率,因为到货满足率与销售额的增长紧密相关。

基地采购也是配送中心一大利润来源。每年夏季,物美有一个"山东蔬果节"的促销活动。例如,2011年5月产自烟台的苹果在物美的门店卖到每斤2.98元,而在竞争对手那里则是每斤3.58元。原来,当苹果树还只是处于开花的时节,物美的采购员就已经与山东的果农签订了协议,要求承包销售一片区域的苹果。这个时候谈判价格便宜,等苹果成熟了就不是这个价了。而山东的合作农户在收获苹果之后采用一种叫作气调库的仓储将苹果保存起来,这些苹果一直可以卖到来年。

问题

物美配送中心如何实现从成本中心到利润中心的?

戴尔电脑公司的低成本管理

综合实训

一、实训目的

掌握针对问题应用所学供应链成本管理方法进行分析,提出解决方案的能力。提高学生解决供应链经营运作系统实际问题的能力。

二、背景资料

在一项广告促销活动中,根据预先设置的业务规则,零售商系统可以分析由供应商发来的库存、产量和发货信息来确定活动期间是否会发生断货情况。预测出来后零售商系统会发通知给协调人员,并对供应链的相应组成部分进行自动处理:若预测推迟交货,它会向其他物流服务供应商发出发货请求;若数量有差异,会自动向其他供应商发出重新订购请求。

三、实训要求

(1) 以 5~6 人为一组,进行合理分工,每人应有明确任务。

(2) 认真考察当地一知名企业,熟悉其成本管理的制度、方法和手段。

(3) 根据所学知识,对背景中的供应链成本管理进行分析。

(4) 在分析的基础上,为如何改进供应链成本管理提出措施。

(5) 撰写实践报告。

(6) 实践报告完成后设课堂讨论课,相互交流实训经验。

项目八 评价供应链企业绩效与激励机制

GONGYINGLIAN
GUANLI
SHIWU

知识目标

◎ 了解供应链绩效评价的指标体系
◎ 明确供应链绩效评价的概念
◎ 熟知供应链标杆管理制度
◎ 掌握供应链管理的激励措施

技能目标

◎ 能运用科学指标体系对供应链绩效进行评价
◎ 能根据评价结果改进供应链结构
◎ 能建立符合供应链运行规律的激励机制

弗莱克斯特罗尼克斯国际公司成功的供应链绩效管理

电子制造服务（EMS）提供商弗莱克斯特罗尼克斯国际公司（简称弗莱克斯特罗尼克斯）两年前面临着一个既充满机遇又充满挑战的市场环境。弗莱克斯特罗尼克斯面临的境遇不是罕见的。事实上，许多其他行业的公司都在它们的供应链中面临着同样的问题。很多岌岌可危的问题存在于供应链的方方面面——采购、制造、分销、物流、设计、融资等。

1. 供应链绩效控制的传统方法

控制绩效的两种传统的方法是指标项目和平衡计分卡。在指标项目中，功能性组织和工作小组建立和跟踪那些被认为是与度量绩效最相关的指标。但是，指标项目这种方法存在很多的局限性。为了克服某些局限性，许多公司采取了平衡计分卡项目。虽然概念上具有强制性，绝大多数平衡计分卡作为静态管理"操作面板"实施，不能驱动行为或绩效的改进。弗莱克斯特罗尼克斯也被供应链绩效控制的缺陷苦苦折磨着。

2. 弗莱克斯特罗尼克斯的供应链绩效管理

弗莱克斯特罗尼克斯认为，定义关键绩效指标、异常条件和当环境发生变化时及时更新是供应链绩效管理系统的一大特征。以正确的行动对异常的绩效作出快速的响应是必要的，但是，一旦响应已经确定，只有无缝地、及时地实施这些响应，公司才能取得绩效的改进。这些响应应该是备有文件证明的，系统根据数据、信息及异常绩效的解决情况作出不断的更新、调整。响应性行动会导致对异常、企业规则、业务流程的重新定义。因此，周期中连续地确认和更新流程是必要的。

3. 取得的成绩

弗莱克斯特罗尼克斯使用了供应链绩效管理方法，使它能确认邮政汇票的异常情况，了解其根本原因和潜在的选择，然后采取行动更换供应商、缩减过度成本、提升谈判的力量。绩效管理的方法包括实施基于网络的软件系统，加速供应链绩效管理。弗莱克斯特罗尼克斯在8个月的"实施存活期"中节约了几百亿美元，最终产生了巨大的投资回报。

识别异常绩效,弗莱克斯特罗尼克斯系统根据邮政汇票信息连续比较合同条款和被认可的卖主名单。如果卖主不是战略性的或者订单价格是在合同价格之上的,系统就提醒买方。如果邮政汇票价格是在合同价格之下的,系统就提醒货物管理人员可能的成本解决机会。

弗莱克斯特罗尼克斯管理人员随后使用系统了解问题和选择方案。他们评价异常情况,并决定是否重新谈判价格,考虑备选资源。同样,采购经理分析市场状况、计算费用,然后通过商品和卖主区分成本解决的优先次序。在供应链绩效管理周期开始之前或者周期进行中,弗莱克斯特罗尼克斯确认数据、流程和行动的有效性。当实施它们的绩效系统时,弗莱克斯特罗尼克斯建立指标和界限,并保证数据的质量和合时性。

这一案例表明:弗莱克斯特罗尼克斯使用绩效管理系统,能优选各种机会,减少风险管理成本,从而节约成本,获得竞争优势。弗莱克斯特罗尼克斯的成功,证明了供应链绩效管理作为供应链管理的基础性概念和实践力量的重要性。

任务一 理解供应链企业绩效评价

一、供应链绩效评价的概念及特点

(一)供应链绩效评价的概念

20世纪90年代以来,企业团体和理论界普遍关注供应链管理。但是,由于国内外学者偏重于供应链绩效评价的方法和指标的实证性分析研究,很少探讨供应链绩效评价的概念,因此,到目前为止,关于供应链绩效评价还没有明确的、系统的、统一的概念。

1998年,美国密歇根州立大学的教授唐纳德·J.鲍尔索克斯、戴维·J.克劳斯和比克斯比·库伯合著《供应链物流管理》一书,该书认为企业团体对供应链绩效和效率日益重视,希望找到透视总体的衡量方法。这种透视衡量方法必须是可以比较的,既适用于机构的职能部门,又适用于行政部门。他们将供应链绩效评价定义为系统的评价方法。

国内学者马士华较早研究了供应链绩效评价的内涵问题,但目前国内学者比较公认的供应链绩效评价概念是2005年第10期《现代管理科学》中马丽娟所写的《关于供应链绩效评价的探讨》一文中阐述的定义:供应链绩效评价是围绕供应链的目标,对供应链整体各环节(尤其是核心企业)运营状况及各环节之间的运营关系等进行的事前、事中和事后分析评价。一般可从以下三个方面去理解供应链绩效评价的内涵。

(1)供应链绩效评价是基于业务流程的绩效评价。

(2)供应链绩效评价与单个企业的绩效评价有很大的不同:评价供应链运营绩效,不仅要评价节点企业的运营绩效,而且还要考虑节点企业的运营绩效对其上层节点企业或整个供应链的影响等。

(3)供应链绩效评价不仅仅指传统意义上的绩效评价,它包括更广的评价范围、更深的评价层次,涉及各个时间阶段供应链运营所表现出来的绩效——不仅适用于事后评价,也适用于实时监控与未来预测。

【小思考 8-1】

你会怎样定义供应链绩效评价？为什么？

答 供应链绩效评价是围绕供应链的目标，对供应链整体各环节（尤其是核心企业）运营状况及各环节之间的运营关系等进行的事前、事中和事后分析评价。

从着眼点来看，应服务于供应链的目标；从课题来看，应包括供应链整体及各组成成员；从空间来看，涉及内部绩效、外部绩效和供应链综合绩效；从内容来看，涉及反映运营状况和运营关系的各种指标；从时间来看，包括事前绩效、事中绩效和事后绩效。

（二）供应链绩效评价的特点

根据供应链管理运行机制的基本特征和目标，供应链绩效评价指标应该能够恰当地反映供应链整体运营状况及上下节点企业之间的运营关系，而不是单独地评价某一供应商的运营情况。传统的企业绩效评价指标是基于职能的绩效评价，而供应链绩效评价是基于业务流程的绩效评价，通过图8-1和图8-2可以看出它们之间的差异。

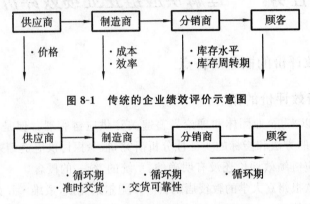

图 8-1 传统的企业绩效评价示意图

图 8-2 供应链绩效评价示意图

与传统的企业绩效评价相比，供应链绩效评价具有以下几个特点。

1. 供应链绩效评价的整体性

传统的企业绩效评价是对企业的整体运行情况及企业内部各分支机构、各部门、各员工绩效的考察；供应链绩效评价不是针对供应链中的某一个企业或某一个环节的评价，而是面向整个供应链，是对供应链运作进行综合性的、整体性的评价的过程。

2. 供应链绩效评价的时效性

传统的企业绩效评价的数据来源于企业财务结果，在时间上略为滞后，导致企业对供应链的运营过程产生的问题反应迟缓，不能及时、准确地应对市场变化，影响企业发展。供应链绩效评价要求能反映供应链的动态运营情况，适时地调整策略。因为供应链是由多个企业构成的系统，各个企业间信息传递的速度比不上一个企业内部的传递速度，所以供应链绩效评价必须注重时效性。

3. 供应链绩效评价的多维性

这里的多维性包括两个层面：一是供应链的系统空间已突破单个企业界限，通过电子商务、虚拟供应链、战略联盟等模式由点向线、由线向面，再向立体空间拓展；二是由于各供应链主体之间没有明显的界线，使得供应链的影响范围扩大，供应链必须在更大的范围内制订产、供、销战略，规划产、供、销活动。

4. 供应链绩效评价的科学性

传统的企业绩效评价主要针对企业职能部门工作的完成情况，不能对企业流程进行评价，更不能客观准确地反映企业的经营效果。而供应链绩效评价是基于业务流程的评价指标，能科学客观地评价整个供应链的运营情况。

【小思考8-2】

供应链绩效评价与现行企业绩效评价有何区别？

答 现行企业绩效评价指标的数据来源于财务结果，在时间上略为滞后，不能反映供应链动态运营情况；供应链绩效评价指标是基于业务流程的绩效评价指标。

现行企业绩效评价指标主要评价企业职能部门工作完成情况，不能客观地评价整个供应链的运营情况；供应链绩效评价指标应该能够恰当地反映供应链整体运营状况以及上下节点企业之间的运营关系，而不是单独地评价某一供应商的运营情况

现行企业绩效评价指标不能对供应链的业务流程进行实时评价和分析，而是侧重于事后分析。供应链绩效评价不仅适用于事后评价，也适用于实时监控与未来预测。

二、供应链绩效评价原则

供应链绩效评价是一项复杂的系统工程，涉及供应链上的每一个企业，包括这些企业之间，以及这些企业内部各要素之间错综复杂的关系。值得一提的是，供应链中每一个企业都是独立的经济实体，分别有自己的发展目标和生存原则，因此，要想对供应链绩效作出客观、公正、科学、合理的评价，必须遵循以下原则。

（一）供应链绩效优先，兼顾企业绩效原则

当企业之间的竞争转向供应链之间的竞争时，供应链绩效必然取代企业绩效而上升到主要地位，并日益受到更多的关注。另外，尽管供应链由上下游企业构成，供应链绩效本身也体现了企业绩效，但在管理实践中，却难以避免某些企业利用自身的有利地位（如在买方市场下，零售商比制造商具有更多的选择权力）滥施权力的现象。这类现象的发生，破坏了供应链上下游企业间的合作伙伴关系，使供应链处于动荡不稳的状态中，这有悖于供应链管理的目标。为了杜绝这类现象的发生，同时针对供应链绩效已经上升到主要地位的现实，应当在绩效评价中大力倡导供应链绩效优先，同时兼顾供应链中各企业绩效。

（二）多层次、多渠道和全方位评价原则

多方搜集信息，实行多层次、多渠道和全方位的评价，有助于尽可能全面和有重点地反映供应链绩效，同时也有助于增强绩效评价的可操作性。在实践中，经常综合运用上级考核、专家评价、同级评价、下级评价、职员评价、客户评价等多种形式进行全方位、多角度、多层次的评价，以确定供应链在市场中的竞争优势。

(三) 短期绩效与长期绩效、近期绩效与远期绩效相结合原则

短期绩效与长期绩效、近期绩效与远期绩效是分别就供应链绩效涉及的时间长短、远近而言的,其间均存在着辩证统一的关系。在进行绩效评价时,不仅要考虑短期、近期的绩效,更要重视长期、远期的绩效。在物流与供应链管理中,某些行为从短期或近期的角度来看,可能绩效甚微或者无绩效可言,但从长期或远期的角度考虑,它对规范供应链上下游企业的行为、促进企业间的资源共享和共赢、推动供应链的协调发展无疑具有重大的意义。在供应链绩效评价中,将短期绩效与长期绩效、近期绩效与远期绩效结合起来,有助于企业提高自觉性、减少盲目性。

(四) 静态评价与动态评价相结合原则

在供应链绩效评价过程中,不仅要对影响供应链绩效的各种内部因素进行静态考察和分析评价,还要动态地研究这些因素之间,以及这些因素与外部因素之间的相互关系。作为一种新兴的管理模式,供应链管理肯定会不断地遇到前所未有的新情况和新问题。因此,在进行供应链绩效评价时,一定要在相对稳定的基础上应用动态和发展的观念解决所面临的难题。

(五) 宏观绩效与微观绩效相结合原则

从所涉及的范围来看,供应链绩效可分为宏观绩效和微观绩效两种。宏观绩效是供应链管理活动从全社会的角度来考察时的总的绩效,微观绩效是指供应链管理活动从企业与供应链系统本身的角度来考察时的绩效,二者既相互矛盾,又彼此统一。从矛盾性来看,微观绩效为了显示自己的基础性作用,必然会做出种种努力,以突出个体,包括要求减少来自宏观层面的控制和干预;而宏观绩效为了发挥自己的主导作用,必然会对微观层面施加种种限制性措施,以抑制其个性的发展。从统一性来看,微观绩效是宏观绩效的基础,离开了微观绩效,宏观绩效就要落空;宏观绩效又对微观绩效起着导向作用,微观绩效只有在符合宏观绩效的前提下,才能得到有效的发挥。

(六) 责、权、利相结合原则

供应链绩效评价的主要目的是改善和提升供应链绩效,因此,在绩效评价过程中,应当及时地将评价的结果落实到个体,分清责任归属和权利范围,做到责、权、利明晰,赏罚分明。例如,由于供应链的每个企业都是独立的经济实体,出于个体经济理性的考虑,经常会发生供应链上下游企业间因争夺自家"小利"而导致丧失供应链"大利"的情况。针对这一常见问题,在绩效评价中,应当本着责、权、利相结合的原则,谨慎处理;否则,就可能会破坏供应链上下游企业间的合作伙伴关系,阻碍物流与供应链战略目标的实现。

三、供应链绩效评价的作用

为了能评价供应链的实施给企业群体带来的效益,方法之一就是对供应链的运行情况进行必要的度量,并根据度量结果对供应链的运行绩效进行评价。因此,供应链绩效评价主要有以下四个方面的作用。

(一) 用于对整个供应链的运行效果作出评价

供应链绩效评价为供应链在市场中的生存、组建、运行和撤销的决策提供必要的客观根据。目的是通过绩效评价获得对整个供应链的运行状况的了解,找出供应链运作方面的不足,及时采取措施予以纠正。

（二）用于对供应链上各个成员企业作出评价

供应链绩效评价主要考虑供应链对其成员企业的激励，吸引企业加盟，剔除不良企业。

（三）用于对供应链内企业与企业之间的合作关系作出评价

供应链绩效评价主要考察供应链的上游企业对下游企业提供的产品和服务的质量，从用户满意的角度评价上下游企业之间的合作伙伴关系的好坏。

（四）对企业起到激励作用

这种激励作用，不仅是核心企业对节点企业的激励，也包括供应商、制造商和零售商之间的相互激励。

四、供应链绩效评价的内容

实际进行供应链绩效评价时，以企业为分界点，通常将具体评价内容分为三个部分：内部绩效衡量、外部绩效衡量、供应链整体绩效衡量。以下简要阐述各部分内容。

（一）内部绩效衡量

内部绩效衡量主要是对供应链的各个企业内部绩效进行评价，既有一般的企业绩效评价的共性，又有其独有的特性。主要评价内容包括以下几个方面。

1. 成本

绩效评价考虑的成本是完成特定运营目标所发生的成本。绩效成本是以金额表示的销售量的百分比或每单位数量的成本。

2. 顾客服务

顾客服务用以考察供应链内部企业满足用户需要或下游企业需要的相对能力。

3. 生产率

生产率是衡量组织绩效的一个指标，一般用于评价生产某种产品的投入与产出之间的相对关系。生产率通常可以分为静态生产率、动态生产率及替代性生产率。静态生产率和动态生产率是根据是否考虑时间因素对生产率的影响来区分的。严格地讲，替代性生产率实际上并不属于生产率范畴，通常作为对静态和动态生产率的补充，使用与生产率关系密切的一些指标来衡量生产率水平，如顾客满意度等。

4. 资产

资产衡量为实现供应链目标对企业设施、设备的资产及流动资本的使用情况。设施、设备、存货是一个企业资产的重要组成部分，主要注重流动资本的流转、固定资产的投资回报率。对于人力资源的衡量目前受限于成本、收益的货币化衡量仍很少被纳入考虑范围。

5. 质量

质量是内部绩效衡量的最主要内容，主要用以确定供应链企业所发生物流活动的效率。由于质量的范围非常大，因此对质量的衡量很难，目前作为折中的处理方法，通常根据"完美订货"来衡量供应链企业的物流运作的质量。"完美订货"关注的是总体的物流绩效，而非单一功能，它代表着理想的绩效。

（二）外部绩效衡量

外部绩效衡量主要是对供应链的企业间运行状况的评价。主要评价内容包括以下几个方面。

1. 用户满意程度

用户满意程度主要通过公司(或行会组织)的调查或系统的订货跟踪来实现,由于难以精确地定量性衡量,一般以询问关于供应链企业与竞争者的绩效入手,可靠性、订发货周期、信息可用性、问题的解决和产品的支撑等指标作为补充。

2. 最佳实施基准

最佳实施基准集中在对比组织指标上的实施和程序。越来越多的供应链企业应用最佳实施基准,将其作为企业运行与相关行业,或非相关行业的竞争对手,或最佳企业进行比较的一种技术,特别是一些核心企业常在重要的战略领域将最佳实施基准作为检验供应链的工具。

(三)供应链整体绩效衡量

供应链之间的竞争日趋激烈,引起人们对供应链总体绩效的日益重视,要求能够提供总体透视的衡量方法,并且这种透视方法必须是可以比较的,且既能适用于机构的功能部门,又能适用于分销渠道。如果缺乏总体的绩效衡量,就可能出现制造商对用户服务的看法、决策与零售商的想法完全背道而驰的现象。主要评价内容包括以下几个方面:

1. 成本

供应链总成本包括订货完成成本、原材料取得成本、总的库存运输成本、库存的间接成本,以及与物流有关的财务、管理、信息系统成本等。

2. 顾客服务

顾客服务衡量包括完美订货、用户满意程度和产品质量,它衡量供应链企业所能提供的总的客户满意程度。

【知识链接8-1】

宝洁的"完美订单"

"完美订单"代表以及时无错的方式提供100%交货的供应链能力。消费品的制造商与分销商对"完美订单"的定义为:及时满足买方要求的交货日期,且完全装运、发票准确、在途无损坏。1992年,宝洁公司开始评价"完美订单"。刚开始,管理层惊讶地发现"完美订单"的数量只有75%左右。从那以后,宝洁做了重大的改进。到1995年,"完美订单"占82%,1998年占88%。这是通过持续修正,使客户服务代表与主要客户密切合作,以及改善信息系统实现的。宝洁注意到,每一张"不完美订单"由于重复交货、收入损失、货物损坏、仓储和运输成本、缺货、违约而损失的成本有200美元左右。宝洁知道,持续的供应链改善对于客户而言很重要。对于客户来说,"完美订单"是最被认可的。

3. 时间

时间衡量主要指测量企业对用户要求的反应能力,即从顾客订货开始到顾客用到产品为止所需的时间,一般包括装运时间、送达顾客的运输时间和顾客接受时间。

4. 资产

资产衡量为实现供应链目标对企业设施、设备的资产及流动资本的使用情况,主要包括库存、设施及设备等相当大的资产负债,资产评价基本集中于在特定资产水平支持下的水平,一般测量资金周转时间、库存周转天数、销售额与总资产比率等资产绩效。

上述三个部分的供应链绩效评价系统地描述了供应链绩效评价所涉及的主要内容,一般进行供应链绩效评价时,需要对上述三个部分同时进行。随着现代物流理念的发展,供应链整体绩效越来越为人所重视。供应链绩效评价的一般性统计指标如表 8-1 所示。

表 8-1 供应链绩效评价的一般性统计指标

顾客服务	生产与质量	资产管理	成本
饱和率	人均发运系统	库存周转	全部成本/单位成本
脱销率	人工费系统	负担成本	销售百分比成本
准时交货	生产指数	废弃的库存	进出货运输费
补充订单	破损率	库存水平	仓库成本
循环时间	退货数	供应天数	管理成本
发运错误	信用要求数	净资产回报	直接人工费
订单准确率	破损物价值	投资回报	退费成本

【案例分析 8-1】

戴尔的供应链绩效评价

任务二 构建供应链绩效评价指标体系

为了客观、全面地评价供应链的运营情况,这一节从以下几个方面来分析和讨论供应链绩效评价指标体系。

一、反映供应链业务流程的绩效评价指标

(一)产销率指标

产销率(RSP)是指在一定时间内已销售出去的产品数量(S)与已生产的产品数量(P)的比值。具体公式如下。

$$\text{RSP} = \frac{S}{P} \tag{1}$$

该指标反映供应链资源的有效利用程度,RSP 越接近 1,说明资源利用程度越高;该指标还反映库存水平和产品质量,其值越接近 1,供应链成品库存量越小。

产销率指标又可分成三个具体的指标:①供应链节点企业的产销率;②供应链核心企业的产销率;③供应链产销率。

(二) 平均产销绝对偏差指标

平均产销绝对偏差指标反映在一定时间内供应链总体库存水平,其值越大,说明供应链成品库存量越大,库存费用越高。具体公式如下。

$$平均产销绝对偏差 = \frac{\sum_{i=1}^{n} |P_i - S_i|}{n} \tag{2}$$

式中:n 为供应链节点企业的个数;P_i 为第 i 个企业在一定时间内生产产品的数量;S_i 为第 i 个企业在一定时间内将生产的产品销售出去的数量。

(三) 产需率指标

产需率(RPD)是指在一定时间内,节点企业已生产的产品数量(P)与其上层节点企业(或用户)对该产品的需求量(D)的比值。具体公式如下。

$$RPD = \frac{P_i}{D_{i+1}} \tag{3}$$

该指标反映供应链各节点的供需关系,产需率越接近1,说明上下游节点企业间的供需关系越协调、准时交货率越高。例如,某供应链核心企业在一年里生产的产品数为3 000件,用户对该产品的年需求量为2 500件,求其产需率为3 000与2 500的比值,等于1.2,该指标数值大于1,说明供应链整体供需能力较强,能快速响应市场需求。

(四) 供应链产品出产(或投产)循环期或节拍指标

当供应链节点企业生产的产品为单一品种时,供应链产品出产循环期是指产品的出产节拍。当供应链节点企业生产的产品品种较多时,供应链产品出产循环期是指混流生产线上同一种产品的出产间隔。由于供应链管理是在市场需求多样化经营环境中产生的一种新的管理模式,其节点企业(包括核心企业)生产的产品品种较多,因此,供应链产品出产循环期一般是指节点企业混流生产线上同一种产品的出产间隔期。它可分为如下两个具体的指标。

(1) 供应链节点企业(或供应商)零部件出产循环期。该循环期指标反映了节点企业库存水平及对其上层节点企业需求的响应程度。该循环期越短,说明该节点企业对其上层节点企业需求的快速响应性越好。

(2) 供应链核心企业产品出产循环期。该循环期指标反映了整个供应链的在制品库存水平和成品库存水平,同时也反映了整个供应链对市场或用户需求的快速响应能力。

(五) 供应链总运营成本指标

供应链总运营成本包括供应链通信成本、供应链库存费用及各节点企业外部运输总费用。它反映供应链运营的效率。具体分析如下。

(1) 供应链通信成本。供应链通信成本包括各节点企业之间的通信费用(如 EDI、Internet 的建设和使用费用)及供应链信息系统开发和维护费等。

(2) 供应链总库存费用。供应链总库存费用包括各节点企业在制品库存和成品库存费用、各节点之间在途库存费用。

(3) 各节点企业外部运输总费用。各节点企业外部运输总费用等于供应链所有节点企业之间运输费用总和。

(六) 供应链核心企业产品成本指标

供应链核心企业的产品成本是供应链管理水平的综合体现。根据核心企业产品在市场上的价格确定出该产品的目标成本,再向上游追溯到各供应商,确定出相应的原材料、配套件的目标成本。只有当目标成本小于市场价格时,各个企业才能获得利润,供应链才能得到发展。

(七) 供应链产品质量指标

供应链产品质量是指供应链各节点企业(包括核心企业)生产的产品或零部件的质量,主要包括合格率、废品率、退货率、破损率、破损物价值等指标。

二、反映供应链上下节点企业之间的绩效评价指标

供应链上下节点企业之间关系的绩效评估指标主要体现为满意度指标,即在一定时间内,上层供应商对其相邻的下层供应商的综合满意程度。其包含的内容如下。

(一) 准时交货率

准时交货率是指上层供应商在一定时间内准时交货的次数占其总交货次数的百分比。

供应商准时交货率低,说明其协作配套的生产能力达不到要求,或者是对生产过程的组织管理跟不上供应链运行的要求;供应商准时交货率高,说明其生产能力强,生产管理水平高。

(二) 成本利润率

成本利润率是指单位产品净利润占单位产品总成本的百分比。在市场经济条件下,产品价格是由市场决定的,因此,在市场供需关系基本平衡的情况下,供应商生产的产品价格可以看成是一个不变的量。按成本加成定价的基本思想,产品价格等于成本加利润,因此产品成本利润率越高,说明供应商的盈利能力越强,企业的综合管理水平越高。在这种情况下,由于供应商在市场价格水平下能获得较大利润,其合作积极性必然增强,必然对企业的有关设施、设备进行投资和改造,以提高生产效率。

(三) 产品质量合格率

产品质量合格率是指质量合格的产品数量占产品总产量的百分比,它反映了供应商提供货物的质量水平。质量不合格的产品数量越多,则产品质量合格率就越低,说明供应商提供产品的质量不稳定或质量差,供应商必须承担对不合格的产品进行返修或报废的损失,这样就增加了供应商的总成本,降低了其成本利润率。因此,产品质量合格率指标与产品成本利润率指标密切相关。同样,产品质量合格率指标也与准时交货率密切相关,因为产品质量合格率越低,就会使得产品的返修工作量加大,必然会延长产品的交货期,使得准时交货率降低。

【案例分析 8-2】

某企业生产的机器上有一种零件需要从供应链上的其他企业购进,年需求量为 10 000 件。有 3 个供应商可以提供该种零件,但他们的价格不同,提供的零件的质量也有所不同。另外,这 3 个供应商的交货提前期、提前期的安全期及要求的采购批量均不相同。详细的数据如表 8-2 所示。

表 8-2 3 个供应商的基本数据

供应商	价格/(元/件)	合格品率/(%)	交货提前期/周	提前期的安全期/周	采购批量/件
A	9.50	88	6	2	2 500
B	10.00	97	8	3	5 000
C	10.50	99	1	0	200

如果零件出现缺陷,需要进一步处理才能使用,每个有缺陷的零件处理成本为6元,主要是用于返工的费用。

为了比较分析评价的结果,共分为三个级别评价供应成本和排名:

第一级是仅按零件价格排序;

第二级是按价格＋质量成本排序;

第三级是按价格＋质量水平＋交货时间排序。

1. 供应商供货绩效及排序分析

首先按第一个级别排序,排出的结果如表8-3所示。

表 8-3 3 个供应商单价排名表

供 应 商	单位价格/(元/件)	排　名
A	9.50	1
B	10.00	2
C	10.50	3

其次,按第二个级别排名。有缺陷零件的处理成本可根据不同供应商的零件质量水平来计算。排出的结果见表8-4。

表 8-4 3 个供应商零件质量水平排名

供应商	缺陷率/(%)	缺陷零件数量/(个/年)	缺陷处理成本/元	质量成本/(元/件)	总成本/(元/件)	排　名
A	12	1 200	7 200	0.72	9.50+0.72=10.22	2
B	3	300	1 800	0.18	10.00+0.18=10.18	1
C	1	100	600	0.06	10.50+0.06=10.56	3

最后,综合考虑价格、质量和交货时间的因素,评价供应商的运作绩效。交货期长短的不同主要会导致库存成本的不同。主要考虑下列一些因素:交货提前期、提前期的安全期、允许的最小采购批量、缺陷零件增加的安全量(补偿有缺陷零件的额外库存)。

该企业用下列方式计算考虑提前期和安全的库存数量:

$$S_S = Ks\sqrt{L_T + L_{TS}} \tag{4}$$

式中,S_S为安全库存量;K为根据质量可靠性(95%)确定的系数,取$K=1.64$;s为标准偏差,取

$s=80$,即每周的零件数量偏差为 80 件;L_T 为交货提前期,L_{TS} 为交货提前期的安全期。

以供应商 A 为例,代入式(4)计算安全库存量为 371,则库存物资的价值为 $371 \times 9.50 \approx 3\,525$ 元。

供应商 A 要求的订货批量为 2 500 件,由订货批量引起的成本为 $(2\,500/2) \times 9.50 = 11\,875$ 元。

用于预防有缺陷零件的成本是根据缺陷率和零件的总库存价值计算的,即 $(3\,525 + 11\,875) \times 12\% = 1\,848$ 元。

综合以上结果,得到供应商提前期、批量引起的总库存(见表 8-5)。

表 8-5　3 个供应商库存成本

供应商	提前期引起的库存价值/元	批量引起的库存价值/元	总库存价值/元	年缺陷零件造成的费用/元	实际总库存成本/元
A	3 525	11 875	15 400	1 848	17 248
B	4 352	25 000	29 352	881	30 233
C	1 377	1 050	2 427	24	2 451

与零件库存有关的维持费用,如库房租赁费、货物保险费等,按库存价值的 25% 计算(见表 8-6)。

表 8-6　3 个供应商的维持费用

供应商	实际总库存价值/元	维持费用/元	单位零件成本/元
A	17 248	4 312	0.43
B	30 233	7 558	0.76
C	2 451	613	0.06

根据价格、质量成本、单位零件库存持有成本的综合评价结果如表 8-7 所示。

表 8-7　3 个供应商综合评价结果

供应商	价格/(元/件)	质量成本/(元/件)	交货期成本/(元/件)	总成本/(元/件)	排名
A	9.50	0.72	0.43	10.65	2
B	10.00	0.18	0.76	10.94	3
C	10.50	0.06	0.06	10.62	1

2. 结论

通过对 3 家供应商的供货运作绩效的综合评价,在价格、质量、交货时间及订购批量方面,供应商 C 最有优势,最后选择供应商 C 为供应链上的合作伙伴关系。

任务三　实施标杆管理、编制供应链绩效报告

一、供应链标杆的建立和应用

在供应链管理环境下,一个节点企业运行绩效的高低,不仅关系到该企业自身的生存与发展,而且影响到整个供应链的其他企业的利益。因此,建立绩效度量指标的目的是激励各个企业都要创造一流绩效,通过树立一个标杆促使其他企业采取措施迎头赶上,在现代企业管理方法体系中,供应链标杆的建立得到了越来越多的应用——广泛用于建立绩效标准、设计绩效过程、确定度量方法及管理目标上。

(一)标杆的内涵和分类

标杆的内涵可以概括为:以那些出类拔萃的企业作为基准,将本企业的产品、服务和管理措施等方面的实际状况与这些基准进行定量评价和比较,分析这些基准企业的绩效达到优秀水平的原因,在此基础上选取改进的最优策略。这种程序不断地反复进行。将所获得的信息作为制订企业绩效目标、战略和行动计划的基准。

标杆一般分为以下三种。

第一种是战略性标杆,它包含一个企业的市场战略与其他企业的市场战略的比较。战略性标杆通常包括如下几个方面的问题。

(1)竞争对手强调什么样的市场?

(2)竞争对手是什么样的市场战略?

(3)支持竞争对手市场战略的资源水平如何?

(4)竞争对手的竞争优势集中在哪些方面?

战略性标杆可以使一个企业获得优秀企业的市场战略。

第二种是操作性标杆。操作性标杆以职能性活动的各个方面为重点,找出有效的方法,以便在各种职能上都能取得最好成绩。为了解决主要矛盾,一般选择对标杆职能有重要影响的有关职能和活动,以便使企业能够获得最大的收益。

第三种是支持活动性标杆。企业内的支持功能应该显示出比竞争对手更好的成本效益,通过支持活动性标杆控制内部间接费用,并防止费用的上升。

(二)标杆管理的实施步骤

具体说来,一个完整的内外部综合标杆管理的程序通常分为以下五个步骤。

1. 计划

计划主要工作有:

(1)组建项目小组,担当发起和管理整个标杆管理流程的责任;

(2)明确标杆管理的目标;

(3)通过对组织的衡量评估,确定标杆项目;

(4)选择标杆伙伴;

(5)制订数据收集计划,如设置调查问卷、安排参观访问,充分了解标杆伙伴并及时沟通;

(6) 开发测评方案,为标杆管理项目赋值,以便衡量比较。

2. 内部数据收集与分析

内部数据收集与分析主要工作有：
(1) 收集并分析内部公开发表的信息；
(2) 遴选内部标杆管理合作伙伴；
(3) 通过内部访谈和调查,收集内部一手研究资料；
(4) 通过内部标杆管理,可以为进一步实施外部标杆管理提供资料和基础。

3. 外部数据收集与分析

外部数据收集与分析主要工作有：
(1) 收集外部公开发表的信息；
(2) 通过调查和实地访问收集外部一手研究资料；
(3) 分析收集到的有关最佳实践的数据,与自身绩效计量相比较,提出最终标杆管理报告。标杆管理报告揭示标杆管理过程的关键收获,以及对最佳实践调整、转换、创新的见解和建议。

4. 实施与调整

这一步是前几步的归宿和目标之所在。根据标杆管理报告,确认正确的纠正性行动方案,制订详细实施计划,在组织内部实施最佳实践,并不断对实施结果进行监控和评估,及时作出调整,以最终达到增强企业竞争优势的目的。

5. 持续改进

标杆管理是持续的管理过程,不是一次性行为,因此,为便于以后继续实施标杆管理,企业应维护好标杆管理数据库,制订和实施持续的绩效改进计划,以不断学习和提高。

【案例分析8-3】

施乐:成功运用行业内标杆

1976年以后,一直保持着世界打印机市场垄断地位的美国施乐公司(简称施乐)遇到了全方位的挑战,如佳能(佳能株式会社)、NEC(日本电气股份有限公司)等公司以施乐的成本价销售产品且能够获利,产品开发周期比施乐短50%,开发人员数量比施乐少50%,施乐的市场份额从82%直线下降到35%。面对竞争威胁,施乐公司首先发起向日本企业学习的运动,实行了广泛、深入的标杆管理。通过全方位的集中分析比较,施乐弄清了这些公司的运作机理,找出了与佳能等主要对手的差距,全面调整了经营战略和战术,改进了业务流程,很快收到了成效,把失去的市场份额重新夺了回来。在提高支付订货的工作水平和处理低值货品浪费大的问题上,同样应用标杆管理方法,以支付速度比施乐快3倍的比恩公司为标杆,并选择14个经营同类产品的公司逐一考察,找出了问题的症结所在并采取措施,使仓储成本下降了10%,年节省低值品费用数千万美元。

从那时起,标杆管理的一套严密的、受控的方法开始成为世界范围内持续改进、质量控制、流程再造和变革推动的首要步骤,它与企业再造、战略联盟一起并称为20世纪90年代三大管理方法。

分析

施乐公司的五阶段标杆管理方法如下。

1. 规划阶段

施乐震惊地发现其日本的竞争对手竟然以其成本价出售高质量的复印机。确定标杆,施乐首先研究它的一个日本子公司——富士-施乐,然后是佳能等公司,以此来确定对手的相关成本是否与他们的价格一样低;搜集标杆管理的数据。

2. 分析阶段

确定目前的绩效差距,确定将来的绩效水平。

3. 综合阶段

交流标杆管理的成果,确立要实现的目标。

4. 行动阶段

形成行动计划,实施和监控行动计划,重新进行标杆管理。

5. 见效阶段

在对日本行业进行了标杆管理之后,施乐并没有停止不前,它开始实施对其他竞争对手、一流企业的标杆管理。1996 年,施乐公司是世界上唯一一个获得所有的三个重要奖励(日本 Deming 奖、美国 Malcolm Baldrige 国家质量奖以及欧洲质量奖)的公司。

二、供应链绩效报告

采用适合的指标体系和方法对供应链的绩效进行考核之后,就要以报告的形式表现出来,形成对供应链上企业的激励机制。

(一) 供应链绩效报告的作用

供应链绩效报告是供应链及供应链企业内部管理控制过程中的重要项目,应该定期(按月或季度)编制绩效报告,以报告供应链整体、供应链企业及企业内的部门经营绩效。供应链绩效报告的主要作用有:

(1) 让各企业了解供应链及供应链上各企业的工作概况及成果;

(2) 供应链企业各部门了解本部门的工作概况及成果;

(3) 各级管理人员能了解下属工作的概况及成果。

(二) 供应链绩效报告的要求

报告可以作为组织上下阶层有效的沟通工具,其必须满足下列要求。

(1) 管理层需要了解整个供应链及本企业全面营运状况,绩效报告应包括:供应链及供应链企业的绩效,本企业各部门的汇总总绩效,并标明重大的特殊事情,并且有详细的附表以供跟踪查核。

(2) 管理层较最高管理层更注重例行性营运的控制,故其所需绩效报告除包含汇总性信息外,另应提供例行性营运的详细信息。

(3) 管理者完全以日常作业的协调与控制为主要任务,所用绩效报告应详细、易懂,且范围仅限于各管理者的负责范围。

(三) 供应链绩效报告要考虑的因素

除满足上述使用者的需求外,为了使绩效报告成为有效的沟通工具,还需要考虑以下四项因素:

(1) 各企业的特性；
(2) 管理控制所必须具有的信息项目；
(3) 提供这些信息的程序及方式；
(4) 报告制度协助建立更为系统化和目标化的管理控制。

（四）供应链绩效报告设计

绩效报告必须依据供应链及供应链企业的环境、组织、管理需求等方面的不同而有不同的设计，供应链绩效报告在设计与编制时必须符合下列原则。

1. 配合组织构架

绩效报告的设计应与企业组织构架配合，每一个管理层次的主管都可以获取一份绩效报告，报告中列示责任范围内所有下级单位的绩效信息，此报告遍及整个企业组织或整个供应链，当上级管理者在报告中发现重大差异时，可迅速透过绩效报告体系与组织构架，追查责任人。

2. 重点例外报告

现代企业规模与交易量迅速扩大，管理者常常面对大量的资料和数据难以理解其中的含义，亦难以寻找其中隐藏的重大问题。为了节省管理者的时间，报告内容应以有用的信息为限，供应链企业内部的绩效报告的设计应能引导管理者的注意力，使其集中于少数重大例外事件上。

这里的"例外"是指与原计划不相同的内容，这样可以协助管理者有效地运用有限的时间，使其以充裕的时间来解决问题，不必将时间浪费在寻找问题上。

3. 内容力求简明相关

绩效报告的使用者大多数并非会计专业人员，故在不损害报告完整性的前提下，各项数据应尽量列表汇总，并用文字进行详尽的注释说明。报表使用时亦应注意相关性，这里的"相关"是指内容可供管理者决策使用。

4. 区分可控和不可控项目

提供给各级管理者的绩效报告，应该区分可控项目和不可控项目两大类。可控项目是指管理者的决策行为可直接影响的项目，对于不可控项目，管理者不应负责。

（五）供应链绩效报告编制

绩效报告中的报表格式设计应考虑下列各项要求：
(1) 考虑报表的性质与可读性；
(2) 根据使用者的层次决定所列金额的详细程度；
(3) 将实际发生数据与绩效标准数据列表比较，并列出其差额或差异率；
(4) 区别报表的用途或紧急程度；
(5) 用图示法以增进数字的传达能力。

（六）供应链绩效报告的追踪考核程序

绩效报告并非最终目的，它只是管理手段，促使各阶层管理者采取必要行动来改善经营效率才是绩效报告的真正作用。管理程序也不仅限于绩效报告的编制，而是实施追踪考核程序，以便确保：第一，对于绩效欠佳的供应链或供应链企业采取妥当的改善措施；第二，所采取的行动确实具有改善绩效的功能。

【知识链接 8-2】

麦当劳供应链绩效分析报告

任务四　制订供应链激励机制

一、供应链激励机制的概述

（一）供应链激励机制的重要性

要使供应链企业之间产生合力，保持长期的战略伙伴关系，共同发展，达到双赢，一定要建立有效的激励机制。供应链是由上下游许多财务独立、目标不同甚至目标相互冲突的企业（或成员）组成的，供应链企业之间的关系随时间而演变，只有供应链各企业都从供应链管理中受益，各企业才能自觉维护供应链的整体利益，并要对那些对供应链作出较大贡献的企业进行重点鼓励，整个供应链才会充满活力。设计对供应链各个节点的激励机制，使供应链企业的利益紧密联系在一起，加强管理，对保证供应链的整体利益是非常重要的。

（二）供应链激励机制的内容

这里，激励主体是指激励者；激励客体是指被激励者，即激励对象。供应链管理中的激励对象（激励客体）主要指其成员企业，如上游的供应商企业、下游的分销商企业等，也包括每个企业内部的管理人员和员工。因此，供应链管理环境下的激励内容包括：核心企业对成员企业的激励；制造商（下游企业）对供应商（上游企业）的激励；制造商（上游企业）对销售商（下游企业）的激励；供应链对成员企业的激励；成员企业对供应链的激励。

（三）供应链的激励过程

供应链企业的激励过程模型可以借用传统的激励过程模型来描述，如图 8-3 所示。从图 8-3 可看出，供应链的激励机制包含激励对象、激励目标、供应链绩效评价和激励方式等内容。

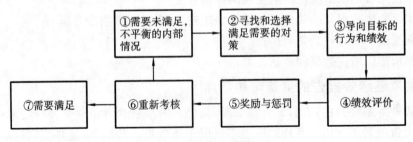

图 8-3　供应链的激励过程

二、供应链管理环境下的激励措施

(一) 价格激励

供应链的各个企业间的利益分配主要体现在价格上。价格包含供应链利润在所有企业间的分配、供应链优化而产生的额外收益或损失在所有企业间的均衡。供应链优化所产生的额外收益或损失大多数时候是由相应企业承担的,但是许多时候并不能辨别相应对象或者相应对象错位,因而必须对额外收益或损失进行均衡,这一均衡通过价格来反映。

但是,价格激励本身隐含着一定风险,这就是逆向选择问题,即制造商在挑选供应商时,由于过分强调低价格的谈判,他们往往选中了报价较低的企业,而将一些整体水平较好的企业排除在外,其结果影响了产品的质量、交货期等。当然,看重眼前的利益是导致这一现象的一个不可忽视的原因,但出现这种差供应商排挤好供应商的最根本的原因是:在签约前对供应商的不了解,没意识到报价越低,意味着违约的风险越高。因此,采用价格激励机制时要谨慎,不可一味强调低价策略,而应从多方面进行谈判。

(二) 订单激励

供应链企业获得更多的订单是一种极大的激励,因此,供应链企业也需要更多的订单激励。一般地说,一个制造商拥有多个供应商。多个供应商竞争来自于制造商的订单,更多的订单对供应商是一种激励。

(三) 商誉激励

商誉是一个企业的无形资产,对于企业极其重要。商誉来自于供应链内其他企业的评价和在公众中的声誉,反映企业的社会地位(包括经济地位、政治地位和文化地位)。委托-代理理论认为:在激烈的竞争市场上,代理人的代理量(决定其收入)取决于其过去的代理质量与合作水平。从长期来看,代理人必须对自己的行为负完全的责任。因此,即使没有显性激励合同,代理人也有努力工作的积极性,因为这样做可以改进自己在代理人市场上的声誉,从而提高未来的收入。

(四) 信息激励

在信息时代,信息对企业意味着生存。企业获得更多的信息意味着企业拥有更多的机会、更多的资源,从而获得激励。信息对供应链的激励实质属于一种间接的激励模式,但是它的激励作用不可低估。信息激励机制的提出,也在某种程度上克服了由于信息不对称而使供应链企业相互猜忌的弊端,消除了由此带来的风险。

(五) 淘汰激励

淘汰激励是负激励的一种。优胜劣汰是世间事物生存的自然法则,供应链管理也不例外。为了使供应链的整体竞争力保持在一个较高的水平,供应链必须建立对成员企业的淘汰机制,同时供应链自身也面临淘汰的风险。危机感可以从另一个角度激发企业发展。

(六) 新产品、新技术的共同开发和共同投资

新产品、新技术的共同开发和共同投资也是一种激励机制,它可以让供应商全面掌握新产品的开发信息,有利于新技术在供应链企业中的推广,有利于开拓供应商的市场。

(七) 组织激励

在一个较好的供应链环境下,企业之间合作愉快,供应链的运作也会通畅。也就是说,一个良好组织的供应链对供应链及供应链企业都是一种激励。减少供应商的数量,并与主要的供应商、经销商保持长期稳定的合作关系是制造商采取的组织激励的主要措施。

【案例分析 8-4】

如何在供应链管理中建立适用的激励措施

2000 年 4 月 6 日,全球最大的网络设备制造商思科公司引以为豪的供应链发生了大事故——它发布警示性公告,称不久将报废价值 5 亿美元的过剩原材料。这个数字相当于思科当季销售额的一半,这也是美国商业史上金额最大的一次库存注销。思科的这个事件给所有企业上了一课:对供应链合作伙伴采用激励措施时一定要慎重再慎重。思科就是由于采用了错误的激励手段——奖励迅速交货的供应商,使得供应商有极大的动机建立缓冲库存,而毫不考虑思科的真实需求。到了最后,思科已经无法迅速截断供应渠道中源源不断的原材料和半成品供应,只能采取"壮士断腕"的措施。

由于供应链横跨了多个职能部门,涉及多家公司,其中每家公司又有各自的首要事项和目标,要实现总体利益的最大化确实不易。要确保供应链以快速、高效的方式提供产品和服务,所有这些职能部门和公司就必须劲儿往一处使。然而,公司高管往往忙于处理组织内部的问题,而忽视了各个公司之间的协调问题,因为后者一般很难察觉。而且,他们觉得,对于一系列自己不直接管理的公司,要界定它们在供应链中的作用、职责和责任,不仅乏味枯燥,而且太费时间。此外,协调各个公司的行动也不是件容易事,因为不同的公司有不同的企业文化,不能指望凭借共同信念或相互忠诚来激励这些合作成员。要想鼓励供应链成员采取行动时兼顾各方利益,公司必须提供合理和协调的激励手段。

分析

①如何解决思科供应链激励措施存在的问题?要承认自己的供应链确实存在激励不当的问题,这就需要高管人员了解其他公司的运作情况,对问题有预见性。②查明问题原因:是合作伙伴暗箱操作,隐瞒信息,还是供应链激励方案设计得不好?对症下药,才能有立竿见影的效果。③协调激励因子或重新设计激励方案。由于大多数公司并不具备足够的影响力,无法对整个供应链的激励机制进行重新设计,因此只能改变直接合作伙伴的激励因子。具体调整方法有三种:重新订立与合作伙伴的合同;揭示供应链中隐藏的信息;在各成员企业之间建立信任感。

▶ 基本训练

1. 简答题
(1) 供应链绩效评价的作用有哪些?
(2) 简述供应链绩效评价指标的特点。
(3) 供应链绩效评价的内容包括哪些?
(4) 标杆管理的实施步骤有哪些?
(5) 供应链激励模式的具体内容是什么?

2. 判断题
(1) 传统的供应链绩效评价体系能够完全适应供应链管理的需要。 (   )
(2) 供应链节点企业产需率指标越接近于1,说明上下游节点企业间的供需关系不协调,准时交货率低。 (   )
(3) 企业绩效评价是对传统财务管理的自然升级。 (   )
(4) 产需率是指在一定时间内,节点企业已生产的产品数量与其上层节点企业(或用户)对该产品的需求量的比值。 (   )
(5) 供应链绩效评价是对企业的整体运行情况,以及企业内部各分支机构、各部门、各员工绩效的考察。 (   )

3. 选择题
(1) 基于绩效评价指标的供应链绩效评价指标是(   )。
　　A. 供应业务　　　B. 渠道业务　　　C. 生产业务　　　D. 业务流程
(2) 标杆管理制度的基本构成可以概括为最佳实践和(   )。
　　A. 衡量标准　　　B. 激励制度　　　C. 惩罚制度　　　D. 工资标准
(3) 供应链管理绩效评价的一个最终标准是(   )。
　　A. 整体满意度　　　　　　　　　　B. 运营满意度
　　C. 资金满意度　　　　　　　　　　D. 最终用户对产品的满意度
(4) 在绩效体系建立过程中,最重要的选取问题是(   )。
　　A. 供应链　　　B. 合作伙伴　　　C. 评价指标　　　D. 评价标杆
(5) 在供应链管理体系中,为确保供应链管理可持续发展,迫切需要解决的问题是建立科学全面的供应链(   )。
　　A. 绩效评价体系　　　　　　　　　B. 成本考核体系
　　C. 人员评价体系　　　　　　　　　D. 合作关系评价体系

4. 技能题(小项目)
(1) 在当地调查一个小型企业,了解一下企业供应链绩效评价工作的主要特征和所采取的方法。
　　实训目的:要求学生了解该企业的供应链绩效评价工作的主要特征和所采取的方法。
　　实训要求:结合所学知识仔细观察,认真听讲解。
(2) 选择一家你熟悉的企业,运用标杆管理的方法为该企业寻找榜样。
　　实训目的:要求学生了解标杆管理制度的相关内容,并能学以致用。
　　实训要求:仔细观察,认真收集材料,结合所学知识找出该企业的学习标杆。

综合案例

Flextronics 的供应链绩效管理

在统计流程控制中,最具挑战性的任务往往是如何界定那些导致失控的根本原因。在供应链绩效管理中,也同样是这样。当例外情况被分辨出来后,必须分辨出导致这些例外的根本原因是什么。正如在医生的例子中,诊断是关键,一旦作出正确的诊断,说明治疗的方式将是很简单的事情。供应链绩效管理系统也应该支持这种对任务的理解和诊断。这将允许管理者迅速找回相关数据,正确综合或分解数据,并根据地理和历史因素剖析数据。

而且,与恰当的内部人员和组织外部关键人员交流同样重要。信息不再为专家分析和决策所独用,而是分散到组织中恰当的人那里,以使他们能够理解问题、评价可选方案,并采取合适的行动。成功的供应链绩效管理需要绩效管理方法和受过大量对口教育的人,还需要创造一个合作性环境,以及将责任分派给合适的人。

Flextronics(伟创立集团)能够甄别出生产运营的例外情况,理解导致这些例外情况的根本原因和潜在的替代性方法,并采取改变供应商的行动,修正超额成本和调节谈判力量。该方法包括用网络软件实施系统装备供应链绩效管理循环。Flextronics 在 8 个月内节约了几百万美元,最终在一年内就产生了显著的投资回报。这都是供应链绩效管理带来的好处。

为了甄别出绩效例外,Flextronics 的系统可以不断比较合同条款内容和经许可的供应商名单。如果供应商并非是战略性的,或者订货价格高于约定价,该系统将对采购方提出警告。另一方面,如果生产运营价格低于约定价格,该系统将提醒管理者这个可能的节约成本的机会。

Flextronics 的管理者还利用该系统理解问题和找到可选方案。他们评价例外条件、决定是否重新谈判采购价格、考虑可选方案,或者证明基于业务需要的不一致性是必要的(例如及时满足客户订货的需要)。同样,采购经理分析市场条件,综合费用,然后再区分节约成本费用的机会。

然后,系统用户对有高度影响力的问题和机会来采取行动。供应链绩效管理循环之前,以及循环过程中,Flextronics 都会确认数据、流程和行动。当实施绩效系统之时,Flextronics 建立关键指标和必要的门槛高度,还要确保数据质量和时间性要求。在日常使用中,还需确认行动的结果,加速整体的例外解决循环。

问题

Flextronics 公司如何利用供应链绩效管理提高采购灵活性?

综合实训

一、实训名称

供应链管理的绩效评价指标及评价体系运作

二、实训目标

本实训通过掩饰供应链管理绩效评价体系的构建与运作,模拟供应链绩效管理的绩效评价,使学生一方面了解供应链绩效管理的重要性,另一方面掌握供应链绩效评价中重要指标的应用。

三、环境要求:物流实训室

(1)配备计算机。

(2)配备"供应链管理"桌面实训卡。

四、情景描述

中国画虎第一村农民绘画始于 1956 年。改革开放后,在各级党委、政府和文化部门的引导下,本村代表人物肖彦卿、王建民、王培双、王培振等一批人在努力探索绘画艺术的同时,不断创新,使所画之虎既有王者之气,又赋予虎以人性化的品格和丰富的人文精神。

中国画虎第一村地处黄河故道,豫、鲁两省接合部,东距文哲大师庄子故居遗址15千米,西距南朝文学家江淹故里21千米,交通便利。全村耕地面积1 377亩(1亩约为666.67平方米),1 366人,其中有800人从事绘画产业。村中夫妻画家、父子画家、姐妹画家及三世同堂作画者比比皆是,村民以工笔画虎为主,兼画人物、花鸟、山水等,品种繁多。已辐射带动周边两省三县数千名农民从事或经销农民画,形成了以王公庄为龙头的农民画家群。仅北关镇就达1 500多人。

　　该村年销售画作4万余幅,创产值2 500余万元。约有30%的画作销售到孟加拉国、新加坡、日本、韩国、美国等国家和港、澳、台地区。

五、操作步骤

(1) 绘制供应链评价调查表。
(2) 根据资料建立供应商供应链绩效评价指标体系。
(3) 根据资料建立批发商、零售商供应链绩效评价指标体系。
(4) 根据资料建立制造商供应链绩效评价指标体系。

六、实训报告的内容

(1) 实训内容。
(2) 实训目的。
(3) 实训步骤。
(4) 我的做法。
(5) 我的结论。

项目九 供应链管理全球化及发展

GONGYINGLIAN
GUANLI
SHIWU

知识目标

◎ 理解全球供应链的概念及特征
◎ 理解全球供应链管理的概念及职能
◎ 掌握全球供应链在我国的企业组织形式
◎ 了解全球供应链对我国的影响

技能目标

◎ 能用所学知识对全球供应链管理状况进行分析
◎ 能结合企业具体情况提出全球供应链管理的一些措施

挑战阿里、FedEx 和 UPS 亚马逊打造全球供应链

2016 年,亚马逊已经采取了一项重大举措,抢夺阿里巴巴的全球电商霸主地位,向中国消费者和品牌示好,并同美国联邦快递公司(FedEx)和联合包裹运送服务公司(UPS)一决雌雄。新项目"亚马逊全球供应链"(SCBA)已经成为现实,并定于当年启动。这涉及预计到 2020 年规模为 1 万亿美元的跨境电商收入。消息人士透露,亚马逊在之前的三年时间里打造的这个计划旨在建立一个系统,确保企业与个人能从世界任何地方在三天或三天以内向任何地方销售产品。这就是所谓的"跨境商务"。阿里巴巴有着类似目标。为了成为世界首个真正的全球电商企业,亚马逊和阿里巴巴正处于"冷战"式的竞争中。很多人错误地以为,亚马逊的主要目标是成为"万货商店"。事实上,亚马逊希望成为"万货企业/世界最大商务企业"。阿里巴巴有着同样目标,而不满足于仅仅是中国最大的电商企业。阿里巴巴在全球物流和供应链服务以及基础设施上投入重资,正在迅速向各大洲扩张它的市场。它还大量投资于技术、云计算、流媒体服务和支付系统,甚至拥有一个银行和信用部门。亚马逊在很多方面都需要拼命追赶阿里巴巴等企业,SCBA 正是这个过程中采取的重大举措。亚马逊首先是一个技术企业,然后是一个物流企业,最后才是零售企业。它已经支配了美国的电商销售和物流,而 SCBA 网络旨在向全球推广相关模式。亚马逊将成为一个全面整合和高效的销售机器。它已经是零售商、市场、分销商、自营品牌、第三方物流海上货运运营商。接下来,它或许将成为一个全球快递服务企业,在国内和全球范围内挑战 UPS 和 FedEx。

资料来源:http://news.xinhuanet.com/world/2016-02/14/c_128717048.htm

这一案例表明,市场竞争激烈,要争得国际市场的霸主地位,就要做好全球物流和全球供应链服务。

任务一 全球化供应链管理的概述

20世纪90年代以来,人们已经认识到,任何一个企业都不可能在所有业务上都成为世界上最杰出的企业,只有与其他企业优势互补,才能增强竞争实力。为了使全球范围内加盟供应链的企业都能受益,并且使每个企业都有比竞争对手更强的竞争实力,就必须加强对全球化供应链的构建和运作的研究。由此形成了全球化供应链管理这一新的经营与运作体系。

一、全球化供应链的概念和类型

(一) 全球化供应链的概念

全球化供应链又称为全球网络供应链。在这种供应链体系中,供应链的成员来自全球,生产资料的获得、产品生产的组织、货物的流动和销售、信息的获取都是在全球范围内进行和实现的。

全球化供应链是指在全球范围内组合供应链,它要求以全球化的视野,将供应链系统延伸至整个世界范围,并且根据企业的需要在世界各地选取最有竞争力的合作伙伴。

在全球经济一体化的环境下,企业要在全球范围内寻找生存和发展的机会。作为全球化的生产企业,要在世界范围内寻找原材料、零部件来源,以及选择一个适应全球分销的物流中心及供应关键物资的集散仓库,并且在获得原材料及分配新产品时使用当地现有的物流网络,并推广其先进的物流技术与方法。与此同时,生产企业专门的第三方物流企业也必然同步全球化,即随着生产企业全球化的发展,将以前所形成的、完善的第三方物流网络也带入到全球市场。国际运输企业之间开始形成了一种覆盖多种航线,相互之间以资源、经营的互补为纽带,面向长远利益的战略联盟。这种战略联盟有效地降低了运输成本。在这种全球化供应链中,企业的形态和边界产生了巨大的变化,全球供应链网络对全球化企业的经营与运作具有越来越重要的地位和作用。

(二) 全球化供应链的类型

全球化供应链包括以下4种类型。

(1) 国际配送系统。这种系统以国内生产为主,但有一些配送系统与市场在海外。

(2) 国际供应商。在这种系统中,原材料与零部件由海外供应商提供,但最终的产品装配在国内,产品装配完成后,再运回到海外市场。

(3) 离岸加工。在这种系统中,产品生产的整个过程一般都在海外,成品最终运回到国内仓库进行销售与配送。

(4) 全球化供应链。在这种系统中,产品的进货、生产、销售的整个过程都发生在全球范围内的不同工厂。例如戴尔、BM、丰田、大众等跨国企业,逐渐形成了各具特点的全球化供应链网络的运作管理模式。

二、全球化供应链管理的概念

供应链是由客户(或消费者)需求开始,贯通从产品设计到原材料供应、生产、批发、零售等过程,把产品送到最终用户的各项业务活动。一般认为,全球化供应链管理是通过前馈的信息流(需方向供方流动,如订货合同、加工单、采购单等)和反馈的物料流及信息流(供方向需方流动的物料流及伴随的供给信息流,如提货单、入库单、完工报告等),将供应商、制造商、分销商、零售商直到最终用户连成一个整体。它既是一条从供应商到用户的物流链,又是一条价值增值链,因为各种物料在供应链上的移动,是一个不断增加其市场价值或附加价值的增值过程。

20世纪80年代中期以后,工业发达的国家中有近80%的企业放弃了"纵向一体化"模式,转向了全球制造和全球供应链管理这一新的经营模式。近几年来,供应链管理的实践已扩展到了一种所有加盟企业之间的长期合作关系,超越了供应链形成初期出现的那种主要以短期的、基于某些业务活动的经济关系,使供应链从一种作业性的管理工具上升为管理性的方法体系。全球化供应链管理不同于企业中传统的物资供应管理。

供应链管理强调的是企业必须专注于自己的核心业务,把非核心的业务外包给其他的合作伙伴,以使整个供应链的绩效达到最大。因此,供应链管理的思想改变了企业与企业之间的合作关系,拓展了企业的边界,提高了企业的管理效益。全球供应链管理强调在全面迅速地了解世界各地消费者需求的同时,对其进行计划、协调、操作、控制和优化。在供应链中,核心企业与其供应商以及供应商的供应商、核心企业与其销售商乃至最终消费者之间,依靠现代网络信息技术的支撑,实现供应链的一体化和快速反应,使商流、物流、资金流和信息流达到协调通畅,以满足全球消费者的需求。

【知识链接 9-1】

福特汽车公司的"横向一体化"的全球制造战略

三、全球化供应链管理的基本职能

从全球化供应链的业务流程可以简要地说明全球化供应链管理的基本职能。

(一) 产品开发

产品的设计应便于修改,以适应不同的市场,并能在不同机构内制造出来。这种设计有时难以实现,但十分有用。尽管设计不同市场都通用的产品比较危险,但还是可以设计出一种基础产品。这种基础产品的设计应易于修改,以适应不同市场的需要。在这方面,国际化的产品设计团队有助于这一工作的开展。

(二) 采购

从全球范围内的供应商采购重要生产物资对公司比较有利,这样可以保证原材料的质量与灵活的发货期,而且采购人员也可以比较不同供应商所提供的价格差别。同时,全球范围内的供应商也能够对全球化供应链的灵活性提供保证。

(三) 生产

分布在不同地区的多余的生产能力与工厂对公司实现地区间的生产转移是至关重要的。

这种转移是充分利用全球化供应链的一种转移,为了实现这种转移,必须建立有效的交流以实现供应链的有效管理,而集中式管理对实现有效交流是很重要的。此外,在一个复杂的供应链上,各个工厂之间互为供应者,工厂与工厂间的有效交流与集中管理使得供应链上的生产厂家可以对当前的系统状况了解得十分清楚。

(四)需求管理

一般情况下,需求管理是根据地区的需求预测与适宜的产品制定整体的促销战略与销售计划。为了实现供应链的一体化管理,需求管理在一定程度上应该具有集中化的特征。同时,以地区为基础的分析可以提供需求管理所需要的以市场为基础的敏感信息。

(五)订单履行

全球化供应链系统具有很好的灵活性,可以使各个地区的消费者通过集中式的订单履行系统,从全球化供应链上方便地拿到产品,与从当地或地区供应链上订货一样。如果订单履行这个过程十分不方便,顾客就会转向别处,那么,全球化供应链的灵活性就变得毫无意义。

四、全球供应链管理系统

21世纪的跨国企业越来越重视以业务流程管理、客户资源管理、全程跟踪服务和供应管理为基础的一体化服务,并不断加大这方面的投入,作为提升自身核心竞争力的重要手段。在物流企业通过整合交通运输、仓储、配送等环节,加速实现多式联运全程物流服务的同时,以现代信息技术、管理技术、运输技术、仓储技术为基础的集成化、一体化服务将得到快速发展。伴随条码技术、射频识别技术及基于互联网的EDI技术的日益成熟,实现订单处理、跟踪、结算等企业内外的信息传输,成为跨国企业提高运营效率的主攻方向。通过与供应商和客户的信息共享,实现供应链的透明化,以及运用JIT、VMI、SMI等供应链管理技术,实现供应链伙伴之间的协同商务,是各企业占据高端国际市场的必然选择和未来发展趋势。

(一)VMI库存管理系统

VMI的主要思想是企业(供应商)在客户的允许下设立库存,确定库存水平和补给策略,拥有库存控制权。在采用VMI的情况下,虽然客户的库存决策主导权由作为供应商的企业把握,但是,在其他管理决策方面仍然由客户自己主导。VMI库存管理系统就是由企业代替客户管理库存,即库存的管理职能转由企业负责。

实施VMI,首先需要企业和客户一起确定企业的订单业务处理过程所需要的信息和库存控制参数,然后建立一种订单的处理标准模式(如EDI标准报文),最后把订货、交货和票据处理等各个业务功能集成在企业一边。

客户的库存状态对企业来说是透明的,企业能够随时跟踪和检查到客户的库存状态,从而快速地响应市场的需求变化,并对企业的生产状态做出相应的调整。

精心设计与开发的VMI库存管理系统,不仅可以降低供应链的库存水平,降低成本;而且客户还可以获得高水平的服务,改善资金流。

(二)企业的跨地域资源利用系统

企业的跨地域资源利用系统(CBS),将客户需求和全球资源信息整合在一起,使以前的月度预测发展成为每周的订货补充。在这一新型的商业模式中,供应商直接负责企业分销中心的资源补充。新的周补给制度是根据客户的订单流量来确定的,订单流量是通过企业在世界各地的分销中心直接传递给供应商的。补给要求也是根据企业销售机构提供的需求信息来计算的。虽然兼并重组、合资合作、协议联盟、租赁托管、建立信息共享或交易平台等均是跨国企业资源整合的手段,但资源整合的目的无外乎是增强客户服务能力、提高客户服务水平和获得更好的投资回报。所以,尽管不同的跨国企业在实际运作中所采取的资源整合方式方法不尽相同,但还是有一些共同的整合范畴需要纳入企业关注的视野。它们是客户资源整合、能力资源整合和信息资源整合。此外,企业的 CBS 商业控制程序由 mySAP SCM(供应链管理软件)控制。mySAP SCM 能够计算出基本需求,推动各种可重复的补充过程,相应增加因市场推广而带来增长的业务。全球范围内,使用供应链管理方案的企业是 SAP 供应链管理方案主要的收入来源。使用 SAP SCM 的企业根据每日需求信号和库存量对补货订单进行计算,使供需更加平衡,使供给更加适应特殊订单的要求,同时减少了不准确预测信息而产生的影响,进而降低了成品库存、减少了补充订单的循环次数、提高了企业内部补充和用户订单中的在产订单和已完成订单的达成率。此外,通过使用功能强大的补货系统,企业还提高了订单的实现率和资金使用效率。这个灵活、有效的产品补充系统虽然加快了从总部前往分销中心的物流进程,但并没有增加企业的运输成本。

【知识链接 9-2】

SAP 推出可视性供应链管理系统

(三)需求规划与绩效确认系统

企业采用的协同高效的需求规划与绩效确认系统,能够向供应商传达公司的需求信息,并在供应链管理网络中制订协调计划,计算出基本需求,相应地增加因市场推广而带来的业务增长。对市场推广带来的额外需求增长的管理,独立于基本需求管理之外,是进行生产、产品分销和售后整理的重要依据。这种协同高效的供应链管理系统通过最新计划信息的交流、偶然事件的管理、对预测准确性等功能测试的跟踪等,对市场推广带来的需求增长进行协同管理,而企业通过这种协同管理加强了与全球客户的联系,进一步降低了成本。此外,企业还通过电子商务进一步加强了内部整合,密切了与合作伙伴和客户的关系。企业通过需求规划与绩效确认系统实现了很多目标,如提高可视供应链、规划循环的速度,以及通过全球化资源利用、成本降低、改善客户服务等,实现更为有效的资本利用。

(四)供应链管理服务系统

随着经济发展的全球化、产业链的延伸、信息技术的日臻成熟,特别是战略联盟和供应链管理竞争等理念的普及,越来越多的跨国企业将其未来的发展定位于供应链管理服务上。因为即使是比其他管理系统更大的操作系统的运行,也只是在更高层次上和更大范围内进行协调管理和资源整合罢了,因此,找到最佳的结合点,并实现供应链管理服务资源的优化配置,是跨国公司追求的目标。在今后几年,供应链管理服务系统的发展趋势将呈现如下特点:

1. 先进性

就像所有工业装备走过的历程一样,各流程环节装备的性能将越来越先进,自动化程度也越来越高。先进性具体体现在速度、准确性和稳定性等三个方面。仓库规模的扩大与快速客户反应显然是相互矛盾的。要在极短的时间内完成拣选、配送任务,只有不断提高供应链管理服务系统的运行速度和处理能力。各厂商纷纷采取先进的技术来满足客户对装备高准确性的要求。为保证供应链系统连续、安全运作,装备的高稳定性、高可靠性也越来越受到各厂商的重视。

2. 信息化

人们对信息的重视程度日益提高,要求装备与信息实现在线或离线的高度集成,使信息技术逐渐成为供应链管理服务技术的核心。装备与信息技术紧密结合,实现高度自动化是未来发展的趋势。目前,越来越多的新设备供应商已从单纯提供硬件设备,转向提供包括控制软件在内的总体性能系统,并且在越来越多的硬件设备上加装计算机控制装置,实现了对新设备的实时监控,极大地提高了设备的运作效率。新设备与信息技术的结合,已成为各厂商追求的目标,也是各厂商竞争力的体现。

3. 多样性与专业化

为满足不同行业、不同规模的客户对不同功能的要求,新设备的形式越来越多,专业化程度日益提高。许多设备厂商都致力于开发生产多种多样的产品,并以满足客户的多样化需求作为自己的发展方向,它们提供的装备也由全行业通用型转向针对不同行业特点设计制造,由不分场合转向适应不同环境、不同工况要求,由一机多用转向专机专用。许多厂商还可根据用户特殊情况为其量身定做各种装备,体现了更高的专业化水平,使供应链管理服务水平要求也逐步提高。

4. 标准化与模块化

新装备也需要走向全球化,而只有实现了标准化和模块化,才能与国际接轨走向全球化。因此,标准化、模块化成为新装备发展的必然趋势。标准化既包括硬件设备的标准化,又包括软件接口的标准化。通过实现标准化,可以轻松地与其他企业生产的新装备或控制系统对接,从而为客户提供多种选择和系统实施的便利性。模块化可以满足客户的多样化需求,可按不同的需要自由选择不同功能模块,灵活组合,增强了系统的适应性。同时模块化能够利用现有空间,根据货物存取量的增加和供货范围的变化进行调整。

5. 系统性与可扩展性

客户对装备的系统整合要求越来越高。供应商要按客户的实际情况,制定系统方案,同新装备进行有机整合,从而达到最佳效果。在装备实现了模块化设计后,可较容易地根据需要进行扩展。有的装备也可通过改变控制软件完成系统的调整或扩展。

6. 智能化与人性化

科技的进步使新装备越来越重视智能化与人性化设计,以降低工人的劳动强度,改善劳动条件,使操作更轻松自如,使服务更能满足消费者需求。

7. 绿色化与节能化

随着全球环境的恶化与人们环保意识的增强,有些企业在选用供应链管理时会优先考虑对环境污染小的绿色产品或节能产品的开发和利用。因此,有远见的设备供应商也开始关注环保问题,采取有效措施达到环保要求。

采用供应链管理系统,提高了企业的市场竞争力,使企业在全球业务拓展和市场推广中更具优势。从行业来讲,信息化发展最快的领域将是连锁分销业。连锁分销业正处于一个业态结构发生巨大变动的时期。从产品特征来讲,那些产品更新周期特别短、周转速度特别快的领域,肯定是最关注供应链管理信息化的。

任务二　全球化供应链管理的发展趋势

在经济全球化的大背景下,跨国公司的投资推动力与公司战略正在不断演变。由于技术进步、各国经济政策的放宽及对世界经济复苏的愿望日趋强烈,全球范围内掀起了新一轮的结构调整和大规模的产业转移,跨国公司纷纷考虑重新排列其价值链,制定新的全球发展战略。全球化供应链的形式和管理活动受此影响,正在发生变化,呈现出新的发展趋势。

20世纪90年代以来,越来越多的跨国公司重新调整其战略,开始实行全球战略,并逐步向全球公司转变。在全球战略下,跨国公司开始整合全球生产体系、实行全球财务管理、培养全球经理人员、发动全球企业购并、建立全球战略联盟。在世界范围内重新排列价值链,把各种经营活动安排在相应的低成本国家,进行世界规模性的标准化生产,促进国家之间市场活动的共享,实行全球一体化经营。全球战略的直接结果是导致跨国公司对全球化供应链管理的全新需求,使全球化供应链管理有以下发展趋势。

(一)多功能化——全球化供应链管理发展的方向

现代供应链管理通过综合从供应者到消费者的供应链运作,使供应链达到最优化。企业追求全面系统的综合效果,而不是单一孤立的片面观点。例如,一体化的配送中心不单单提供仓储和运输服务,还必须开展配货、配送和各种提高附加值的流通加工服务项目,也可按客户的需要提供其他服务。

作为一种战略概念,供应链也是一种产品,而且是可增值的产品;其目的不仅是降低成本,更重要的是提供用户期望以外的增值服务,以产生和保持竞争优势。从某种意义上讲,供应链是物流系统的充分延伸,是产品与信息从原料到最终消费者之间的增值服务。

在经营形式上,采取合同型形式。配送中心是通过签订合同,为一家或数家企业(客户)提供长期服务,而不是为所有客户服务。这种配送中心有公用配送中心管理的,也有自行管理的,也有所有权属于生产厂家,交由专门的公司进行管理的。

供应链系统完全适应了企业经营理念的全面更新。以前,商品需经由制造、批发、仓储、零售各环节间的多层复杂途径,最终到消费者手里。而现代流通业已简化为由制造商经配送中心直接送到各零售点。这种简化使未来的产业分工更加精细,产销分工日趋专业化,大大提高了社会的整体生产力和经济效益,使流通业成为整个国民经济活动的中心。另外,在这个阶段有许多新技术,例如准时制工作法、销售时点信息管理系统等。其中,采用销售时点信息管理系统,商店将销售情况及时反馈给工厂的配送中心,有利于厂商按照市场调整生产,以及同配送中心调整配送计划,使企业的经营效益跨上一个新台阶。

从全球视角来看,跨国公司在进行结构调整时,越来越倾向于到成本更低、潜力更大的国家进行投资,选择把生产制造基地转移到成本最低的地方去。并且,它们将零配件生产归并到低成本中心区域,而把最终装配流水线安排在邻近消费者的高成本区域,试图在高成本的消费市场和低成本的制造中心之间形成紧密联系的供应链管理网络体系。跨国公司通过对全球化供应链管理的分析、协调和简化,要求做到:从零配件制造到最终装配的整个生产过程中实行垂直平衡生产;在制造同样或类似产品的厂家间实行水平平衡生产。例如,美国通用汽车和日本汽车这两家公司都在欧洲设有工厂,但它们的零部件供货商都在亚洲。

(二)一流的服务——企业的追求趋势

供货方和购货方都是以服务作为第一宗旨的。各企业不仅要为本地区服务,而且还要进行全球化的服务。因为客户不但希望得到很好的服务,而且希望服务点不是一处,而是多处。如何提供高质量的服务便成了各企业管理的中心课题。配送中心离客户最近,联系最密切,商品都是通过它送到客户手中的。美、日等国物流企业成功的要诀,就在于它们都十分重视客户服务的研究。

在概念上变革,由"推"到"拉"。配送中心更多地考虑"客户要我提供哪些服务"(拉),而不是仅仅考虑"我能为客户提供哪些服务"(推)。例如,在供应链上,某企业的配送中心起初提供的是区域性的配送服务,后来发展到提供长距离服务,而且能提供越来越多的服务项目。又如配送中心派人到生产厂家"驻点",直接为客户发货。越来越多的生产厂家把这些工作全部委托给配送中心,从根本意义上讲,配送中心的工作已延伸到生产厂商。

为满足客户的需要提高配送中心的作业水平。配送中心不仅与生产厂家保持紧密关系,而且直接与客户联系,能及时了解客户的需求,并在厂商和客户之间起着沟通桥梁的作用。如美国普雷兹集团(APC)是一个以运输和配送为主规模庞大的公司。配送中心不仅为货主提供优质的服务,而且深入研究货主企业的生产经营发展的流程设计和全方位系统服务方式,在运输、仓储、进出口贸易等一系列活动中为客户提供优质和系统的服务,使配送中心与货主企业结成战略伙伴关系(或称策略联盟)。这种联盟一方面有助于货主企业的产品迅速进入市场,提高竞争力;另一方面则使配送中心有稳定的资源,对配送中心而言,服务质量和服务水平正逐渐成为比价格更为重要的选择因素。

在跨国公司进行价值链重整的过程中,一个极其显著的特征就是越来越多的跨国公司选择具有产业群集特征的区位进行投资,通过获得聚集优势来降低成本,提高效率。日益增强的竞争迫使各公司使其核心业务能力更加专门化,并且比过去更加依靠与外部伙伴(供方、买方,甚至是竞争者)的关系。这些网络化的可能性常常诱使跨国公司将业务设在靠近(合适的)相关公司群集的地点。许多高新技术产业的跨国公司往往集结在世界上一些选定的地点设立子公司,而将低技术生产集中在发展中国家,并相应建立一些专门的制造中心。在这些活动背后有两个最基本的原因,其一是充分利用技术劳动的能力,其二是将生产经营建立在以低成本为基础的平台上。各种产品在高度集约的生产地和消费地之间不断流动,增加了世界范围内的最优化供应链设计需求,供应链管理活动逐步成为跨国公司生产经营活动的重要组成部分。跨国公司为支持这种全球战略的发展,必须更新自己的供应链管理观念,拓展设施,调整其管理战略,促进与公司价值链的各个环节建立和保持良好的联系,以适应新的生产布局和国际贸易发展的需要。相应地,跨国公司对全球供应链管理的集聚性和信息网络的布局调整提出了更高的要求和更多的需求。值得注意的是,供应链管理网络的集聚效应一旦形成,在相当一段时期内就具有稳定性和不可复制性，从而帮助跨国公司获得持久的成本领先优势。

（三）信息化——全球化供应链管理发展的必由之路

1. 国际经济环境迅速变化的时代，要求提供最佳的服务

全球化供应链系统必须要有良好的信息处理和传输系统。美国洛杉矶西海报关公司与码头、机场、海关信息联网。当货物从世界各地起运时，客户便可以从该公司获得货物到达的时间、到泊（岸）的准确位置。收货人与各仓储、运输公司等可以做好准备，使商品在几乎不停留的情况下快速流动、直达目的地。又如，美国干货储藏公司（D.S.C）有200多个客户，每天接收大量的订单，需要很好的信息系统。为此，该公司将许多表格编制了计算机程序，大量的信息可迅速输入、传输，各子公司也是如此。再如，美国橡胶公司（USCO）的物流分公司设立了信息处理中心，接收世界各地的订单；IBM公司只需按动键盘，即可接通USCO公司订货，通常在几小时内便可把货物送到客户手中。良好的信息系统能提供极好的信息服务，以赢得客户的信赖。

2. 建立ECR和JIT系统

所谓ECR（efficient customer response）就是有效客户信息反馈，它是至关重要的。有了这个系统，就可做到客户要什么就生产什么，而不是生产出东西等顾客来买，这样可使仓库的吞吐量大大增加。通过JIT系统，可从零售商店很快地得到销售反馈信息。配送不仅实现了内部的信息网络化，而且增加了配送货物的跟踪信息，从而大大提高了跨国企业的服务水平，降低了成本，增强了竞争力，让商品与生产要素在全球范围内以空前的速度自由流动。EDI与Internet的应用，使全球化供应链管理效率的提高更多地取决于信息管理技术，计算机的普遍应用提供了更多的需求和库存信息，提高了信息管理科学化水平，使产品流动更加容易和迅速。全球化供应链管理信息化，包括商品代码和数据库的建立，运输网络合理化、销售网络系统化和物流中心管理电子化的建设等，目前还有很多工作有待实施。可以说，没有现代化的信息管理，就没有全球化供应链管理的发展。

3. 经济全球化使资源的整合已经跨越了国界的限制

为了提高核心竞争力，跨国公司将大量的非核心业务外包，这对于供应链管理在全球范围内快速增长起了推波助澜的作用。在传统的资源战略中，公司重视的是对资源的拥有和管理。跨国公司的成功与其对自然资源、劳动力资源和技术资源等生产要素的取得密切相关。但是，随着公司全球战略的发展，组织形式日趋复杂，直接面向设计、制造、技术、物流和销售等要素的组织资源也日益专业化，跨国公司想要取得更大的成功，就必须对其核心竞争力进行不断的再造、开发和创新。因此，跨国公司开始重新审视纵向一体化的组织结构体系，把资源集中于自身具有核心竞争优势的活动上，而把非核心活动交给外部的企业。在这个过程中，外包给专业化的企业创造了更多的发展机会，也加强了公司与其他企业的联系。跨国公司在与其他企业的合作中十分重视利益的分配和再分配，并将企业内外的各部门整合起来以寻找更好的合作，努力建立基于核心竞争力、相互竞争和合作更为灵活的组织关系和供应链管理体系。

（四）全球化——企业竞争的趋势

20世纪90年代早期，电子商务的出现，加速了全球经济的一体化，使企业的发展达到了多国化。企业从许多不同的国家收集所需要的资源，加工后再向各国出口。

全球化的供应链管理模式，使企业面临着新的问题。例如，在达成北美自由贸易区协议后，供应链管理系统给企业带来的已不仅仅是从东部到西部的问题，还有从北部到南部的问题，包括仓库建设问题和运输问题。又如,从加拿大到墨西哥,如何运送货物,如何设计合适的配送中心,如何提供良好服务是企业面临的问题。企业遇到的困难是较难找到素质较好、水平较高的管理人员,这是因为存在大量牵涉合作伙伴的贸易问题。如日本在美国开设了很多分公司,而两国存在着不小的差异,势必会碰到如何管理的问题。

很多企业有不少企业内部的秘密,这使一些企业很难与之打交道。如何建立信息处理系统,及时获得必要的信息,对一些企业来说,是一个难题。在将来的供应链管理系统中,能尽快将货物送到客户手里,是提供优质服务的关键之一。客户要求在发出订单后的第二天就能拿到货物,而不是口头上说"可能何时拿到货物"。同时,客户还在考虑,所花费用与所得到的服务是否相称,是否合适。

全球化战略的趋势,使供应链管理环节上各企业和生产企业更紧密地联系在一起,形成了社会大分工。生产企业集中精力制造产品、降低成本、创造价值,各企业则花费大量时间和精力开发服务项目。各企业的满足需求系统比原来更完善。例如,对进口商品的代理报关业务、暂时储存、搬运和配送,必要的流通加工,从商品进口到送交消费者手中的服务实现一体化。

可以说,全球化作为一种趋势,在推动跨国公司全球战略发展的同时,也在深刻影响着全球供应链形式和管理的发展——不论是跨国公司对内部的供应链管理活动进行有效管理还是将业务外包。全球供应链管理在跨国公司中的地位正在不断上升,当全球战略从上而下渗透到跨国公司的组织体系中时,全球供应链系统帮助跨国公司提供专业化的决策支持并管理遍及全球的供应链。

任务三　供应链及供应链管理的未来

一、新兴的供应链模式

当今世界,商战最显著的变化就是由高效率、低成本转变为敏捷制造、满足客户个性化需求。新的市场竞争环境下的商战策略正向以客户为核心的方向转变。先进的信息技术和电子商务模式,不仅为供应链管理提供了平台技术、提高了供应链管理的运作效率,还带来了供应链管理的战略思想的转变、价值结构的优化和商务模式的更新。在新的技术条件和经营方式的支撑下,供应链管理模式不断改革创新。新兴的供应链管理模式出现了以下特点:电子商务及供应链长度精简缩短,抛开零售商的网络直销盛行,零售商和分销商的地位得到提高,原始资源制约加强。

新兴的供应链模式主要有零售业主导型供应链、原始资源商主导型供应链、双核心企业供应链、物流商主导型供应链、网络直销型供应链等。

(一)零售业主导型供应链

零售业主导型供应链管理模式是指大型零售商凭借其资金、品牌、信息、渠道、信誉等,对整个供应链的运作和管理拥有主导权,而其上游的供应商、制造商、分销商等自然处于从属地位,为满足消费者的需求而各自承担一定的责任。最典型的零售业主导型供应链的成功案例是沃尔玛的供应链管理模式,见图9-1。

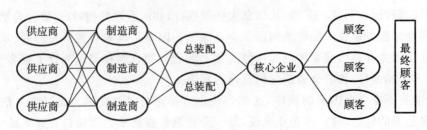

图 9-1 零售业主导型供应链

随着经济的发展,在市场消费者驱动的信息流的作用下,供应链管理中的决策权开始向处于供应链瓶颈约束的节点企业转移,大型零售百货店开始在供应链中取得更多的控制权,在制造商、批发商和捉摸不定的消费者之间起着最佳的连接作用。沃尔玛、家乐福、麦德龙、万客隆等大型连锁零售商在供应链上处于距离终端客户最近的位置,直接面对供应链的最终消费者,并直接承受着来自包括顾客在内的纷繁市场环境的影响。

零售商的最大优势在于它能够使顾客成为真正的供应链信息源,能够把市场信息及时准确地传递给上游的合作伙伴,能够高效地满足顾客和市场的需求。零售商是供应链管理模式的信息搜集中心和协调服务中心。信息的价值是巨大的,相关专家学者喜欢引用这样一句话:"利用信息来代替存库"。这句话实实在在地突出了信息在供应链管理以及当代市场竞争中的重要地位。零售商因为自身所处的地位优势,能够最方便、最快捷地收集到决定供应链运作和管理绩效的关键信息,对这些信息进行处理和加工,然后与供应链成员共享这些需求信息、存货情况、生产能力计划、生产进度、促销计划、需求预测和物流进度,从而减少供应链中需求的变动,帮助供应商和制造商等作出更完美、更准确和更及时的预测,把握市场变化,充分协调生产和销售策略,使供应链更快捷地响应市场需求变化并作出反馈决策。另外,零售商在与顾客面对面的交易过程中,还能够逐步掌握顾客的兴趣爱好、消费习惯、满意程度等,从而能够挖掘顾客的潜在需求,搜集市场竞争信息和价格信息等。而上游的合作伙伴因其与消费者的"距离"不能让它们及时把握住市场的脉搏,只能依靠零售商来搜集信息,从而降低供应链运作的不确定性,因此这些企业不具备充当核心企业的条件。

所以,大型零售商是市场的触角,占据了供应链的瓶颈约束资源,在供应链管理模式中起着信息集成和协调组织的作用,决定了供应链的运行节拍,在质量、服务、价格等方面均能敏捷、准确地满足客户个性化的需求,是该种供应链管理模式的核心企业。

(二) 原始资源商主导型供应链

原始资源商主导型供应链的模式是指以特定原始资源为主要原材料的供应链。这种模式的供应链原始资源具有结构稀缺性、不可替代性和进出壁垒高等特点,在供应链的产品链中,增值活动大部分在供应链上游完成,在供应链的下游只完成一些辅助加工与流通的功能,见图 9-2。

自然资源的开采需要特定的技术条件和规模经济,一些国家对资源开发颁布了特殊的法规政策,另外,自然资源的不可再生性和难以移动性也使这种模式的供应链制约于原始资源。这种模式的供应链技术、资本、管理等生产要素主要集中在原始供应商手中,是供应链的瓶颈约束,形成上游原始供应商一头独大,建立起不可逾越的瓶颈壁垒。原始资源商主导型供应链的节点企业越往供应链下游规模越小、实力越差,供应链的信息服务与协调调度的任务一般都由

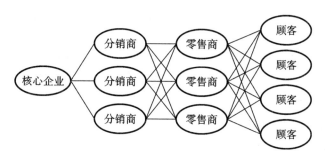

图 9-2　原始资源商主导型供应链

原始资源商承担,原始资源商成为不可替代的核心企业。

(三)双核心企业供应链

双核心企业供应链是指由特定的生产企业和特定的流通企业以长期的交易关系为基础的产销联盟关系,也可以理解为制造商、分销商和零售企业之间建立战略联盟,在信息共享的基础上为响应消费者需求而及时提供商品的组织方式。产销联盟是流通构造发生变化,并且改变了生产和流通之间社会分工关系的新型结构,在信息处理技术和物流技术的支持下,更加效率化地进行组织管理的运营模式。产销联盟型模式中的交易关系以生产信息、库存、销售和店铺信息的相互公开为条件,实现各种业务的效率化目标。该模式将店铺的销售信息及时传递到生产基地和库存据点,提高库存的周转率,进而使信息的共享发展为决策支持的结合,见图 9-3。

图 9-3　双核心企业供应链

在双核心企业供应链管理模式中,制造商、分销商、零售商所占据资源的能力基本一致,它们直接结成联盟,分销商、零售商能够和制造商在业务上综合集成,消除或减少信息扭曲,通过建立自动订货发货系统等现代信息手段和交易体系,确立供应链的运行节拍,稳定供应链的关系和结构。产销联盟的主体包括制造商、分销商和零售商。按照传统的联盟方式,产销联盟可以是从上游面向下游进行的前向联盟,也可以是从下游面向上游进行的后向联盟。前向联盟中,制造商的实力更强大,处于供应链管理中的主导地位,因此制造商是前向联盟中的核心企业。后向联盟中,零售商的地位更重要,处于供应链管理中的主导地位,因此零售商是后向联盟中的核心企业。实际上,这类似于前面所提到的大型零售业主导型模式。在产销联盟模式中,有大型的制造商为了产品的销售渠道而联盟零售商,或大型的零售商为了独占产品的供给而联盟中小制造商的情况;也有大型制造商和大型零售商进行联盟的事例,其中最典型的就是宝洁和沃尔玛的产销联盟。值得注意的是,如果产销联盟中有明显实力强大的企业存在,那么核心企业一般就是实力强大的企业,如前向联盟中制造商成为核心企业,后向联盟中零售商成为核心企业。但是,如果产销联盟是大型零售商和大型制造商之间的联盟,如宝洁和沃尔玛的联盟,就不好轻易论断谁应该成为核心企业,这种联盟不存在明显的联盟主导和核心,更确切地说,这是一种双方充分信任彼此而结成的一种平等互利的合作关系。沃尔玛需要宝洁的品牌,宝洁需要沃尔玛的顾客渠道,而且双方的实力都很强,都具有自己的品牌资产,在地位上难以区分出高低来,任何一方擅自离开或中断联盟都会对另一方和自己的利益造成巨大的损失。在这种供应链模式中,供应链的约束瓶颈资源由两个企业共同占有,可以说不存在绝对的核心企业,也可以大胆设想为两者都是核心企业。

(四) 物流商主导型供应链

物流商主导型供应链主要是指供应链上游主产品的原料、半成品、成品的节点企业和供应链下游的零售商、客户均属于区位分散、实力弱小的小型企业,供应链的主产品(如海鲜、瓜果、鲜花)又具有极强的时效性,见图9-4。

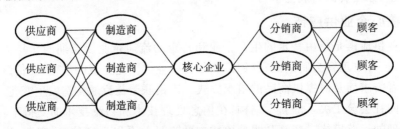

图9-4 物流商主导型供应链

这种模式的供应链上,节点企业分散弱小,产地与销售地间距大,产品循环周期短,供应链节点企业利润低。资金与技术优势较强的大型企业无暇也不愿涉足这种模式的供应链。在这种模式下,只有第三方物流是供应链的约束瓶颈,具有足够的信息整合能力、渠道运作能力和协调指挥能力,来保证供应链的成功运作,因此第三方物流理所当然地成为核心企业。

(五) 网络直销型供应链

网络直销型供应链是指制造商充分利用电子商务的模式和技术,删除商品的分销和零售系统,在电子技术的支持下直接利用网络展开的销售和营销。这种供应链包括多级供应商网络、制造商和终端客户,如果供应链利用了第三方电子中介商的网络平台,则其还包括第三方电子中介商,见图9-5。

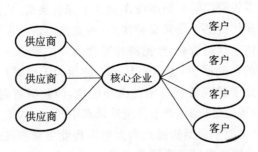

图9-5 网络直销型供应链

在网络直销型模式中,制造商基于保证自身核心竞争力的考虑,一般会将生产、制造等业务运作以外包的方式转移给合作伙伴或零部件、半成品的供应商,而本身只保留研发、总装、市场营销、电子商务职能等核心业务,因为这些才是距离客户最近的企业所应该执行的职能,企业不再仅仅是生产、制造和装配产品了。零部件、半成品的供应商在性质上都可以被划入该模式的多级供应商网络，它们是供应链的主要生产型企业，而且又是距离最终客户最远的企业。因此可以看出，它们的职能主要在于管理好供应链的生产任务，协调好与下游企业的供货关系、商品转交关系等。这些多级供应商网络在供应链管理模式中是无法处于核心企业的地位的。

该供应链制造商的触角一端直接延伸至客户，另一端直接连接到供应商，既能迅速快捷地搜集到顾客和市场需求信息的变动情况，又能洞悉商品生产、制造的一切内部运作信息，这两端的信息在制造商处汇总，使制造商能够轻而易举地、及时地、准确地作出各项反馈决策。因此，制造商掌握了供应链的约束瓶颈资源，成为网络直销型供应链模式的核心企业，是商品供应和商品销售的中枢，全权负责供应链的物流过程、信息流过程以及价值流和业务流过程，决定着供应链的运行节拍；而多级供应商网络只是制造商的业务合作伙伴，密切地配合制造商的生产、销售及服务等要求，促进供应链的协调运作。制造商是网络直销型供应链管理模式的信息处理中心、物流调度中心和协调规划中心。

二、供应链管理的未来趋势

（一）技术外包

尽管诸如仓储、运输及配送等外包服务已在供应链优化中扮演了重要角色，佐治亚理工学院供应链与物流研究所的约翰·兰利博士认为在未来将会看到更多的技术外包，尤其是软件即服务（SaaS）。"人们一度为拥有软件而感觉良好。"他说，"我们正在改变这种老套做法，转而在必要的时候实行外包。如果你审视企业的核心竞争力，衡量技术外包带来的财务影响，你会发现有很多良好的商业机会供公司选择。"

在供应链和物流领域，提供软件服务的趋势将不断加强。佐治亚理工学院供应链与物流研究所执行主任唐·拉特利夫博士补充说："这将会是不同于以往的另一种形式的外包。目前，很多公司都将运输要求通过网络传达给服务站，然后收到最佳运输路线。我相信这种专门提供技术和解决方案的服务会是我们将经历的最大变革。"

（二）信息技术整合

佐治亚理工学院的切尔西·怀特博士称，为了改善供应链的效率、弹性和碳排放，下一步是整合实时数据与软件。用于控制和优化供应链的实时信息将会是未来的潮流。怀特博士说："会有大量来自客户及供应商的运输及库存的实时数据涌入，公司应知晓如何利用这些信息，以便当机立断，调整管理供应链的方式。"

这些实时决策能够帮助解决由来已久的动态路径选择和动态行程问题。怀特博士解释道："我可以举出两个应用实例，一是在城区如何设定货车穿越交通严重拥堵区的路线，二是在拥堵区收货与送货。如果采取动态管理，让司机在抵达一个站点时立即评估路况并决定下一程如何行进，会怎么样？"

在并购公司间进行信息技术整合是另一个需要关注的方面。波士顿东北大学供应链管理教授罗伯特·李布指出："没有迹象表明全球性整合会结束，零售商、制造商和第三方物流正变得越来越大。这意味着这些公司会不断尝试将并购实体融入自身体系之中。"

（三）权衡投资回报率（ROI）

一切供应链决策都应通过它们的经济效益来证明。美国公司涌入中国寻找制造商的首要动因是中国人口众多，薪资低。兰利说："但当一个地区变得炙手可热，供需关系导致薪资水平上涨时,又会发生什么呢?你还应认识到,你距北美市场有半个地球之遥,将货物从2万公里之外的中国运来会产生高额的成本,未必能对冲你在劳动力上节省的成本。供应链中的不定性,还使得你必须在客户附近安置安全库存。为了在权衡投资回报率的基础上做出好决策,你需要做出综合估算。这是一个艰巨、繁复的工作,如果你真心想改善客户服务,就不能仅根据显性成本决策,这样会导致服务沦为口头承诺。"

随着公司纷纷撤离中国,前往其他地区寻找采购和生产场所,"逆全球化"正逐渐成为一个趋势。怀特解释道:"这是因为隐性成本开始在这条长长的全球供应链中浮现,目前中国地区的贸易增长比不上美国—墨西哥边境地带的贸易增长总量。"

李布指出,中国在十多年前还是个低成本的地区,那时的薪资福利水平较低,劳动力充沛。"最终,无论在世界上的哪个地区,随着越来越多的商业企业涌入当地市场,劳动力价格就会上升。当这一情况发生时,公司就更愿意转向寻找下一个具有吸引力的地区。"他称,在稳定的非洲国家会有更大的利益吸引,这些国家有望在未来十年成为采购和生产地的新选择。

公司正重新思考它们较长的配送体系和采购模式,尤其是要应对燃料价格的涨落。李布补充道:"近距离采购将会变得更常见。无论如何,由于中国劳动力成本的提高,这一现象必将会产生。由于墨西哥局势并不稳定,北美的公司仍在考虑将业务撤回北美自由贸易区。它们在考虑只需2~4天补货周期的边境加工厂,而不是25天的越洋运输航程。"

在这些公司仍为经济衰退带来的影响感到苦恼的同时,它们开始考虑缩短供应链,减少其环节以降低成本。李布说:"随着中国国内市场的爆发,另一种现象也在中国出现。一些公司决定继续在中国进行生产,但不再将产品出口,而是直接在中国市场上销售。"

(四)供应链软管理

毫无疑问,当今的全球供应链需要思维敏捷、足智多谋并擅长管理构成全球供应链的诸多环节的专家。这和十几二十年前的管理者们所需掌握的技能和专业知识大为不同。"由于各公司都在跨文化、跨地区、跨行业地运作,因此它们需要应对各种软问题。"麻省理工学院运输与物流中心执行总监克里斯·凯普利斯指出,"传统的供应链管理是一种硬分析型活动,管理者要应用运筹学和统计分析,如优化线路、最小化库存成本等。现在,管理者则需要更多地与诸多伙伴协同合作。以往的成本导向型管理现在更多变成了关注人员的管理。"

"从事销售等行业的人与从事供应链行业的人有着不同的思维方式,后者逻辑分析能力更强。"凯普利斯说,"发展这些供应链人士的关系领导力,是目前的一大挑战。我们需要既能够协同作战,又能在散步时解决数学问题的人。如今,重要的是找到合适的副总裁来处理这类事务。你不能将变革管理外包——必须有人来领导它。"

(五)供应链中断管理

供应链应具有韧性,在发生火灾、洪水、地震或其他影响供应链的事件时,应该有业务持续性计划作为其后盾。"一旦供应链上的某一环发生问题,你需要知道怎样从中恢复。"密歇根大学罗斯商学院供应链管理课程主任拉维·恩纽平迪建议,"因此,必须有一个能够帮助你响应预警系统的基础流程。你应把事件和供应能力作为输入,评估你面临的风险等级,并建立一个规避计划。"

问题是大多数公司都不具有这样一个持续性计划。"业务持续管理在该行业仍是新生事物。"恩纽平迪称,"其原因可能与成本以及意外事件的罕见性有关。发生较小的意外事件时,公司只需调节库存即可。"但任何毁灭性的意外,都会给公司留下除了损失收入之外的重大经济后患,因为在公司从意外中缓过劲来的这段时间,它可能已失去了相当大的市场份额。

有实例表明,以BCP(业务持续性计划)作为后盾的公司因为能对供应商灾害事件迅速反应,结果从竞争者手中夺取了市场份额。例如,几年前,新墨西哥州一家飞利浦NV芯片工厂遭遇了一场大火,导致供货中断。诺基亚和爱立信用都是这家供应商的产品,但诺基亚有一个成功的BCP,使公司能够迅速应对自身的供应链中断。不幸的是,爱立信没能迅速地应对这一事故,从而遭受了4亿多美元的损失。诺基亚迅速占领了原先爱立信的部分市场。

恩纽平迪建议,除了BCP,公司还应通过了解自身产品结构来推断供应链的应变能力,以及哪些是高风险产品。"对于高度影响收益的零部件,应选择不止一家供应商作为支撑。问问你自己为何选择某家供应商,然后确定你是否可以从别处采购到同样的元件。应该对供应商风险和产品风险进行评估,并推断出,如果某一产品或元件的供应链中断,会有多少收益受到影响。这些都必须以强有力的分析为依据。"恩纽平迪指出。成功的公司都会将此类思考放到产品设计阶段,因此,在设计决策过程中就将潜在的供应链风险纳入考量。

(六)灵活和多变

麻省理工学院的凯普利斯指出,另一个引发新挑战的趋势与宗旨的改变有关。他解释道:"以前的供应链管理在很大程度上致力于尽可能降低成本,这依然重要,但如今供应链管理还应成为一个战略助推器。"他引述了金吉达(Chiquita)的案例:该公司原来主要为大型卖场供货,大卖场的香蕉每磅卖到60美分。"你会发现在机场、星巴克和其他小型供货点,每根香蕉卖1美元。因此,为实现某些战略,供应链应更为灵活。这与'使每件商品成本最小化'的宗旨已大为不同。为让香蕉能和糖果块一样每个卖到1美元,你的供应链需要更为频繁地向更多地点供应更少量的货物。这不再是为了创造一个最小化总成本的供应链,而是为了创造灵活性的供应链。越来越多的产品应在这种模式上流通。"

另一个趋势则是关于商品(如手机)是怎样演变为时尚品的。凯普利斯继续说:"某些这类产品的平均使用寿命只有半年,这需要迅速更新换代。因此,公司必须有能力对时尚潮流做出反应,因为它们无法预知什么会成为热门,什么会无人问津。这意味着它们不能再依赖建立规模经济,保持大量库存的老把戏。供应链必须比从前更为灵活多变。"

(七)可持续发展

密歇根大学罗斯商学院供应链管理研究生课程主任拉维·恩纽平迪指出,目前,一条"绿色"供应链包含以下几个阶段:计划、购买、制作、运输和销售。"当你将环境问题纳入考量,它就不应该仅仅只影响这些阶段的实施方式,而应该延伸到消费阶段。"他解释道,"消费的生态足迹受产品设计的影响,反过来产品设计又从成本、复杂性和效率上影响供应链的运作模式。环境考虑还应包括消费后的回收、再利用。将这些阶段纳入供应链,就形成了一个逆向流动,将供应链变成了一个闭合系统。"

恩纽平迪提出,供应链可持续性的三个主要推动力包括法规、效率和客户机会。"今天,我们知道不用花费更多的成本就可以持续性地运作。例如,制造业的精益革命——致力于减少废弃物——对环境就有显著的益处。"公司渐渐发现,它们能做出不仅有利于自身利益,同时还是环保的商业决策。例如,公司正考虑尽可能地利用火车而非卡车运输货物。它们也意识到可以精简运输包装,使一辆货车上能够堆放更多的货物,减少所需的货车数量,同时降低成本和减少尾气排放。

恩纽平迪建议，可持续性思考应遍布整个组织。例如，我们从质量管理中学到，质量并非只是质量管理小组的责任，而是每一名员工的责任。可持续发展能成为流程和产品双创新的源头，因此成为取得竞争优势的动力。

▶ 基本训练

1. 阅读理解
(1) 简述全球化供应链及全球化供应链管理的含义。
(2) 全球化供应链管理有哪些特点？
(3) 简述你对跨国企业并购含义的理解。
(4) 跨国公司选择供应链合作企业的原则有哪些？
(5) 全球化供应链管理的影响因素有哪些？
(6) 网络直销型供应链有什么优势？
(7) 全球供应链有哪些职能？

2. 选择题
(1) 大型零售业凭借其资金、品牌、信息、渠道、信誉等优势，对整个供应链的运作和管理拥有主导权，而其上游的供应商、制造商、分销商等自然处于从属地位，共同为满足消费者的需求而各自承担一定的责任的供应链是（　　）。
    A. 零售业主导型供应链　　　　　　B. 原始资源商主导型供应链
    C. 物流商主导型供应链　　　　　　D. 分销商主导型供应链
(2) 在双核心企业供应链中，零售商的地位更重要，处于供应链管理中的主导地位的核心企业的联盟模式是（　　）。
    A. 产销联盟　　　B. 协作联盟　　　C. 后向联盟　　　D. 前向联盟
(3) 节点企业分散弱小，产地与销售地间距大，产品循环周期短，供应链节点企业利润低，资金与技术优势较强的大型企业无暇也不愿涉足这种模式的供应链是（　　）。
    A. 零售业主导型供应链　　　　　　B. 原始资源商主导型供应链
    C. 物流商主导型供应链　　　　　　D. 分销商主导型供应链

3. 技能题
实践训练：上网查询关于全球化供应链管理的案例并分析。
实训目的：通过案例分析加强对全球化供应链管理的理解。
实训要求：熟悉全球化供应链管理的思想，以及企业要实行供应链管理必须采取的方法。

▶ 案例分析

高露洁的全球化供应链管理

高露洁公司作为一家知名的跨国公司，以其正确的发展策略为业内人士所称道。为综合管理其供应链，该公司于1999年11月建立了高露洁全球化供应链管理系统，希望通过该系统，进一步完善全球化供应链管理,提升客户的服务水平。

1. 建立全球化供应链管理系统

在全球化供应链管理系统中,高露洁确定了3个主要的供应链战略,一是推出VMI项目,大幅削减库存和循环时间。二是实施跨边界资源计划,将地域性模式拓展为全球性模式。这种转变可以提高企业的预测能力,减少非盈利股份,凝聚资产,平衡公司的全球业务。三是实施与下游企业的协同计划,来管理供应链中的市场需求,协调各项活动。

高露洁公司根据VMI系统提供的每日消费需求与库存信息,对各消费中心进行订货补充。目前VMI系统的重点在北美,北美的VMI系统管理来自5个工厂40%的集装箱,包括40个分销中心和12个消费区。VMI系统由mySAP SCM供应网络支持,mySAP SCM使高露洁可以更加准确地掌握供给与需求信息。每天,来自消费中心和分销中心的库存量和需求信息都会传递到mySAP SCM,mySAP SCM对需要补充的订单数进行统计,有效降低了成品库存。

2. 实现全球化资源利用

高露洁的跨地域资源利用系统,将客户需求和全球资源信息整合在一起,使以前的月度预测发展成为每周的订货补充。在这一新型商业模式中,供应商直接负责高露洁分销中心的资源补充。新的周补给制度是根据客户的订单流量来确定的,而订单流量是通过高露洁在世界各地的分销中心直接传递给供应商的。补给要求也是根据高露洁销售机构提供的需求信息来计算的。

此外,高露洁的CBS商业控制程序由mySAP SCM支持,根据每日需求信息和库存量对补货订单进行计算,使供需更加平衡,使供给更加适应特殊订单的要求,同时减少了不准确预测信息产生的影响,进而降低了成品库存、减少了补充订单的循环次数、提高了企业内部补充和用户订单中的在产订单和已完成订单的达成率。通过使用功能强大的补货系统,高露洁还提高了订单的实现率和资金使用效率。灵活、有效的产品补充系统加快了从总部前往分销中心的物流进程,而且企业的运输成本并没有增加。

3. 做好需求规划与绩效确认

高露洁(美国)采用的mySAP.com需求规划系统的功能和mySAP SCM的协同引擎,能够向供应商传达公司的需求信息,并在供应链网络中制定协调计划。mySAP SCM能够计算出基本需求,从而相应地增加因市场推广而带来的业务增长。对市场推广带来的额外的增长需求的管理独立于基本需求管理之外,是进行生产、售后整理和分销的重要依据。这种协同引擎通过最新计划信息的交流、偶然事件的管理、对预测准确性等功能测试的跟踪等,对市场推广带来的需求增长进行协同管理。

高露洁供应链战略的3个主要组成部分由mySAP.com的实时集成模式支持,股票、订单和其他市场指数都能及时在客户、企业内部ERP系统和mySAP SCM之间更新。供应链信息的顺畅,可以使公司获得更准确、更及时的数据信息,进而为决策提供依据。

通过采用供应链管理系统,高露洁提高了其市场竞争力,在全球业务拓展和市场推广中更具优势。同时,公司通过协同加强了与全球客户的联系,进一步降低了成本。此外,公司还通过电子商务进一步加强了企业内部整合,密切了与合作伙伴和客户的关系。

高露洁全球信息技术总监EsatSezer先生说:"对高露洁来说,mySAP SCM具有的强大功能对全球供应链的改进十分关键。mySAP SCM在3个最重要的前沿领域均有相应的解决方案,使高露洁能够掌握公司在全球范围内的后勤数据,也使我们能够通过高级数理规划函数优化业务运营,并为我们和我们的顾客、合作者协作提供了一个平台。mySAP SCM 使我们在全球运作的供应链管理中真正走向完美。"

4. 坚持可持续发展

面对已经取得的成绩,高露洁并没有停止前进的脚步,而是不断加大对供应链管理系统的研究与应用力度,确保企业的可持续发展。除在全球范围内使用 VMI、CBS 和协同引擎外,高露洁正与 SAP 一起在 mySAP SCM 内开发可重复制造功能和各种进度细分功能。这一研究成功后,仅用一张物料订单(BOM)就可以完成整个生产过程的往复运作,使原料需求更加灵活,生产更适应短期需求变化。同时,高露洁还支持对与 mySAP SCM 相关供需波动计算法则的研究,以实现企业的重复性生产。由于在以推广为主的商业环境中,供需情况会随时变化,第三方供应商在高露洁业务中的地位变得日益重要,高露洁希望使用 mySAP SCM 的协同引擎加强与这些供应商的联系,并计划利用 mySAP SCM 的运输规划和进度规划功能来优化运输网,降低运输成本。此外,高露洁还将通过参加各种能够提供协同需求、盈利、后勤计划等方面交流的消费品行业市场,与客户和合作伙伴进行多元化的合作。

目前,高露洁已经通过全球供应链管理系统实现了很多目标,如提高可视供应链、规划循环的速度,通过全球化资源利用、成本降低、改善客户服务等,实现更为有效的资本利用。

资料来源:http://ilsc.chd.edu.cn/Article/case/chain/200910/345.html

问题

高露洁是如何通过全球供应链管理系统实现目标的?

参考文献

[1] 苏尼尔·乔普拉,彼得·迈因德尔.供应链管理[M].5版.陈荣秋,译.北京:中国人民大学出版社,2013.
[2] 马士华,林勇.供应链管理[M].4版.北京:机械工业出版社,2014.
[3] 刘宝红.采购与供应链管理[M].2版.北京:机械工业出版社,2015.
[4] 大卫·辛奇-利维,菲利普·卡明斯基,伊迪斯·辛奇-利维.供应链设计与管理:概念、战略与案例研究[M].3版.季建华,邵晓峰,译.北京:中国人民大学出版社,2010.
[5] 马士华,李华焰,林勇.平衡记分法在供应链绩效评价中的应用研究[J].工业工程与管理,2002(4).
[6] 王有远,罗丽萍.企业物流成本管理与控制[J].商业时代,2004(11).
[7] 乔恩·休斯,马克·拉尔夫,比尔·米切尔斯.供应链再造[M].大连:东北财经大学出版社,2003.
[8] 王丹,吕本富.企业不同发展阶段的供应链管理战略规划[J].管理评论,2004(2).
[9] 姜荣.供应链战略联盟问题研究[J].中国市场,2007(45).
[10] 芮明杰,李洪雨.WTO条件下本土零售企业发展的策略选择[J].当代财经,2003(4).
[11] 蒋新梅.论供应链战略联盟[J].物流科技,2008(8).
[12] 张和平,王琳,李仁良.试析供应链战略联盟成功的关键因素[J].中国市场,2008(41).
[13] 刘跃,楚实.制造业供应链一体化能力构建问题与对策[J].改革与战略,2010(6).
[14] 姚娟.一体化供应链的管理[J].企业研究,2002(13).
[15] 陆震,白勤虎.供应链战略合作伙伴关系分析与研究[J].合肥工业大学学报(社会科学版),2004(2).
[16] 柴宝善.试论供应链的战略合作伙伴关系[J].中国合作经济,2005(4).
[17] 罗明,刘元洪,马卫.面向制造业供应链的管理信息系统[J].中国市场,2007(41).
[18] 李华焰,马士华,林勇.供应链整体绩效驱动及其平衡分析[J].决策借鉴,2002(5).
[19] 阮喜珍.生产与运作管理实务[M].4版.大连:东北财经大学出版社,2016.
[20] 姜方桃.集成化供应链管理的绩效评价研究[M].北京:中国大地出版社,2006.
[21] 马士华,林勇.供应链管理[M].3版.北京:机械工业出版社,2010.
[22] (英)肯尼斯·莱桑斯,(英)布莱恩·法林顿.采购与供应链管理[M].7版.鞠磊,等,译.北京:电子工业出版社,2007.
[23] 李秉祥,许丽.供应链成本控制方法研究[J].当代财经,2005(2).
[24] 曹洪香.企业供应链管理中的成本构成与控制[J].管理宝鉴,2005(3).
[25] 庄健,张娜.基于作业的目标成本法在供应链成本控制中的应用[J].山东省农业管理干部

学院学报,2005(4).
[26] 曹惠清.零售企业的供应链管理战略探析[J].改革与开放,2009(9).
[27] 周良毅.供应链管理[M].北京:电子工业出版社,2005.
[28] 高文华,王桂花.供应链管理[M].北京:清华大学出版社,2009.
[29] 陈子侠,蒋长兵,胡军.供应链管理高[M].北京:高等教育出版社,2005.
[30] 何开伦.供应链管理[M].武汉:华中科技大学出版社,2010.